Mannheimer Geschichtsblätter

Herausgeber
Prof. Dr. Hermann Wiegand
Prof. Dr. Wilfried Rosendahl
Prof. Dr. Ulrich Nieß
Dr. Hans-Jürgen Buderer
Prof. Dr. Wilhelm Kreutz

Vorwort der Herausgeber

Der neue Band der „Mannheimer Geschichtsblätter" trägt seinen Namen zurecht: Fast alle Beiträge thematisieren Aspekte der Geschichte der Quadratestadt, ausgenommen die Ausführungen Mahsa Öztürks zu einem Menit-Gegengewicht, dem Teil eines Halsschmucks aus der Zeit von Pharao Osorkon I., und Ralf Richard Wagners zur kurpfälzischen „Sommerhauptstadt" Schwetzingen. So führen Gaëlle und Wilfried Rosendahl nicht nur in die jüngere Erd- und Klimageschichte dieses „einzigartigen Orts" ein, sondern verweisen auch auf den Mannheimer Naturforscher Karl Friedrich Schimper, den ‚Erfinder' des Begriffs „Eiszeit", und die Ausstellung „Eiszeit-Safari" der Reiss-Engelhorn-Museen. Friedrich Teutsch fragt in seinem durch zahlreiche Pläne und Grundrisse anschaulichen Beitrag zu den sogenannten „T-Häusern" nach der Kontinuität der Bebauung von der Zitadelle Friedrichsburg zur künftigen Oberstadt sowie deren Bewohner. Thomas Throckmorton stellt ein Crowdsourcingprojekt des MARCHIVUM vor, das sich an engagierte Ehrenamtliche widmet: Sie sollen die mittlerweile digitalisierten Theaterzettel und -programme des Nationaltheaters inhaltlich erschließen und die Ergebnisse in eine Datenbank einpflegen. Dem langen 19. Jahrhundert widmen sich mehrere Autorinnen und Autoren: Peter Koppenhöfer und Hans-Erhard Lessing präsentieren neue (Quellen-)Funde zum Bürger Karl Drais, dem Mannheimer Erfinder – nicht nur – der bis heute mit seinem Namen verbundenen Laufmaschine, der „Draisine". Christoph Hamann schildert die Geschichte der bürgerlichen Familie Wilhelm Joachims, eines Kammerdieners oder Sekretärs des Grafen von Sickingen. In den Mittelpunkt rückt er das Leben des 1811 in Mannheim geborenen ältesten Sohns, Georg Jacobi, der nach seiner Schulzeit im Vereinigten Lyceum der Quadratestadt und seinem Studium in Freiburg als Gymnasiallehrer bzw. -professor tätig war. Revue passieren lässt Sebastian Parzer das Leben einer der letzten Zeuginnen von Mannheims zweitem „goldenen Zeitalter", Marie Engelhorn. Die Ehefrau des Sohns des BASF-Mitgründers Friedrich Engelhorn und späteren Alleininhabers der Firma Böhringer und Söhne führte nicht nur einen ebenso kinderreichen wie herrschaftlichen Haushalt, sondern engagierte sich in zahlreichen sozialen Einrichtungen der Quadratestadt, bevor sie im Zweiten Weltkrieg nach Feldafing an den Starnberg See übersiedelte, wo sie 1953 verstarb. Julia Dworatzek lenkt den Blick auf ein Mannheimer Puppenhaus aus der Zeit der Jahrhundertwende vom 19. zum 20. Jahrhundert, der sog. „Belle Epoque", welches das damalige Ideal häuslichen Lebens exemplarisch widerspiegelt. Mannheimer Opfern des „Zeitalters der Extreme" (Eric Hobsbawn) widmet sich zum einen Hans-Dieter Graf mit seiner Spurensuche nach dem in Mannheim geborenen jüdischen Schauspieler Richard Hirsch, der 1938 in die USA emigrierte und 1945 als Captain der US-Armee nach Berlin zurückkehrte. Zum anderen entreißen Jutta Neuhaus und Klaus Wirth mit ihrer Recherche nach der Herkunft einer Flasche die jüdische Familie Max Baer Söhne und deren Mannheimer „Transitkellerei" dem Vergessen. Darüber hinaus dokumentiert Luisa van der Does das Schicksal der während des Zweiten Weltkriegs nach Mannheim verschleppten Zwangsarbeiterinnen und Zwangsarbeiter, deren Arbeitskraft nahezu alle Firmen der Quadratestadt ausbeuteten. Last but not least stellt Harald Stockert die neue stadtgeschichtliche Ausstellung im MARCHIVUM vor, in der die 400 Jahre seit der Stadtgründung an Rhein und Neckar multimedial präsentiert und vielfach multimedial in Szene gesetzt werden.

Prof. Dr. Hermann Wiegand
Prof. Dr. Ulrich Nieß
Prof. Dr. Wilhelm Kreutz

Prof. Dr. Wilfried Rosendahl
Dr. Hans-Jürgen Buderer

Ralf Richard Wagner

Schwetzingen – die Sommerhauptstadt der Kurpfalz

Kennt man im 21. Jahrhundert in unserer modernen Gesellschaft noch den Begriff Sommerresidenz? Überraschenderweise gibt es auch heute noch Sommerresidenzen, in denen der jeweilige Regierungschef regelmäßig die Sommermonate verbringt und dort auch regiert. Bei der nachfolgenden Untersuchung blieben die meisten europäischen Monarchien unberücksichtigt, da die jeweiligen gekrönten Häupter nur noch repräsentative Funktion ausüben.

Für eine absolute Monarchie in Europa, das Papsttum, fungiert als Sommerresidenz Castel Gandolfo. Der jeweilige Papst veröffentlicht dort auch Regierungserklärungen, kürt und empfängt dort Kardinäle und Staatsmänner.[1]

Für den französischen Staatspräsidenten wurde unter der Präsidentschaft von François Felix Faure (regierte 1895–1899) 1896 das Schloss Rambouillet zur Résidence de campagne ausgebaut. Als Sommersitz des französischen Staatspräsidenten wird es heute noch benutzt und dort auch Politik betrieben.[2]

Bis in das 20. Jahrhundert nutzten die britischen Premiers der upper class ihren eigenen Landsitz als Sommerresidenz. Erst durch den ersten Labour-Premier Ramsay MacDonald (regierte 1924 und 1929–1935) wurde der Landsitz Chequers ab 1924 als offizielle Sommerresidenz der englischen Regierung genutzt.[3] Queen Elisabeth II., formal immer noch die Herrscherin des Vereinigten Königreiches, nimmt 12 Wochen im Sommer ihren Sitz in Balmoral Castle in Schottland. Damit tritt sie zugleich als Königin von Schottland auf und unterzeichnet dort auch Gesetze.

Die bekannteste moderne Sommerresidenz dürfte aber Camp David für den Präsidenten der Vereinigten Staaten von Amerika sein.[4]

Die Sommerresidenz im 18. Jahrhundert

Der Begriff Sommerresidenz findet im 18. Jahrhundert keinen Eingang in den wissenschaftlichen Sprachgebrauch, denn er findet sich nicht in Zedlers Universallexikon.[5] So soll der Begriff Sommerresidenz an sinnverwandten Worten, wie Hof, untersucht werden. „Hof wird gennenet, wo sich der Fürst aufhält" deklariert Zedler.[6] Die Definition für Residenz liefert uns dagegen Moser in seinem Hofrecht: „Die Residenz ist die ordentliche, beständige Wohnung des Regenten an dem Ort, wo der eigentliche Sitz des Hofs und der Collegien ist. Hier ist der Regent eigentlich zu Haus und bey Abmessung des Ceremoniels und Festlegung dessen Regeln ist eigentlich auf den in der Residenz gewöhnlichen Gebrauch zu sehen; indem auf Lust- und Land-Häusern viles weggelassen und resp. Nachgeliret wird".[7] Rohr schreibt in seiner Zeremonialwissenschaft: „Grosse Herren finden bißweilen an manchen Gegenden auf dem Lande einen besonderen Gefallen, und erbauen sich nicht nur zu ihrem Plaisir an denselben Orten prächtige Schlösser und schöne Land= und Lust=Häuser, sondern sie befehlen auch ihren hohen Ministris und vornehmsten Hof= und Kriegs=Officianten an, daß sie sich ebenfalls daselbst anbauen müssen, theils, damit sie dieselben iederzeit um sich haben, wenn sie ihres Raths, oder ihrer übrigen Dienste benöthiget, theils auch, daß hierdurch diejenigen Oerter, die sie gerne wollen angebauet wissen, peupliret, zur Nahrung und in Aufnehmen gebracht werden. [...]. Wenn sie sich auf den Land=Häusern aufhalten, so wird ein großer Theil des Ceremoniel – Wesens bey Seite gesetzt, und eine freyere Lebens=Art erwehlet".[8] In der neueren Geschichtsforschung geht man davon aus, dass die Begriffe Hof und Residenz austauschbare Synonyme sind. Der Hof kann durch drei Elemente charakterisiert werden:

1. Die Anwesenheit einer adligen Hofgesellschaft, in der auch Frauen eine Rolle spielen.
2. Die Entfaltung von Glanz durch materielle Pracht.
3. Die Verfeinerung und Vorbildlichkeit des Verhaltens der Hofgesellschaft gegenüber nicht am Hof anwesenden gesellschaftlichen Gruppen.[9]

Residenz ist der Ort, wo sich der Hof längere Zeit und regelmäßig aufhält und von dem aus geherrscht wird. Die Residenzorte besitzen also Eigenschaften oder sind so ausgestattet, dass

Schwetzingen – die Sommerhauptstadt der Kurpfalz

sie zur jeweiligen Zeit die gültigen Anforderungen erfüllen, die man an Herrschaftsausübung und Herrscherrepräsentation stellt. Ein wichtiges Kriterium der Herrschaftsausübung ist die Kommunikationsmöglichkeit. Der Herrscher muss in seiner Residenz von überallher schnell und zuverlässig Nachrichten erhalten können und seine Herrschaftsentscheidungen ebenso schnell und zuverlässig möglichst vielen Orten und Menschen seines Herrschaftsgebietes mitteilen können. Deshalb ist es notwendig, dass die Residenz verkehrsgünstig an wichtigen Straßen oder Flüssen liegt.[10]

Die kurpfälzische Sommerresidenz Schwetzingen

Dieser wichtige Aspekt trifft auch auf die Sommerresidenz Schwetzingen zu. Unter der Herrschaft des Kurfürsten Carl Theodor von der Pfalz (*1724; regierte 1743–1799) wurde die Straße zur kurpfälzischen Haupt- und Residenzstadt Mannheim als Chaussee ausgebaut und in Höhe des heutigen Mannheimer Vorortes Rheinau eine Relaisstation zum Pferdewechsel installiert. Diese Chaussee ist die verlängerte nördliche Querachse des Zirkels oder Kreisparterres im Schwetzinger Schlossgarten. Die schon im 17. Jahrhundert von Kurfürst

Carl Ludwig (*1617; regierte 1649–1680) angelegte Straße nach Heidelberg, der alten Hauptstadt der Kurpfalz, wurde im 18. Jahrhundert ausgebaut und mit Maulbeerbäumen bepflanzt, zur Förderung der Seidenindustrie. Diese Achse zwischen dem Königsstuhl bei Heidelberg und der Kalmit im Pfälzer Wald diente dem Hofastronomen Johann Christian Mayer (*1719; †1783) für eine Vermessung der Pfalz als wichtige Grundkonstante. Sie erhielt ihre Würdigung in den beiden Pfalzkarten von Mayer, die zu den exaktesten des 18. Jahrhunderts zählen. Ein Teil dieser Achse bilden die heutige Carl-Theodor-Straße und Kurfürstenstraße in Schwetzingen sowie die Trasse der ehemaligen Eisenbahnverbindung Heidelberg-Schwetzingen. Die Achse ist als Wanderweg und als ehemalige Landebahn einer amerikanischen Militäreinheit noch erhalten und dient heute bevorzugt als Radweg.

Die ständige Residenz der pfälzischen Herrscher etablierte sich erst nach einem langen Besuch von Kurfürst Carl Theodor in seinen niederrheinischen Besitzungen, den Herzogtümern Jülich und Berg mit der Residenzstadt Düsseldorf. Erst nach der Rückkehr des Hofes aus Düsseldorf im September 1747 wurde der Residenzort Mannheim fest zementiert. Dies drückt sich im Ausbau des Mannheimer Residenzschlosses, des Schwetzinger Schlossgartens sowie in der nun regelmäßigen Drucklegung des kurpfälzischen Hofkalenders aus.[11]

Der Schlossplatz

Auch das Dorf Schwetzingen erhielt einen planmäßigen Ausbau zur kurfürstlichen Sommerresidenz. Unter der Planung des Oberbaudirektor Galli da Bibiena (*1668; †1748) wurde am 16. Juli 1748 folgendes Manifest erlassen: „[...] das es dem herrschaftlichen Lustschloß zu ungemein annehmlichen Prospect geruhen würde. Der Churfürst hatte zu Bebauung sothane districts durch erwehnten von Bibiena einen regulairen Plan verfertigen lassen, also auch jedermanniglich, welcher etwas Hierselbsten auf diesen District zu bauen gesinnet sich den Platz von herrn von Bibiena anweisen lassen und den vorhabenden Bau nach der vorgeschriebenen Linie und verfassten Plan ausführen und perfectionieren solde".[12] Durch den Bau

Abb:1
Ansicht von Schloss
Schwetzingen

Ralf Richard Wagner

zweistöckiger Steinhäuser sollte das Dorf Schwetzingen in eine barocke Residenzstadt verwandelt werden. Bibiena leitete die Maße des neuen Schlossplatzes von denen des Ehrenhofes des Schlosses ab. Der Schlossplatz ist genauso breit und doppelt so lang wie der Ehrenhof. An der Westseite öffnet er sich in der ganzen Breite zum Schloss, an der Ostseite ist er bis auf die Breite der ehemaligen Maulbeerbaumalle geschlossen. Der von Heidelberg kommende Besucher tritt aus der schmalen Allee (heutige Carl-Theodor-Straße) auf den weiten Platz, als dessen ferne Begrenzung er das Schloss liegen sieht. Dieses dient einmal als Aussichtspunkt (Point de vue) und als Portal zum dahinter verborgenen Schlossgarten. Die Situation ist in Schwetzingen umgekehrt als in Versailles oder der Fächerstadt Karlsruhe, wie die den Ort gliedernden Straßen vom Schloss ihren Ausgang nehmen und damit dessen beherrschende Stellung dokumentieren. In Schwetzingen ist das Schloss Endpunkt der von Heidelberg heranführenden Straße.[13]

Als erstes wurden 1748 die beiden Winkelbauten errichtet, die den Platz nach Osten abschließen (ehemals Schwetzinger Zeitung und Gasthaus Zum Grünen Baum). Die Grundstücke wurden von Kurfürst Carl Theodor den neuen Besitzern als Entschädigung zugesprochen, weil ihre eigenen Grundstücke für den Bau des Nördlichen Zirkelgebäudes enteignet wurden. Die Südseite des Schlossplatzes wurde ab 1752 mit dem Bau der Kaserne für die kurfürstliche Leibgarde zu Pferde fast vollständig abgeschlossen.[14] Erst 1760 wurde das anschließende Eckhaus zum Schloss hin als Gasthaus errichtet (heute Hotel Zum Erbprinzen und Walzwerk Café). Die Nordseite des Platzes wurde großzügig mit drei Einzelbauten gestaltet. Beherrschend in der Mitte liegt das ehemalige Gartenhaus für den Jesuitenpater Franz Seedorf (heute Palais Hirsch).[15] Aus dem beiderseits des Gartenhauses gelegenen großen Garten wurde 1778 ein Grundstück abgetrennt und das heutige Brauhaus Zum Ritter errichtet.[16] Die Nord-Ost-Ecke des Schlossplatzes wird 1755 vom Wohn-

Abb: 2
Ansicht vom Schlossplatz Luftbild

Schwetzingen – die Sommerhauptstadt der Kurpfalz

haus des kurfürstlichen Hofbaumeister Franz Wilhelm Rabaliatti (*1716; †1782) ausgefüllt. Die Palais Seedorf und Rabaliatti heben sich in ihrer vornehmen und zurückhaltenden Architektursprache doch deutlich gegen die einfache Architektur der Bürgerhäuser und Nutzbauten ab. Die betont schlichte Formgebung der Platzarchitektur ist kein Zeichen künstlerischer Einfallslosigkeit, sondern ein bewusstes Kriterium, um den ländlichen Charakter der Sommerresidenz zu unterstreichen. Der Schwetzinger Schlossplatz ist ein hervorragendes Beispiel einer einheitlich geplanten Platzanlage aus der Mitte des 18. Jahrhunderts. Er ist Teil der achsial auf das Schloss und den Park ausgerichteten Stadtplanung der kurfürstlichen Sommerresidenz. Als „Vor-Raum" zum Ehrenhof des Schlosses ist er unabdingbar und muss als historisches Erscheinungsbild der kurpfälzischen Sommerresidenz unbedingt so erhalten werden.[17] Trotz der Veränderungen der nachfolgenden Jahrhunderte (Um- und Neubauten von einzelnen Gebäudeteilen, Ersetzung der Maulbeerbepflanzung durch Linden und Kastanien) entspricht der Charakter des Platzes weitgehend dem Zustand der Carl-Theodor-Zeit.

Für den Residenzcharakter von Schwetzingen stehen auch die Gebäude des Marstalls[18], des Gesandtenhauses[19] und des Pagenhauses.[20]

Die Etablierung als Sommerhauptstadt der Kurpfalz

Schon unter der Herrschaft des Kurfürsten Carl Philipp (*1661; regierte 1716–1742) wurde Schwetzingen regelmäßig als Sommerresidenz genutzt. Erst 1718 traf der Kurfürst in seinen kurpfälzischen Landen ein. Sein erstes Regierungsjahr verbrachte Carl Philipp noch in Innsbruck, da er zuvor kaiserlicher Gubernator der Ober- und Vorderösterreichischen Lande (Breisgau, Tirol, Vorarlberg) war. Dort verheiratete er noch vor seiner Abreise seine einzige überlebende Tochter Elisabeth Auguste Sophie (*1693; †1728) mit seinem Nachfolger Pfalzgraf Josef Karl von Pfalz-Sulzbach (*1694; †1729). Da sich bald eine Schwangerschaft bei der Erbprinzessin einstellte, wurde die Reise in die Kurpfalz für die Geburt des wichtigen Enkelsohns in Neuburg an der Donau für fast ein Jahr unterbrochen. Dort kam endlich der sehsüch-

tig erwartete männliche Nachfolger Karl Philipp August auf die Welt (*17. März 1718; † 31. März 1724).[21] Am 28. August traf Carl Philipp zum ersten Mal in der Kurpfalz ein, und zwar in der Sommerresidenz Schwetzingen, die zuvor für 10.000 Gulden instandgesetzt worden war. Am nächsten Tag begab sich der neue Kurfürst zu einem Lustjagen in den Käfertaler Wald bei Mannheim und speiste anschließend beim Freiherrn von Hundheim in dessen Schloss in Ilvesheim. Zuerst nahm Carl Philipp Wohnung in Schwetzingen, bevor er in seine Hauptstadt Heidelberg einzog. Durch die Verlegung der Residenz 1720 nach Mannheim wurde Schwetzingen fast das ganze Jahr über als Residenz genutzt, da der Schlossbau in Mannheim erst 1731 bezogen werden konnte. Bis dahin stand dem pfälzischen Hof nur eine provisorische und enge Interimsresidenz im Palais Oppenheim am Marktplatz in Mannheim zur Verfügung. So wurden die Aufenthalte in Schwetzingen großzügig ausgedehnt[22].

Der pfälzische Hof unter der Herrschaft von Kurfürst Carl Theodor verlässt nach der entgültigen Festlegung von Mannheim als Haupt- und Residenzstadt der Kurpfalz 1748 in stetiger Regelmäßigkeit im Frühjahr Mannheim, um den Sommer in Schwetzingen zu verbringen. Dies lässt sich anhand der sächsischen Gesandtschaftsberichte und der Mannheimer Zeitung belegen. Der sächsische Gesandte Graf Andreas Riaucour berichtet regelmäßig von der Übersiedlung des pfälzischen Hofes auf das Land nach Schwetzingen, so am 30. April 1771: „Mgr. L'Electeur part demain pour Schwezingen avec les personnes qui ont été nommées pour l'accompagner à celle Campagne, ou il restera pendant l'été jusqu'à l'arrière-saison".[23] Oder am 23. April 1772: „Leur A.S.E. sont arrivées à cette compagne hier martin avec les personnes qui ont l'honneur de les accompagner du nombre des quels je me trouve Msg. L'Electeur y passera tous les tems de la belle saison".[24] Für Schwetzingen wird sogar ein eigenes Hofreglement für den Adel erarbeitet, wie Riaucour berichtet: „La cour d'ici a fait imprimer et publier un Reglement pour la Nobleße d'ici par rapport aux jour de cour et des tables pendant la Campagne d'Eté à Schwezingen du equel j'ai l'honneur de joindre ici un Exemplairem mais la Nobleße n'en est pas tops con-

Ralf Richard Wagner

tent".[25] Der Umzugstermin war wetterabhängig kann aber kontinuierlich auf Ende April und Ende Oktober festgeschrieben werden. Spätestens zum Namenstag des Kurfürsten am 4. November, dem Tag des Hl. Carl Borromäus, musste der Hof zurück in Mannheim sein, da nun mit großer Repräsentation die Galatage begannen. Der Kurfürst kehrte sogar einmal wegen eines „vent de nord" (Nordwind), wie es Riaucour berichtet im Mai nach Mannheim zurück, das man sicher besser heizen konnte als die Schwetzinger Sommerresidenz.[26]

Die Mannheimer Zeitung des 18. Jahrhunderts berichtet ebenfalls von der Übersiedlung des pfälzischen Hofes nach Schwetzingen: „Vorgestern verließen Ihre Kurfürstl. Durchl.(auchtigsten) Durch(lauchten) unsere gnädigste Landesherrschaft, hiesige Residenzstadt und bezogen Höchstdero gewöhnliche Sommerresidenz zu Schwetzingen".[27]

Der logistische Aufwand für die Verlegung der Residenz für ein halbes Jahr (Mai bis Oktober) auf das Land war enorm. Lebensmittel und Holz wurden in Fronfuhren herangeschafft, denn selbst diese Dinge des täglichen Bedarfs wurden in der Sommerresidenz nicht vorgehalten, sondern mussten aus Mannheim oder den mit der Versorgung beauftragten Dörfern und Ämtern herangeschafft werden. Der Tross aus Mannheim transportierte Wäsche, Möbel, Geschirr und Personal in großer Anzahl nach Mannheim. So berichtet der englische Musikkritiker Charles Burney: „Die Anzahl der Personen, welche des Sommers dem Kurfürsten nach Schwetzingen folgt, steigt an funfzehnhundert, welche alle an diesem kleinen Orte auf kurfürstliche Kosten wohnen".[28] Diese Zahl von 1.500 Menschen, die auf einen Schlag den Marktflecken Schwetzingen bereicherten, kann quellenmäßig nicht belegt werden, dürfte dennoch realistisch sein. Für das Jahr 1776 konnte die Zahl von 639 Personen im Hofkalender gezählt werden, die alle auf der Gehaltliste des kurpfälzischen Hofes standen.[29] Die meisten Hofbediensteten waren verheiratet. Ihre Familien hatten aber kein Wohnrecht in den Schlössern, vielmehr mussten sie sich Logis in der Stadt suchen. Man darf annehmen, dass die Familien der Hofbediensteten nicht regelmäßig ein halbes Jahr getrennt leben wollten, und sie deswegen auch in die Sommerresidenz Schwetzingen umzogen.

Abb: 3
Portrait von Kurfürst Carl Theodor von der Pfalz, Gemälde von Heinrich Carl Brandt, Schloss Schwetzingen

Auch die rund 70 bis 80 adligen Hofstaatsmitglieder hatten wiederum eigenes Personal für ihre Versorgung, das selbstverständlich auch in Schwetzingen Logis suchen musste. Das erklärt die hohe Zahl von 1.500 Menschen, die regelmäßig jeden Sommer nach Schwetzingen zogen. Die relativ bescheidenen Schlossgebäude boten für die gesamte Hofgesellschaft plus Personal und Staatsverwaltung keinen Platz. Für die Dauer des Aufenthaltes in Schwetzingen wurde den Hofbediensteten Kostgeld und Logis bezahlt, wenn sie in Schwetzinger Bürgerhäusern wohnten.

Diejenigen, die nur bedingt in Schwetzingen gebraucht wurden, bekamen das Fahrgeld ersetzt. So waren nicht alle Mitglieder der Hofkapelle ständig in Schwetzingen anwesend, sondern wurden nur zu bestimmten Aufführungen nach Schwetzingen befohlen. Auch die Regierungsbehörden behielten ihren Sitz in Mannheim. Da aber dem Kurfürsten als absolutem Herrscher stets alle Dokumente vorgelegt werden mussten, waren die Staatsbeamten ständig gezwungen nach Schwetzingen zu pendeln. Denn die Regierungsgeschäfte konnten während dem halbjährigen Sommeraufenthalt nicht ruhen. Damit ergibt sich ein reger Reiseverkehr auf der gut ausgebauten Chaussee nach Mannheim. Aus den Jahren 1758 und 1762 haben sich die Schwetzinger Quartierlisten erhalten.[30] Im Jahr 1758 konnten 234 Höflinge nicht im Schloss selbst untergebracht werden und erhiel-

Schwetzingen – die Sommerhauptstadt der Kurpfalz

ten von der Hofkasse 4442 Gulden als Logiskosten ausbezahlt. Die Liste führt auch auf, wo die Mitglieder des Hofstaates in Schwetzinger Bürgerhäusern wohnten. Die Schwetzinger profitierten also in vielerlei Hinsicht von der Anwesenheit der Hofgesellschaft in ihren Mauern. Man konnte nicht nur Räume vermieten und Waren verkaufen, sondern auch kulturell partizipieren. So berichtet Burney: „Der Kurfürst hat jeden Abend Konzert in seinem Palaste, wenn auf seinem Theater nichts gespielt wird. Wenn das aber ist, so haben nicht allein seine Untertanen, sondern auch alle Fremden freie *Entrée*. [...] Einem jeden, der des Sommers durch die Gassen von Schwetzingen geht, muß es gänzlich von einer Kolonie von Musikanten bewohnt zu sein scheinen, die ihre Profession beständig ausüben; da in einem Hause hört er einen schönen Geiger, dort in einem andern eine Flöte, hier einen vortrefflichen Oboisten, dort einen Basson, eine Klarinett, ein Violoncell oder ein Konzert von allerlei Instrumenten zugleich".[31]

Sommerresidenzen in Frankreich?
Der französische Philosoph Voltaire (*1694; †1778) schreibt über seinen Aufenthalt in Schwetzingen 1753: „Je suis actuellement dans la maison de plaisance de Mgr l'Èlecteur palatin".[32] Im deutschen Sprachgebrauch wird die Maison de plaisance meist als Lustschloss übersetzt. Krause definiert den Begriff der Maison de plaisance als ein Haus auf dem Lande, das sich über seine Nutzung definiert, der Art des Vergnügens, das man auf dem Lande genießt. Es ist aber nicht der Stammsitz der Familie oder ein Gutshof oder Jagdschloss. Es wird als Satellit gedeutet, das in räumlicher Nähe zum Hauptwohnsitz liegt.[33] In Frankreich gab es im Ancien régime keine offizielle Sommerresidenz. Versailles etablierte sich als ständiger Sitz des Hofes unter Louis XIV. Um sich von Versailles und dem Hof zurückzuziehen wurden für den französischen König und ausgewählte Gäste kleine Filialschlösser errichtet, so zuerst das Trianon-de-porcellaine, das später durch das Trianon-de-mabre ersetzt wurde, dass Petit Trianon und Marly. Es gab aber noch immer die großen französischen Königsschlösser in Fontainebleau, St. Germainen-Lay und Compiègne, die alle genügend Platz boten, den gesamten französischen Hofstaat

aufzunehmen. Diese Schlösser wurden aber vom französischen Königshaus nur temporär genutzt wie für einen Ausflug oder einen Jagdaufenthalt.[34] Dies geht eindeutig aus den Memoiren des Herzogs von Saint-Simon, den Briefen der Liselotte von der Pfalz und von Madame de Sévigné hervor.[35]

Auch im 18.Jahrhundert kennt man am französischen Hof nicht die dauerhafte und kontinuierliche Verlegung der Residenz auf einen Sommersitz. So sehr die Kultur, Mode, Kunst und Architektur von Frankreich dominiert wurden, handelt es sich hierbei um ein deutsches Phänomen.[36]

Der Kaiserhof
Nur in den Grenzen des Heiligen Römischen Reiches Deutscher Nation lassen sich Sommerresidenzen nachweisen, welche die oben aufgelegten Kriterien erfüllen. Hier folgt man der Tradition des habsburgischen Kaiserhofes in Wien. In der neuesten Forschung konnte nachgewiesen werden, dass man zwar kulturell die Vorherrschaft von Frankreich akzeptierte und strikt nachahmte, man sich aber am Zeremoniell immer am Kaiserhof orientierte, wo das alte spanisch-burgundische Hofzeremoniell zelebriert wurde.[37] So lässt sich für die Regierungszeit von Kaiser Karl VI. (regierte 1711–1740) ein beständiger Residenzwechsel feststellen. Zwischen Ende April und Mitte Mai zog der kaiserliche Hof von der Wiener Hofburg nach Laxenburg, ein altes Wasserschloss außerhalb der Stadt. Ab Ende Juni, nach einer kurzen Rückkehr in die Hofburg, zog der Hof erneut um, damit man die heißen Sommermonate in der Favorita auf der Wieden verbringen konnte. Erst Mitte Oktober kehrt der Hofstaat wieder nach Wien zurück, wo man den ganzen Winter über blieb. Weder bei der Favorita noch bei Schloss Laxenburg handelt es sich um Lustschlösser oder dem Typus der Maison de plaisance verbundenen Bauten, denn beide waren vollkommen aus der Mode gekommen und nur eingeschränkt repräsentativ. Es handelt sich bei beiden Schlossanlagen, die der Kaiser während der Frühlings- und Sommerzeit mit Teilen seines Hofstaates bezog um vollwertige Residenzbauten. Bedeutsam ist allein der Tatbestand, daß in beiden Schlössern unter Kaiser Karl VI. ohne Ausnahme sämtliche zeremoniell geregelten Ereignisse voll-

Ralf Richard Wagner

zogen wurden wie in der Hofburg. So wurden Belehnungen von Reichsfürsten und repräsentative Empfänge wie für Zar Peter den Großen von Russland dort durchgeführt. Dies allein bedingt den Begriff Sommerresidenz und trennt den Ort von Jagdsitzen und gelegentlichen Aufenthalten eines Herrschers in einem Schloss ab.[38]

Schwetzingen
als typische Sommerresidenz

Dieser Definitionsbegriff trifft auch auf Schwetzingen zu. Carl Theodor hielt beständig in Schwetzingen Ministerkonferenzen ab und empfing erlauchte Gäste, so die Bischöfe von Speyer (August Philipp Graf von Limburg-Styrum), Hildesheim (Friedrich Wilhelm von Westphalen) und Augsburg (Joseph Landgraf von Hessen-Darmstadt), Prinzessin Christine von Sachsen, Kurfürstin Maria Antonia von Sachsen, Herzog Carl von Curland, die Kurfürsten von Mainz (Emmerich Josef von Breidbach-Bürresheim und Friedrich Karl Joseph von Erthal), den Kurfürsten von Trier (Clemens Wenzeslaus Herzog von Sachsen), die Prinzen Radziwill sowie die Zweibrücker und bayerische Verwandtschaft.

Auch während der Schwetzinger Sommermonate tagte fast täglich die Geheime Konferenz, die Versammlung der pfälzischen Minister unter dem Vorsitz des Kurfürsten. Außer in den Konferenzferien zwischen Mitte Juli und Mitte August mussten die Minister ständig in Schwetzingen

weilen oder dahin von Mannheim aus pendeln.[39] Selbst während dieser Ferien war der Kabinettssekretär ständig in Schwetzingen anwesend, um die laufenden Regierungsgeschäfte zusammen mit Carl Theodor zu erledigen. Dieses Merkmal einer Residenz drückt sich in Form eines Konferenzzimmers aus. Da Schloss Schwetzingen sehr bescheiden war und eigentlich Raummangel in der Belle étage des Fürstenpaares herrschte, diente das Konferenzzimmer auch als Antichambre und Spielzimmer. So ist es auch in seiner heutigen Präsentation im Schlossmuseum als Mehrzweckraum möbliert. Laut Inventar von 1775 befand sich eine „Tapet von moire halb seiden roth und gelb gestreift" im Konferenzzimmer.[40] Glücklicherweise hatte sich der originale umhängte Tisch mit einem Stoffrest der Seidentapete erhalten, so dass das Design genau dem Ursprungszustand widerspiegelt. Diese einfachen, mit Tapetenstoff umhängten Tische sind typisch für die Bescheidenheit der ländlich ausgestatteten Sommerresidenz Schwetzingen. Die Konferenztafel bestand wie alle Tische des 18. Jahrhunderts aus zwei Tischböcken und einer Tischplatte, die mit der Tapetenseide überzogen war. Dieses transportable Möbel konnte schnell abgebaut werden und durch Spieltische ersetzt werden, damit der Raum abends durch die Hofgesellschaft als Spielzimmer genutzt werden konnte. Im Inventarverzeichnis von 1775 wird der Raum offiziell als Konferenzzimmer bezeichnet –

Abb: 4
Konferenzzimmer
Schloss Schwetzingen

Schwetzingen – die Sommerhauptstadt der Kurpfalz

ein Raum der in einem Schloss ohne Residenzfunktion entbehrlich ist.

Schon Kurfürst Carl Philipp unterzeichnete am 15. Mai 1724 die mit Kurfürst Max Emanuel (*1662; †1726) von Bayern ausgehandelte Wittelsbacher Hausunion in Schwetzingen.[41] Dieser wichtige Schritt der Kurpfälzer erneuerte den Hausvertrag von Pavia vom 4. August 1329 und sicherte später Carl Theodor die Nachfolge in Kurbayern.

Kurfürst Carl Theodor schloss sogar sehr viele Verträge in seiner Sommerresidenz Schwetzingen ab. So am 11. Juni 1743 einen Subsidienvertrag mit Frankreich während des österreichischen Erbfolgekrieges.[42] Am 22. Mai 1744 trat er dem Frankfurter Unionsvertrag bei und schloss am 29. September des gleichen Jahres mit dem Wittelsbacher Kaiser Karl Albrecht (*1697; Kaiserwahl 1742; †1745) eine Truppenkonvention ab.[43] Ein weiterer Vertrag mit Frankreich wegen der Erbfolge wurde am 6. Juni 1766 in Schwetzingen unterzeichnet.[44]

Wichtigstes Ziel der kurpfälzischen Politik war die Hausunion aller Wittelsbacher und die Anerkennung der gegenseitigen Erbfolge in Bayern und der Kurpfalz mit ihren Nebenländern. So unterzeichnete Carl Theodor am 22. September 1766 den ersten der wichtigen Wittelsbacher Hausverträge mit Kurfürst Maximilian III. Joseph von Bayern (*1727; Kurfürst 1745 † 30. Dezember 1777).[45] Ein weiterer Hausvertrag vom 26. Februar 1771 wurde allerdings in Mannheim ratifiziert. Dabei wurde endgültig München als Hauptstadt der vereinigten Wittelsbacher Länder nach dem Ableben eines der beiden Kurfürsten festgeschrieben.[46] Dieser Vertrag wurde am 5. August 1777 mit dem präsumtiven Nachfolger im Gesamthaus Wittelsbach, Herzog Karl August von Pfalz-Zweibrücken-Birkenfeld-Bischweiler-Rappoltstein (*146; Herzog 1777; †1795), erweitert.[47]

Ein weiteres bedeutendes Dokument wurde ebenfalls hier im Konferenzzimmer von Carl Theodor unterzeichnet. Am 2. September 1776 wurde die Folter in der Kurpfalz abgeschafft, ein elementarer Aspekt seiner aufgeklärten Politik. Im Konferenzzimmer erfolgte am 20. Oktober 1763 die Gründung der Pfälzischen Akademie der Wissenschaften, die mit der Unterschrift Carl Theodors auf dem Gründungsdekret mit der Ortsbezeichnung Schwetzingen besiegelt wurde. Das Motto der Akademie lautete „in omnibus veritas suprema lex esto" (Wahrheit soll das oberste Gesetz sein). Ihr offizieller Name lautete „Academia Electoralis Theodoro Palatina de rerum gestarum atque naturalium" nach ihrem Begründer Kurfürst Carl Theodor, kurz „Academia Theodoro Palatina" genannt.[48]

Auch das Interesse des Kurfürsten an der neuen deutschsprachigen Literatur verdient besonders hervorgehoben zu werden. So unterstützte er die Bemühungen seines Kabinettsekretärs Freiherr Stephan von Stengel für eine Rechtschreibreform der deutschen Sprache 1775 mit der Gründung einer Kurpfälzisch Deutschen Gesellschaft. Prominenteste Mitglieder waren Lessing, Schiller, Wieland und Klopstock. Das Gründungsdekret wurde ebenfalls im Konferenzzimmer auf dem Konferenztisch unterzeichnet.[49]

Ein weiteres bedeutendes Schriftstück, das persönliche Testament des Kurfürsten, ist auf den 28. Mai 1761 datiert, kurz vor der Geburt des Erbprinzen am 28. Juni 1761, und ist somit ebenso in Schwetzingen ausgefertigt und wahrscheinlich vom Kurfürsten im Konferenzzimmer im Beisein von Zeugen auf dem Konferenztisch unterschrieben worden.[50]

Fast alle Fürsten Europas waren nach den Kriegswirren des 17. Jahrhunderts bestrebt, neben der eigentlichen Residenz weitere Schlossbauten zu errichten, um damit Herrschaft nicht nur mit Hilfe eines Repräsentationsbaus zu größerem Glanz zu verhelfen, sondern in diese fürstliche Selbstdarstellung auch die umliegende Landschaft mit einzubeziehen. Somit wird der Ausbau zur Residenzlandschaft vollzogen, wie sie durch die „Villeggiatura" in Italien der Renaissance vorgelebt wurde.

Es kann abschließend festgehalten werden, dass Schwetzingen regelmäßig von 1718 bis 1778 der Ort war, indem der kurpfälzische Hof sich im Sommer durchgehend aufhielt. Zu Recht könnte man Schwetzingen als die Sommerhauptstadt der Kurpfalz bezeichnen. Hauptstädte sind nationale Symbole. Sie können die Macht eines Staates zeigen und sich als Brennspiegel der Kultur und des Gemeinwesens erweisen. Vor allem sind sie Resultate einer historischen Entwicklung, die sich in ihrer Architektur manifestiert, wie das in Schwetzingen durchaus repräsentativ für eine Zeitspanne von 60 Jahren im 18.Jahrhunderts zutrifft.[51]

Ralf Richard Wagner

Anmerkungen

1 Bis 1871 war der Quirinalpalast Sommerresidenz der Päpste. 1929 wurde in Castel Gandolfo ein exterritoriales Gebiet von 55 Hektar für den Heiligen Stuhl eingerichtet. Die Residenz selbst wurde von Papst Urban VIII. im 17. Jahrhundert errichtet. Castel Gandolfo liegt in den Albaner Bergen, 20 km südöstlich von Rom.

2 Schloss Rambouillet wurde 1368 von Jean Bernier erbaut und 1783 von Louis XVI. als Privatresidenz gekauft. Es liegt im Departement Yvelines in der Île-de-France. Heute wird das Schloss von französischen Staatspräsidenten gerne für Gipfeltreffen und internationale Konferenzen genutzt. So fand hier 1975 der 1. Weltwirtschaftsgipfel statt und 1999 trafen sich die Konfliktparteien des Kosovo-Konflikts.

3 Freundlicher Hinweis von Prof. Michael Hesse, Universität Heidelberg. Chequers ist ein elisabethanischer Landsitz in der Nähe von Princes Risborough in Buckinghamshire. Es wurde 1917 von Lord Lee of Fareham der britischen Nation geschenkt.

4 Camp David hieß ursprünglich Shangri-La und wurde seit 1942 von Präsident Franklin D. Roosevelt als Sommersitz genutzt. Es liegt im Catocin-Mountain-Erholungsgebiet in Frederick County im Bundesstaat Maryland. Unter Präsident Dwight D. Eisenhower wurde die Sommerresidenz 1954 in Camp David umbenannt. Camp David wird oft für formelle und informelle Gespräche zwischen der USA und Regierungschefs anderer Staaten genutzt.

5 Zedlers Universallexikon ist das bekannteste deutsche Nachschlagewerk des 18. Jahrhunderts, vergleichbar mit der Encyclopédie française, dem ersten Lexikon der Neuzeit.

6 J. H. Zedler: Grosses vollständiges Universal-Lexicon aller Wissenschaften und Künste, Halle, Leipzig 1732 ff, Band XIII, 1735, S. 405.

7 F. C. von Moser: Teutsches Hof-Recht, Franckfurt, Leipzig 1754, Band II, S. 252.

8 J. B. von Rohr: Einleitung zur Ceremoniel-Wissenschaft der Grossen Herren, Berlin 1733, Hrsg. von Monika Schlechte, Leipzig 1990, S. 83 f.

9 A. Winterling: Der Hof der Kurfürsten von Köln 1688–1794. Eine Fallstudie zur Bedeutung „absolutistischer" Hofhaltung, Bonn 1986, S. 2.

10 E. J. Greipl: Macht und Pracht. Die Geschichte der Residenzen in Franken, Schwaben und Altbayern. Regensburg 1991, Seite 9.

11 S. Mörz: Haupt- und Residenzstadt Carl Theodor, sein Hof und Mannheim, Mannheim 1998, Seite 44 ff.

12 GLA Karlsruhe 221/47 vom 16. Juli 1748.

13 W. Heber und A. Seeliger-Zeiss: Der Schwetzinger Schlossplatz und seine Bauten, Veröffentlichungen zur Heidelberger Altstadt, Heidelberg 1974, Seite 2.

14 Der Bau ist heute nicht mehr als Einheit zu erkennen, da er in einzelne Gebäude unterteilt wurde und die einheitliche Farbgebung und der verbindende Giebelaufsatz in der Mitte fehlen. Die ehemalige Kaserne umfasst heute die Häuser Schlossplatz Nr. 5, 6, 7, 8 und 9.

15 Pater Seedorf war der Beichtvater des Kurfürstenpaares und eine einflussreiche Persönlichkeit am kurpfälzischen Hof. Seine Stellung dokumentiert in anschaulicher Weise sein Wohnhaus, denn als einziges Mitglied des Hofstaates bekam er auf Staatskosten ein eigenes Haus in Schwetzingen errichtet.

16 Der restliche Garten wurde im 19. Jahrhundert mit einem Bau der Gründerzeit, dem heutigen „Kaffeehaus", überbaut.

17 Heber (wie Anm. 13) S. 5.

18 Der Marstall wurde 1750 als Kaserne für den Generalissimus des pfälzischen Heers Prinz Friedrich Michal von Pfalz-Zweibrücken-Birkenfeld, dem Schwager der Kurfürstin, errichtet. 1759 von Kurfürst Carl Theodor angekauft und als Marstall und Kutschenremise genutzt. Heute durch Ladenbauten als Kaufhaus genutzt.

19 Das Gesandtenhaus in der Zeyherstraße dient heute als Amtsgericht. Ursprünglich ein Privathaus des Geheimen Rates und Leibarztes von Jungwürth, wurde es 1732 von Kurfürst Carl Philipp angekauft. Es diente als Wohnhaus für ausländische Botschafter und enthielt eine Dienstwohnung für den Oberbaudirektor Nicolas de Pigage.

20 Pagen waren adlige Knaben, die am Hof eine Ausbildung erhielten. Das Pagenhaus in der Zeyherstraße dient heute als Teil des Finanzamtes.

21 Das Portrait von Karl Philipp August im Alter von ungefähr 2 Jahren, gemalt mit seiner Kinderfrau, hängt im Grünen Speisezimmer von Schloss Schwetzingen.

22 H. Schmidt: Kurfürst Karl Philipp von der Pfalz als Reichsfürst, Mannheim 1963.

23 Sächsisches Hauptstaatsarchiv Dresden. Loc 2626 Vol XXIV vom 23. April 1771.

Schwetzingen – die Sommerhauptstadt der Kurpfalz

24 Sächsisches Hauptstaatsarchiv Dresden. Loc 2627 Vol XXV vom 23. April 1772.

25 Sächsisches Hauptstaatsarchiv Dresden. Loc 2626 Vol XXIII vom 01. Mai 1770.

26 Sächsisches Hauptstaatsarchiv Dresden. Loc 2627 Vol XXV vom 12. Mai 1772.

27 B. Pelker: Sommer in der Campagne – Impressionen aus Schwetzingen, S. 9–37, in: B. Pelker und S. Leopold (Hg): Hofoper in Schwetzingen. Musik Bühnenkunst Architektur, Heidelberg 2004.

28 C. Burney: Tagebuch einer musikalischen Reise durch Frankreich und Italien, durch Flandern, die Niederlande und am Rhein bis Wien, durch Böhmen, Sachsen, Brandenburg, Hamburg und Holland 1770 – 1772, Nachdruck Wilhelmshaven 1980, S. 228.

29   Mörz wie in Anm. 11, S. 82.

30 GLA Karlsruhe, Pfalz Generalia 77/8506.

31 Burney wie in Anm. 27, S. 228 f.

32 H. A. Stavan: Kurfürst Karl Theodor und Voltaire, Mannheim 1978, Seite 8.

33 K. Krause: Die Maison de plaisance Landhäuser in der Ile-de-France (1660–1730), München Berlin 1996, Seite 8 ff.

34 Die großen französischen Königsschlösser besaßen auch Konferenzzimmer, in denen regiert wurde und der Hofstaat war meist vollständig anwesend, ebenso die Minister. Es kann aber keine Kontinuität und Regelmäßigkeit sowie Dauerhafte Bewohnung über mehrere Monate festgestellt werden, wie das in deutschen Sommerresidenzen der Fall war.

35 S. von Massenbach (Hg): Die Memoiren des Herzogs von Saint-Simon 1691–1723, Frankfurt am Main Berlin 1990. H. Kiesel: Briefe der Liselotte von der Pfalz, Frankfurt am Main 1981. T. Von der Mühll: Madame de Sévigné Briefe, Baden-Baden 1979.

36 Die übrigen europäischen Staaten wurden nicht in die Untersuchung miteinbezogen.

37 H. Graf: Die Residenz in München. Hofzeremoniell, Innenräume und Möblierung von Kurfürst Maximilian I. bis Karl VII., München 2002, und B. Langer: Pracht und Zeremoniell – die Möbel der Residenz München, München 2002

38 A. Pécar: Die Ökonomie der Ehre. Der höfische Adel am Kaiserhof Karls VI. (1711–1740), Darmstadt 2003, Seite 158 f.

39 Freundlicher Hinweis von Stefan Mörz, Leiter des Stadtarchivs Ludwigshafen.

40 GLA Karlsruhe 77/2763 vom 11. März 1775.

41 H. Rall: Kurfürst Karl Theodor. Regierender Herr in sieben Ländern, Mannheim 1993, S. 59.

42 Rall wie Anm. 41. S. 53.

43 Rall wie Anm. 41. S. 54.

44 Rall wie Anm. 41. S.102.

45 Geheimes Hausarchiv München Hausurkunde XXXIII.

46 Geheimes Hausarchiv München Hausurkunde XXXIV. Und Rall, wie Anm. 41. Seite 138 ff.

47 Rall, wie Anm. 41. S. 139.

48 Rall, wie Anm. 41, S 98.

49 Rall, wie Anm. 41. S. 123.

50 Rall, wie Anm. 41. S. 77.

51 B. Roeck: Staat ohne Hauptstadt. Städtische Zentren im Alten Reich der frühen Neuzeit, Seite 59–72, Hrsg. von H. Körner und K. Weigand: Hauptstadt. Historische Perspektiven eines deutschen Themas, München 1995, S. 59.

Peter Koppenhöfer und Hans-Erhard Lessing

Neue Funde zu Karl Drais

Im Vorfeld des zweihundertjährigen Fahrradjubiläums 2017 wuchs die Aufmerksamkeit für den Bürger Karl Drais als Erfinder allerorten. So gab es etwa eine öffentliche Drais-Ausstellung zum Stadtjubiläum Karlsruhes in 2015, die einer von uns (HEL) in der Zentrale der Badischen Beamtenbank konzipierte[1]. Anlass war zudem, die wiederentdeckte Lebendmaske von Karl Drais aus dem Pariser Musée de l'Homme vorzustellen[2,3] und die Erkenntnis publik zu machen, dass das eigentliche Verhängnis für den Lebensweg des Erfinders das unterlassene Begnadigungsgesuch für den Burschenschafter Ludwig Sand seitens des Vaters Wilhelm von Drais als höchsten Oberhofrichters war. Somit erhielt Sand nach damaligem Recht die Todesstrafe wegen des politischen Mordes am erfolgreichen Theaterautor August von Kotzebue, der in seiner Zeitung die vaterländischen Wiedervereinigungs-Bestrebungen der Burschenschafter verspottet hatte, und wurde 1820 in Mannheim enthauptet. Die Tat und die verfügte Hinrichtung spaltete damals die Deutschen bis in die Familien, und der Sohn und Erfinder Drais konnte sich im ganzen Deutschen Bund nicht mehr blicken lassen, ohne für seinen Vater in Sippenhaft attackiert zu werden. Er ging für fünf Jahre ins Exil nach Brasilien als Landmesser. Und nicht nur das: die Studenten, die hauptsächlichen Nutzer

der Laufmaschinen oder Draisinen, boykottierten hinfort das Zweirad, und die Zeitungsredakteure berichteten aus diesen politischen Gründen nicht mehr darüber[4]. Dies erklärt das unglückliche Schicksal des Erfinders nach der Rückkehr aus Brasilien, vollends nach seinen demokratischen Äußerungen, die ihm einen Mordanschlag, Schikanen der Höflinge und den späten Rufmord seitens des Sand-Anhängers und Literaten Karl Gutzkow einhandelten. Populäre Darstellungen unterschlagen einfach diese politischen Ursachen der Verfemung von Karl Drais, als ob Techniker es nicht verdienten, als frühe Demokratieverfechter anerkannt zu werden. (Abb. 1)

Erster Augenzeugenbericht von 1817: „Es sind blos 2 Räder"

Im Frühjahr 2017 suchte am Generallandesarchiv Karlsruhe Referatsleiterin Gabriele Wüst auf Anfrage nach einem Brief des Göttinger Mathematik-Genies Carl Friedrich Gauß (1777–1855), und zwar im Nachlass des angesehenen Staatsrechtlers Johann Ludwig

Abb. 1
Lebendmaske 1818 von Karl Drais (Kopie) aus Musée de l'homme, Paris (Foto: Lessing)

Abb. 2
Ausschnitt aus undatiertem Hoffmeister-Brief an Klüber (GLA Karlsruhe)

Neue Funde zu Karl Drais

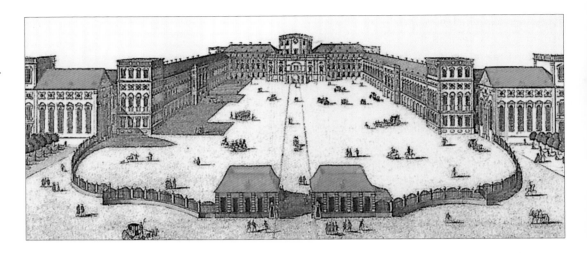

Klüber (1762–1837). Letzterer war von 1807 bis 1817 mit Unterbrechungen Professor an der Universität Heidelberg. Statt des Gesuchten fand die Archivarin einen undatierten Brief mit der rudimentären Skizze eines Zweirads, die sie – als Karlsruherin sensibilisiert – richtig der Drais'schen Laufmaschine zuordnete.[5] Absender war Klübers Assistent an der Mannheimer Sternwarte gewesen, für die Klüber als Kurator wirkte: der Heidelberger Zeichner Heinrich Ludwig Hoffmeister (1773–1853). Er berichtete so dies und das und dann zu der Skizze: (Abb. 2)

„Neulich machte Herr von Drais mit einem neuen Fuhrwerk im Schloss einen Versuch, der sehr gut ausfiel. Er besteht in folgendem: [folgt die Handskizze] Es sind blos 2 Räder, 27 Zoll hoch. Über denselben liegt die Stange a–b, auf der man reitet. Die ist jedoch nicht so hoch, dass die Füße nicht auf demselben aufstehen sollten. Mit diesen tritt man also wie beim Schlittschuhlaufen und ziehet sie dann in die Höhe, wo das Fuhrwerk 10 bis 12 Schritte fortrollt. Nur muss man wegen der schmalen Grundfläche wie beim Schlittschuhlaufen einige Übung haben. Herr von Drais fährt schon so geschwind auf den Platten in den Gängen des Schlosses, dass ich es kaum aushalten konnte, nur solange ein Gang ist, nebenher zu laufen."[6]

Leider trägt der Brief auch keine Empfänger-Adresse, sodass eine Datierung anhand des Aufenthaltsorts Klübers, der 1817 Heidelberg verließ, nicht möglich ist. Doch schrieb Hoffmeister eindeutig über das Mannheimer Schloss, in dessen rechtem Flügel sich das Oberhofgericht unter Vater Drais' Leitung unweit des Drais'schen Wohn-

hauses M1, 8 befand. Also dürfte Karl Drais in der rechten, nördlichen Arkade des Schlosses geübt haben. (Abb. 3)

Offiziere probierten die Laufmaschine aus

Aber da war nun der früheste bisher bekannte Augenzeugenbericht über Drais' Laufmaschine. Den Vergleich mit dem Schlittschuhlaufen stellten auch andere Zeitgenossen an: es sei so, wie wenn man auf der Straße Schlittschuh laufen wolle. Drais selbst inserierte später im „Badwochenblatt der Stadt Baden[-Baden]" vom 29.VII.1817: „Die Haupt-Idee der Erfindung ist von dem Schlittschuhfahren genommen." Und ohne das neue Vergnügen des Schlittschuhlaufens, das von jungen Leuten und Studenten gemeistert wurde, hätte er seinen Reitpferdersatz im Hungerjahr nach der Tambora-Kälte 1816 wohl kaum vorschlagen können. Zu groß war die Angst der Zeitgenossen, auf dem labilen Gefährt die Balance zu verlieren und zu stürzen. Deshalb mussten die Füße stets den sicheren Boden erreichen können und konnten nicht permanent auf eine Tretkurbel gesetzt werden, wie sie sein voriges standfestes Vierrad schon besaß. Jedoch faszinierte die Erfindung ersichtlich gebildete Menschen sogleich, und sie wollten diese selbst ausprobieren, wie Hoffmeister weiterschrieb:

„Da gerade im Schlosshof exerziert wurde, so war der Herr General Vincente, der russische Etappenkommandant, und ein Dutzend Offiziere dabei, die größtenteils auch den Versuch mitmachten."

Die im Internet ungebrochen weiterlaufende Mär, der Erfinder wäre ob dieser Erfindung ver-

Peter Koppenhöfer und Hans-Erhard Lessing

spottet worden, entstand wohl aus der politischen Verfemung und Verächtlichmachung der späten Jahre von Drais, die gedankenlos auf die Anfangs-jahre verallgemeinert wurde. Als Drais im November seine gedruckte Beschreibung der Laufmaschine mit Kupferstich bei der Buchhandlung Schwan & Götz herausbrachte, sandte er ein Exemplar an den designierten Thronfolger, Markgraf Leopold von Hochberg, und dieser antwortete ihm: [7]

„Die [...] zugeschickte Abbildung und Beschreibung Ihrer Laufmaschine habe ich erhalten und daraus ersehen, dass abermals durch Dero ausgezeichnetes Talent für Wissenschaft und Industrie die Welt mit einer nützlichen und genialischen Erfindung beschenkt worden ist, die Ihrem Geist sowohl als dem Bestreben, gemeinnützig zu sein, viele Ehre macht."

Die Gesellschaft zur Beförderung der nützlichen Künste zu Frankfurt nahm Drais am selben Tag wie Goethe ehrenvoll auf, ebenso die Allgemeine kameralistisch-ökonomische Sozietät zu Erlangen.[8] Und in Paris nahm 1818 der deutsche Hirnforscher Dr. Franz-Joseph Gall Drais' Lebendmaske für seine Sammlung von genialen Köpfen ab, worin als weiterer Deutscher nur noch Goethe vertreten war.[9]

Zur Datierung der Übungsfahrten in der Schloss-Arkade spricht Einiges dafür, dass diese vor der im Badwochenblatt dokumentierten Erst-fahrt am 12.VI.2017 von Mannheim zum Relais-haus vor Schwetzingen stattfanden, denn danach beherrschte Drais souverän die Laufmaschine und machte weite Ausflüge.

Englands erster Draisinist – ein Mannheimer

Im Karlsruher Stadtarchiv befindet sich die Kopie eines Manuskripts aus der Bibliothek des Trinity College der Universität Cambridge, dessen Erhaltung einem früheren Bibliothekar zu verdanken ist, der darauf notierte, welche Bewandtnis es damit hatte (übersetzt):[10]

„Dieses Referat über das Veloziped gehörte früher dem verstorbenen T. S. Davies, dem zweiten Mathematikdozenten der Royal Military Academy, und wurde von seiner Witwe an R. Potts übergeben. Da ihr Sohn, der verstorbene C. Butler Davies M.A., zeitweilig Fellow des Trinity College

war, scheint es R. P. Heat [Bibliothekar] vielleicht nicht unwürdig zu sein, in der Bibliothek des Trinity College aufbewahrt zu werden (August 1880)."

Dank solcher Sorgfalt blieb ein erstaunliches Zeitzeugnis erhalten, der Vortrag des Mathematikers Thomas Stephen Davies (1795 – 1851), bekannt für ein sphärisches Koordinatensystem, wohl vor der Militärakademie im Londoner Stadt-teil Woolwich im Mai 1837 retrospektiv über die Blütezeit 1819/20 des Velozipeds – so die amtliche Bezeichnung der Laufmaschinen oder Draisinen –, bevor die Obrigkeit mit Verboten und Strafen den Trend abwürgte (mehr im Anhang): (Abb. 4) (Abb. 5)

Abb. 4
Thomas Stevens Davies, aus Nachruf in The Expositor 1(1851)284

Abb. 5
Ehemalige Royal Military Academy in London-Woolwich (WikiCommons)

Neue Funde zu Karl Drais

„Herr Vorsitzender, meine Herren,
Es gab einmal eine kleine Maschine, erfunden vor einigen Jahren von einem deutschen Herrn namens Baron Karl von Drais, die viele der Anwesenden sich erinnern werden, gesehen zu haben. und die unter verschiedenen Namen bekannt war, aber am passendsten war wohl der Name Veloziped. Der Erfinder, Baron von Drais, veröffentlichte in Deutschland ein Faltblatt, in dem er seine Erfindung beschrieb, mit einem Kupferstich, der die Konstruktion darstellte, die [scheinbar] schwerer war als die seither in unserem Land verwendete, und einige Teile waren aus Holz, die später hierzulande aus Eisen hergestellt wurden. Er nannte sie Laufmaschine, was auf Englisch running machine bedeutet, und druckte im Faltblatt die Verwendungen, für die sie eingesetzt werden kann. Bald nach der Veröffentlichung dieses Faltblatts kam ein deutscher Herr namens Bernhard Seine, gebürtig aus der Stadt Mannheim, mit dem ich bekannt war, vor etwa zwanzig Jahren nach England und brachte das Faltblatt mit. Er ritt häufig auf einem Veloziped, das nach der originalen Erfindung gebaut worden war, durch die Straßen der Stadt Bath. Herr Seine zögerte nicht, auf seinem Veloziped einige der steilsten Straßen der Stadt in rasantem Tempo hinabzufahren, über die Schlaglöcher der Straße hinweg, aber ich habe nie gehört, dass er dabei einen Unfall hatte [...] Die Vorteile lagen so klar auf der Hand, dass sich zunächst jeder Mensch mit mechanischer Neigung über die Genialität der Idee freute und sich wunderte, dass ihm selbst nie in den Sinn gekommen war, solch eine Erfindung zu machen." (Abb. 6)

Im Verlaufe des Vortrags wird klar, dass Davies selbst ein Velocipeder war, wie man dort sagte, und aus seinem Nachruf ergibt sich, dass er zuvor Mathematiklehrer im Badeort Bath gewesen war. Ein Bernhard Seine war in den Mannheimer Meldeunterlagen aber nicht aufzufinden. Die Telekom wies online nur einige Landwirte namens Seine in Niedersachsen nach, die beim Anruf angaben, keinen Vorfahren mit Vornamen Bernhard zu kennen und keinen Bezug zu Mannheim zu haben. Bewegung in die Suche kann erst, als online digitalisierte britische Zeitungen zur Verfügung standen, lokal aus Bath „The Bath Chronicle." Und tatsächlich wurde dort ein Henry Seine (1775–1832) gefunden, ein Klavierlehrer wohnhaft in 7 Lansdown Road (das Haus steht noch), der auch auf Kurkonzerten spielte, etwa am 23.IV.1818.[11] Den entscheidenden Hinweis brachte eine Todesnachricht im Bath Chronicle vom 15.IV.1830:

„In Mannheim, Mr. John Bernhard Seine, brother of Mr. Seine of this city."

Der Draisinist Bernhard Seine war also 1830 definitiv in Mannheim verstorben. Einer von uns (PK) vermutete nun eine Namensänderung und

Abb. 6
Drais' Beschreibung 1817 – erste Seite und Kupferstich, gemäß Schildmütze einen Studenten darstellend (Marchivum)

Peter Koppenhöfer und Hans-Erhard Lessing

fand tatsächlich eine passende Anzeige in den Mannheimer Tageblättern vom 28.III.1830:

„Am 23. d. M. um halb acht Uhr entschlief sacht nach einem 6 monatlichen Leiden an den Folgen einer Brustwassersucht in seinem 53 Lebensjahr [...] Joh. Bernh. Sinn [...] Der Schwager und die Verwandten des Verblichenen, für sich und dessen abwesenden Bruder."

Der abwesende Bruder wird zwar namentlich nicht genannt, aber der Verstorbene musste der Gesuchte sein. Demnach hätte der Klavierlehrer seinen Namen von Heinrich Sinn in Henry Seine geändert (englisch „sin" wie „Sünde" war wohl kein gutes Türschild für einen Klavierlehrer der Jugend) und den besuchenden Bruder Bernhard Sinn der Zeitung eben als Bernhard Seine vorgestellt. Schließlich wurde in den Mannheimer Ratsprotokollen zu einer Erbsache Sinns der Beweis gefunden: ein Brief eines Peter Sintzenich aus Tunbridge Wells an Bernhard Sinn unter einer Londoner Adresse, und dieser war von dort an Henry Seines Anschrift in Bath nachgesandt worden – also waren Sinn und Seine die Brüder. (Abb. 7)

Der Briefschreiber Peter Sintzenich wurde als Sohn eines „Stuhlmachers" in Mannheim geboren, Zusammen mit seinem Bruder Heinrich Sintzenich (1753 – 1812) ist er einer der bedeutenden Kupferstecher seiner Generation. Dabei ist der Bruder

Heinrich Sintzenich noch wichtiger und innovativer gewesen.[12] Peter Sintzenich muss schon vor 1800 nach England ausgewandert sein. Wie sich aus dem Brief ergibt, hat er vor Heinrichs Tod in München schon länger keinen Kontakt mehr mit ihm gehabt: „Mit meinem Bruder habe ich, seit der Zufall sich eräugnet hat nicht mehr correspondirt, nicht einmahl Briefe beantwortet." In welcher Beziehung Peter Sintzenich mit dem Briefadressaten Bernhard Sinn stand, den er siezt, bleibt unbekannt. Allerdings bemerkt er, dass er sich an Bernhards Schwager, den Mann seiner Schwester, erinnert. Möglicherweise hatten die Familien Sintzenich und Sinn vor 1800 in Mannheim miteinander Umgang gehabt.

Wer war dieser Bernhard Sinn?

Um dieser Frage nachzugehen, wurden vor allem die Mannheimer Ratsprotokolle durchgesehen. Bernhard wurde 1778 als Sohn des Handelsmanns Georg Christian Sinn geboren, Er hatte zwei Geschwister: Henriette, die einen Kaufmann in Frankenthal heiratete, und den Musiker Christian Heinrich, der nach England als Henry Seine gezogen war. Bernhard hat wohl nie geheiratet.

Der wichtigste Eintrag in den Ratsprotokollen stammt vom 6. März 1805, als es um die Erbteilung nach dem wohl kurz zuvor erfolgten Tod des Vaters

Neue Funde zu Karl Drais

ging.[13] Der damals 27jährige Bernhard Sinn wird als Fahnen-Sattler der kaiserlich-königlichen österreichischen Armee aufgeführt. Dieser Rang entsprach dem eines Unteroffiziers in einer Reitereinheit, der für die Ausstattung der Pferde zu sorgen hatte. Voraussetzung für eine solche Spezialisierung war wohl eine Sattlerlehre. Sattlermeister war er also nicht. Es ist vorstellbar, dass der damals etwa Achtzehnjährige 1795/96 bei der in Mannheim stationierten österreichischen Armee angeheuert hat. Mannheim war damals in der berühmten Bombardierung von der französischen Revolutionsarmee an die Österreicher übergeben worden. (Abb. 8)

Im April 1805 war er schon wieder abwesend, vermutlich weil er nur einen kurzen Urlaub bekommen hatte.[14] Das Haus der Familie in R1, 16 wurde damals mit 5986 fl taxiert[15]. Wohl wegen der Erbteilung wurde es bereits mit Hypotheken belastet. Als Erbanteile der beiden Brüder werden 1500 fl. und 1412 fl. festgelegt. Das war also nicht viel. Das nächste Mal lässt sich eine Anwesenheit Bernhard Sinns in Mannheim erst im November 1813 nachweisen. Das war ein Monat nach der Schlacht von

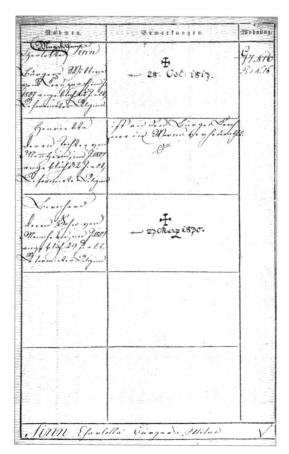

Abb. 8
Mutter Sinns Familienbogen mit Bernhard und Schwester, ohne Heinrich (Marchivum)

Leipzig. Eine mit seinem Namen unterzeichnete Todesanzeige seiner Mutter erschien im Badischen Magazin (2.XI.1813). Vermutlich wohnte Bernhard danach im elterlichen Haus. Mit dieser Adresse erscheint er ohne Berufsangabe im ersten Mannheimer Adressbuch von 1815. Später kommt als Berufsbezeichnung „Privatier" dazu. Ganz offensichtlich hatte der Enddreißiger seinen Abschied genommen. Danach hat er die durch den Sintzenich-Brief dokumentierte Reise zu seinem Bruder in Bath gemacht. Mit großer Wahrscheinlichkeit ging es da um die Erbsache nach dem Tod der Mutter. Aber schon Ende 1816 oder Anfang 1817 war er wieder zurück in Mannheim. Denn im Februar 1817 erscheint er wegen einer Kriegssteuersache persönlich vor dem Stadtrat.[16] Im April 1817 war er schon wieder abwesend, wie eine Stadtratssitzung vom 9. April zeigt. Da behandelte das Gremium in seiner Abwesenheit seinen Hypothekenantrag im Umfang von „3000fl auf sein Lit R1 Nr.16 liegendes Haus". Er muss also knapp bei Kasse gewesen sein, vermutlich ging es um die Auszahlung der Miterben. Kurz danach war er wieder in Mannheim zurück. Das belegt sein Erscheinen auf dem Stadtamt am 15. Juni 1817, wobei er die Auszahlung des von Peter Sintzenich notariell bestätigten Betrages von 801 fl beantragte. Dabei bat er darum, „um so mehr bald anzuweisen zu wollen, als ich mit nächstem eine dringende Geschäftsreise von mehreren Monaten vornehmen muß".[17] Welchen Geschäften er mit seinen doch relativ vielen Reisen nachging, bleibt leider im Dunkeln. (Abb. 9)

Die Sinns und Karl Drais

Das Datum vom 15. Juni jedoch bietet nun wahrscheinlicherweise eine Verbindung zu Drais. Denn das war drei Tage, nachdem die berühmte Jungfernfahrt stattgefunden hatte. Nachdem Bernhard Sinn sich später in der Drais'schen Sache in England in geradezu exponierter Weise eingesetzt hat, spricht sehr viel dafür, dass er es auch schon in Mannheim tat: Es würde gut dazu passen, dass er Augenzeuge und vielleicht sogar ebenso engagierter Helfer war. Die Werkstatt des Wagnermeisters Johann Christian Frey in S3, 4 lag praktisch um die Ecke im übernächsten Quadrat. Er könnte mit seinem Sattler-Fachwissen sogar an der Herstellung beteiligt gewesen sein. Beim Nachbau in

Peter Koppenhöfer und Hans-Erhard Lessing

Abb. 9
Wohnhaus Sinn R1, 16 rechts außen (Marchivum)

England dürfte der Sitz für ihn dann keine Schwierigkeit gewesen sein.

Über seine späteren Jahre in Mannheim war bisher nichts aufzufinden.

Somit können wir die erste Laufmaschinenfahrt im Vereinigten Königreich weitgehend rekonstruieren. Bald nach Erscheinen der Drais'schen Beschreibung Mitte November 1817 erwarb Benhard Sinn eine solche und nahm sie zum Besuch beim Bruder in Bath mit, wahrscheinlich zu Weihnachten 1817. Da der Bau der Laufmaschine einschließlich Trocknen der Farben sechs Wochen dauerte, wird der 40jährige Mannheimer im Februar 1818 der erste Laufmaschinen-Fahrer in England gewesen sein. Der erfolgreiche Londoner Wagenbauer Denis Johnson erhielt erst im November 1818 ein Patent auf seinen Nachbau, der 1819 hundertfach in London verkauft und benutzt wurde. Übrigens kam Karl Drais selbst auf seiner Englandreise 1832 durch Bath, wie wir von seinen Englisch-Übungen auf Papier mit Hotelkopf „CROWN Bath" wissen.[18] Demnach hat er höchstwahrscheinlich den Musiklehrer Henry Seine alias Heinrich Sinn kurz vor dessen Tod in Bath besucht.

Laufmaschinen-Vorführung im Mai 1818 zu Braunschweig

Im Fahrrad-Jubiläumsjahr 2017 wurde auch das Stadtmuseum Braunschweig auf eine Archivalie aufmerksam, die Ankündigung einer Vorführung der Drais'schen Fahrmaschine (Drais bezeichnete sie längst als Laufmaschine) im Mai 1818 für vier Gutegroschen Eintritt. Das Flugblatt stammt wohl aus einem Bestand des Druckers, denn hand-

schriftlich ist darauf die Kostenabrechnung notiert („Ist bezahlt"). Hinter dem vorführenden „Professor Stephanye" und auch Fahrlehrer verbirgt sich wohl ein Handwerker aus Halle, denn Bau und Verbesserung der Laufmaschine war keinesfalls am Küchentisch möglich, und er berichtet von seinen Ausflügen von Halle nach Magdeburg (92 km mit einem Schnitt von 13 km/h). Die im Vorjahr Aufsehen erregende Nachricht von Drais' Fahrt Karlsruhe-Kehl von 77 km in nur vier Stunden, also mit 19 km/h Schnitt, war eine Zeitungsente gewesen, die Drais peinlich war. Der wohlmeinende Redakteur der Europäischen Zeitung aus Bern hatte wohl in Unkenntnis der Fahrtdauer diese anhand bisheriger Angaben schlicht ausgerechnet und dabei badische Meilen mit englischen verwechselt.[19] Die Fahrerfigur hat der Drucker von Drais' erstem Druckblatt im Sommer 1817 abgekupfert, wo es noch keine Bremse gab, und ganz professoral um eine Brille ergänzt. (Abb. 10, 11)

Dass hier ein Nachbauer in einem Umkreis von 150 km (Braunschweig) oder mehr Demonstrationen seiner Variante der Laufmaschine vorführte und Aufträge sammelte, zeigt einmal mehr, welches Interesse nach der Hungerkatastrophe 1816/17 an der Idee des pferdelosen Fahrens herrschte. Der Nürnberger Mechaniker Johann Carl Siegmund Bauer hatte noch vor Drais ein Büchlein veröffentlicht, das erste Fahrradbuch der Geschichte, mit einer Vorrede, worin er die Erfindung mit dem Ei des Columbus verglich:[20]

„Eine der wichtigsten Erscheinungen in dem Gebiete der mechanischen Wissenschaften ist die v. Drais'sche [Lauf]maschine und beinahe halb

Neue Funde zu Karl Drais

Abb. 10
Drais` verschollene erste
Darstellung Sommer
2017, abgekupfert bei
Bauer (14), daher sei-
tenverkehrt

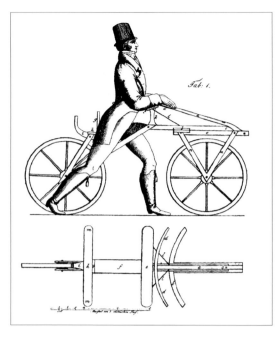

Abb. 11
Flugblatt für Braun-
schweiger Vorführung
Mai 2018, ebenfalls
abgekupfert (Foto:
A.Pröhler, Braunschwei-
gisches Landesmuseum)

Anhang:

Thomas Stephens Davies` retrospektiver Vortrag „On the velocipede" im Mai 1837
(übersetzt mit Zwischentiteln; HEL)
„Herr Vorsitzender, meine Herren,
Es gab einmal eine kleine Maschine, erfunden vor einigen Jahren von einem deutschen Herrn namens Baron Karl von Drais, die viele der Anwesenden sich erinnern werden, gesehen zu haben. und die unter verschiedenen Namen bekannt war, aber am passendsten war wohl der Name Veloziped. Der Erfinder, Baron von Drais, veröffentlichte in Deutschland ein Faltblatt, in dem er seine Erfindung beschrieb, mit einem Kupferstich, der die Konstruktion darstellte, die [scheinbar] schwerer war als die seither in unserem Land verwendete, und einige Teile waren aus Holz, die später hierzulande aus Eisen hergestellt wurden. Er nannte sie Laufmaschine, was auf Englisch running machine bedeutet, und druckte im Faltblatt die Verwendungen, für die sie eingesetzt werden kann.

DER PIONIER IN ENGLAND
Bald nach der Veröffentlichung dieses Faltblatts kam ein deutscher Herr namens Bernhard Seine, gebürtig aus der Stadt Mannheim, mit dem ich bekannt war, vor etwa zwanzig Jahren nach England und brachte das Faltblatt mit. Er ritt häufig auf einem Veloziped durch die Straßen der Stadt Bath, das nach der originalen Erfindung gebaut worden war. Herr Seine zögerte nicht, auf seinem Veloziped einige der steilsten Straßen der Stadt in rasantem Tempo hinunterzufahren, über die Schlaglöcher der Straße hinweg, aber ich habe nie gehört, dass er dabei einen Unfall hatte.

Die Erfindung wurde bald in London bekannt, und viele der jetzt Anwesenden können sich zweifellos daran erinnern, wie schnell diese Neuheit vom Publikum angenommen wurde. Die Gleichmäßigkeit und Schnelligkeit der Bewegung im Vergleich zum Gehen, dem es so sehr ähnelte, empfahl das Veloziped vielen Menschen, welche die Mühen und Kosten der Pferdehaltung scheuten. Die erreichbare Geschwindigkeit war ähnlich wie beim Schlittschuhlaufen. Die Neuartigkeit und der Einfallsreichtum der Idee brachten diese Erfindung schnell in allgemeinen Gebrauch: In der New Road konnte man sie an jedem schönen

Deutschland beschäftigt sich in diesem Augenblick mit der Entscheidung über deren Brauchbarkeit oder Unbrauchbarkeit."

Peter Koppenhöfer und Hans-Erhard Lessing

Abend in großer Zahl laufen sehen, besonders in der Nähe des Finsbury Square und oben in der Portland Road, wo sie stundenweise vermietet wurden. In verschiedenen Teilen der Stadt wurden Übungsräume eröffnet, und einige erfahrene Fahrer machten es sich zur Aufgabe, sie in den wichtigsten Städten Englands vorzuführen.

Ich kenne Leute, die mit ihren Velozipeden zwanzig bis dreißig Meilen [30–50 km] an einem Tag auf Ausflügen ins Land fuhren, und viele junge Männer hatten die Angewohnheit, im Laufe einer Woche sechzig Meilen [100 km] oder mehr zu fahren. Es ist leicht zu erkennen, wie wohltuend diese Übung für die Gesundheit der Fahrer gewesen sein muss, die in der Regel Stadtbewohner waren und tagsüber im Geschäft oft sitzenden Tätigkeiten nachgingen.

DAS ORIGINAL

Das originale Veloziped bestand aus zwei Rädern, von denen eines hinter dem anderen lief. Die Streben, in denen sich diese Räder drehten, waren an einer hölzernen Langwied befestigt, auf welcher der Sattel des Fahrers platziert war, manchmal auf Federn, aber allzu oft mangelhaft, und dann wurde die Bewegung auf holprigen Straßen ruckartig und gefährlich unregelmäßig. Vor dem Fahrer war ein Polster angebracht, auf der Langwied abgestützt, um die Arme aufzustützen und die Maschine auszubalancieren. Vor diesem Polster, das technisch als Balancierbrett bezeichnet wurde, befand sich die Leitstange, die mit dem Vorderrad verbunden war und es ermöglichte, dieses nach rechts oder links zu drehen.

Bei der originalen Laufmaschine des Baron von Drais waren die Streben, welche die Achse des Hinterrades an der Langwied befestigten, aus Holz; und zur Abstützung des Vorderrades war ein gebogenes Holzstück an der Langwied befestigt, gegen das ein anderes ähnliches Holzstück arbeitete, das durch Leisten mit der Achse des Rades verbunden war. Diese Leisten am Vorderrad waren offensichtlich dazu gedacht, die Streben dort zu verstärken und in die Lage zu versetzen, Stößen zu widerstehen, denen das Vorderrad ausgesetzt sein könnte. [nein, das waren abklappbare Parkständer]

Mit einem auf diese Weise konstruierten Veloziped konnte der Fahrer, solange er auf einer glatten Ebene fuhr, immer viel schneller fahren, als ein Mensch gehen konnte. Wenn er an einen Hügel kam, musste er absteigen und an der Seite seiner Maschine gehen, indem er den Lenker mit der rechten Hand und das Gleichgewicht hielt, indem er das Ende der Armstütze mit der linken Hand festhielt; das ist kaum mühsamer als frei zu gehen, denn die Unterstützung, die das Veloziped gibt, ist eine größere Hilfe als jeder Spazierstock es wäre, und erleichtert die Arbeit, den Hügel hinaufzugehen, beträchtlich. Aber beim Hinunterfahren eines Abhangs kamen die Geschicklichkeit des Fahrers und die Schnelligkeit des Velozipeds besonders zur Geltung. Der Mann hob seine Füße vom Boden und erlaubte dem Veloziped, den Hügel hinunter zu fahren, was es auch tat, und zwar mit einer Geschwindigkeit, die im Verhältnis zur Steilheit des Abstiegs stand; Der Fahrer balancierte die ganze Zeit, ohne mit einem Fuß die Erde zu berühren, und je schneller er fuhr, desto leichter war es, das Gleichgewicht zu halten, denn wenn ein Reif einen Hügel hinunterfährt, weiß jeder, dass dieser, je schneller er angetrieben wird, desto stabiler seine aufrechte Position beibehält, aber wenn die Geschwindigkeit nachlässt, beginnt er zu taumeln, und wenn er seine Kraft verliert, wird die Bewegung unregelmäßig und er fällt. Wenn der Fahrer eine gewisse Geschwindigkeit erreicht hatte, wurde es äusserst schwierig, die Maschine nach rechts oder links zu drehen oder auch nur mit einem Fuß die Erde zu berühren, ohne sofort umzukippen; und diese Schwierigkeit, die Maschine bei voller Geschwindigkeit zu kontrollieren oder anzuhalten, führte zu vielen Unfällen. Wenn das Veloziped gegen einen Pfosten oder eine Wand fuhr, erhielt das Vorderrad den Schlag, und der Fahrer, wenn er auf den Schock vorbereitet war, wurde gewöhnlich nur umgeworfen, obwohl die Streben des Vorderrades oder sogar die Langwied manchmal kurzerhand gebrochen waren. Diese Schwierigkeit, die Bewegung zu stoppen oder zu kontrollieren, war eine große Unvollkommenheit in den ursprünglichen Maschinen [nein, Drais' Hinterradbremse war auf den Kupferstichen gegen Nachbau versteckt], wie ein wissenschaftlicher, alter Herr einmal traurig zu mir bemerkte, nachdem er die Überreste seines Velozipeds aus einem Graben am Fuße eines steilen Hügels gezo-

Neue Funde zu Karl Drais

gen hatte. „Ach!" sagte der ehrwürdige Herr mit einem tiefen Seufzer, „wenn ich mir eine Feder ausgedacht hätte, um die Bewegung der Räder zu bremsen, wäre ich jetzt nicht in dieses Bett von Brennnesseln und Disteln gerollt."

GUT FÜRS MILITÄR?

Obwohl das damals verwendete Veloziped in vielerlei Hinsicht unvollkommen und schlecht konstruiert war, vor allem in Bezug auf einige Details, auf die ich hoffentlich bald Ihre Aufmerksamkeit lenken werde, mag es doch nützlich sein, sich ein wenig mit den mechanischen Prinzipien der Maschine und den Vorteilen zu befassen, die sich aus ihrer Verwendung zur Beschleunigung der Bewegung ergeben und die ihr unter anderem den Namen „Beschleuniger" [accelerator] einbrachten.

Der erste Vorteil, der sich durch den Einsatz des Velozipeds ergibt, scheint darin zu bestehen, dass beträchtliches Gewicht von den Beinen genommen und auf Räder gesetzt wird. Wenn der menschliche Körper ohne die Beine hundert Pfund [90 kg] wiegt, wie es häufig der Fall ist, und die Beine diese hundert Pfund im Laufe eines Tages zwanzig oder dreißig Meilen [30–50 km] tragen müssen, wird der Mann ermüdet, aber wenn diese hundert Pfund, die das Gewicht des Körpers ausmachen, von den Beinen genommen und auf ein Paar Räder gelegt werden, bleibt den Beinen die Arbeit des Tragens erspart, und sie können folglich dieselben zwanzig oder dreissig Meilen mit weniger Ermüdung zurücklegen. Dies scheint das Hauptziel des Erfinders Baron von Drais gewesen zu sein und kann insoweit als eine sehr glückliche Idee angesehen werden.

Daneben gab es noch einen zweiten mechanischen Vorteil. Die gewöhnliche Schrittweite eines Mannes übersteigt selten die Länge eines Yards [90 cm] oder ist gleich groß; aber wenn er sich auf einem Veloziped bewegt, wird sein Schritt durch die fortschreitende Bewegung der Maschine verlängert. Während er sich fortbewegt, beträgt der Abstand manchmal sechs Fuß, nachdem der rechte Fuß vom Boden abgehoben wurde und bevor der linke Fuß die Erde berührt. Obwohl also die Schrittweite beim Gehen nicht mehr als drei Fuß [90 cm] beträgt, wird diese Schrittweite, wenn man den Mann auf Räder setzt, auf

sechs Fuß [18 cm] oder mehr verlängert, was einen Vorteil von zwei zu eins zugunsten des Velozipeds beweist. Wenn also ein Mann zwanzig Meilen [32 km] am Tag gehen kann und nun jeder seiner Schritte in der Länge verdoppelt wird, indem er ein Veloziped benutzt, scheint es, dass er doppelt so weit gehen könnte oder vierzig Meilen [64 km] am Tag bei gleicher Arbeit. Also ergaben sich zwei mechanische Vorteile aus der Benutzung des Velozipeds: Der Mensch musste nicht das Gewicht seines Körpers tragen, das auf den Rädern ruhte, und seine Schrittweite wurde durch die Vorwärtsbewegung der Maschine beim Laufen verdoppelt oder mehr als verdoppelt. Die Vorteile lagen so klar auf der Hand, dass sich zunächst jedermann mit mechanischer Neigung über die Genialität der Idee freute und sich wunderte, dass ihm selbst nie in den Sinn gekommen war, solch eine Erfindung zu machen. Alle, die fahren konnten, stimmten überein, dass das Veloziped die Bewegung des Gehens stark beschleunigte. Es wurde durch wiederholte Versuche festgestellt, dass eine Person, die zu Fuß unterwegs war, mit dem Veloziped an einem Tag mehr Meilen weiterkommen konnte als ohne dessen Hilfe.

Mehrere ausländische Autoren waren der Meinung, dass solche Maschinen den Marsch von Infanterieeinheiten beeinträchtigen könnten, indem sie den Soldaten eben nicht einfach ermöglichen, rascher und leichter auf dem Erdboden vorwärts zu kommen. Doch wenn man bedenkt, dass die Waffen, der Proviant und die Munition eines Infanteristen auf dem Marsch ein Gewicht von mehr als sechzig Pfund [27 kg] ausmachen und dass ein Tagesmarsch zwischen zwanzig und dreißig Meilen [30 und 50 km] lang ist, erscheint der Vorteil, dieses Gewicht von den Schultern des Mannes zu nehmen und es auf zwei Räder zu legen, offensichtlich.

DIE AKZEPTANZ DER ERFINDUNG

Es wurde mir nahegelegt, meine Herren, dass ich mich bei Ihnen dafür entschuldigen sollte, dass ich ein Thema zur Sprache bringe, das einigen Personen zu unbedeutend erscheinen mag, um die Aufmerksamkeit der Mitglieder dieser Institution zu verdienen, und dass sie dieses vielleicht als überholt und veraltet betrachten. Es ist wahr,

Peter Koppenhöfer und Hans-Erhard Lessing

meine Herren, dass ich es nur mit einer gewissen Zurückhaltung wage, Ihre Aufmerksamkeit auf diese kleine Erfindung zu lenken. Aber da ich die Ehre hatte, bei zwei verschiedenen Gelegenheiten mathematische Themen vor Sie zu bringen, und durch Ihre freundliche Aufmerksamkeit begünstigt wurde, vertraue ich jetzt auf Ihre Nachsicht. Da ich überzeugt bin, dass es nur für Männer aus der Praxis klug gewesen wäre, Vorschläge zu diesem Thema zu machen, bin ich mir sicher, dass viele von Ihnen mit mir einig sein werden, dass eine neue Maschine nicht beiseitegelegt und vergessen werden sollte, bevor ihr Prinzip oder ihre Theorie richtig erforscht und genau untersucht worden ist, und bis diese Theorie jede Verbesserung erhalten hat, welche die Hilfe der Wissenschaft der Mechanik ihr geben kann. Denn viele isolierte Ideen genialer Menschen werden begonnen, die mangels angemessener Prüfung und Entwicklung sozusagen im Keim erstickt werden und entweder verloren gehen oder für Jahre oder manchmal Jahrhunderte liegen bleiben, bis sie zum Tragen kommen und für die Menschheit praktisch und nützlich gemacht werden. Außerdem ist nicht alles unbedeutend, was unbedeutend erscheint: Als der Junge den alten Herrn sah, der ernsthaft damit beschäftigt war, Seifenblasen zu pusten und sie zu beobachten, wie sie in die Luft stiegen und zerplatzten, glaubte der Junge, der alte Herr sei von Sinnen, – irgendwo jenseits der zweiten Kindheit; und doch war dieser alte Herr kein anderer als Sir Isaac Newton, der eifrig damit beschäftigt war, einige Experimente über Licht und Farben zu machen und einen Weg der Wissenschaft zu betreten, den nur wenige Philosophen seither viel weiter erforschen konnten als er. Es ist bemerkenswert, wie lange eine neue Idee oder Anregung in der Wissenschaft manchmal geschlummert hat, bevor sie zum Nutzen der Öffentlichkeit umgesetzt wurde. Sie alle wissen, dass die Dampfmaschine viele Jahre lang mit der mühsamen Aufgabe beschäftigt war, Wasser aus den Minen von Cornwall zu pumpen, bis Mr. Watt herausfand, dass sie etwas Besseres leisten konnte. In ähnlicher Weise schrieb Apollonius von Verga, der etwa zweieinhalb Jahrhunderte vor der christlichen Zeitrechnung lebte, sein Buch über Kegelschnitte, welches mehr als tausendneunhundert Jahre lang in Ver-

gessenheit geriet und nur den Gelehrten bekannt war, und selbst von denen nur wenigen, bis Sir Isaac Newton feststellte, dass sich die Planeten auf Kegelschnitten bewegen und dass ihre Bahnen elliptisch sind; daraufhin machte sich sein Freund Dr. Halley die Mühe, die Arbeiten des Apollonius aus dem Griechischen zu übersetzen, und sie wurden sofort auf die Newtonsche Theorie angewendet und in Oxford veröffentlicht. Diese Beispiele reichen aus, um zu zeigen, dass ein ursprüngliches Ideal nicht aus den Augen verloren werden sollte, denn wenn der Erfinder selbst nicht das volle Ausmaß und die Anwendung desselben sieht, können es diejenigen sehen, die nach ihm kommen.

Doch wie bei jeder bemerkenswerten Erfindung dauerte es nicht lange, bis ein Aufschrei gegen das Veloziped erhoben wurde. Die alten Damen bemerkten: „Das sind so albern aussehende Dinger." Nun war es ganz natürlich, dass die alten Damen dies sagten, denn alte Damen können nicht rittlings auf Velozipeden fahren, sie können nicht an deren Genuss und Vorteilen teilhaben; sie betrachteten Velozipede auf die gleiche Art und Weise, wie die Eingeborenen Hemden betrachten, als einen nutzlosen, wertlosen, teuren Luxus, den sich Kluge niemals zu gönnen gedenken. Die alten Damen konnten in Velozipeden genauso wenig Gutes sehen wie die Hottentotten in Hemden. Aber die Leute tragen trotzdem weiterhin Hemden, auch wenn die Hottentotten und Neuseeländer keinen Nutzen darin erkennen können.

UNFÄLLE

Ganz unrecht hatten die alten Damen allerdings nicht, denn als bedächtige Menschen ein Veloziped von einem steilen Hügel herab auf sie zurasen, wie ein Blitz vorbeisausen und immer schneller und schneller werden sahen, bis der Fahrer schließlich seine rasende Fahrt damit beendete, dass er sich kopfüber in einen tiefen Graben stürzte und bis zu den Augen im Schlamm steckte, dann waren gesetzte Leute ratlos, wie sie sich dieses gewalttätige Verhalten erklären sollten, und schrieben es ihrer Meinung nach einer geistigen Entfremdung zu – einer Art vorübergehenden Blackout, der durch die Velozipede hervorgerufen wurde; während andere nicht umhin konnten,

Neue Funde zu Karl Drais

an eine bekannte Schweineherde zu denken, die unter satanischem Einfluss gewaltsam eine steile Stelle hinunter ins Meer stürzte und in den Fluten umkam.

Aber es entstanden noch andere Übel: Wenn Velozipede auf den Bürgersteigen der Straßen liefen, was sie nicht durften, kamen sie den Kindern in die Quere (oder die Kinder kamen ihnen in die Quere) und beunruhigten die diese beaufsichtigenden Dienstmädchen. Unvorsichtige und rücksichtslose Fahrer fuhren unglücklich gegen dicke Leute, und alle dicken Männer und älteren Frauen wetterten, dass Velozipede zu viel Platz auf dem Bürgersteig beanspruchten, besonders wenn es ein schmaler war. Schlimmer noch als all dies war das Geschrei über die Gefahr, die große Gefahr, meine Herren, mit dem Veloziped zu fahren. Aber wenn eine neue Erfindung auftaucht, passieren immer Unfälle, bis die Leute sich über das Gute und das Böse, das mit der neuen Entdeckung einhergeht, klar werden. Sie können sich die Unfälle vorstellen, meine Herren, als die Menschen zuerst wilde Pferde einfingen und auf ihre Rücken stiegen; Sie können sich die Stürze, die gebrochenen Hälse und die gebrochenen Gliedmaßen vorstellen, bevor es den Menschen gelang, Pferde zum Dienst an der menschlichen Rasse abzurichten. Selbst jetzt in seinem häuslichen Zustand und von Geburt an sorgfältig ausgebildet: wie oft verursacht das Pferd trotz aller Vorsichtsmaßnahmen, die getroffen werden können, das Opfer von Menschenleben. Dennoch haben diese Übel nicht dazu geführt, das Pferd zu verwerfen, denn es hat sich herausgestellt, dass das Gute, das aus seinen Diensten resultiert, größer ist als das Übel, das aus seinem Einsatz resultiert.

Wiederum, meine Herren, als die Dampfmaschine auf Schiffen eingesetzt wurde, wie oft hörten wir von geplatzten Kesseln, welche die Passagiere verbrühten, verstümmelten und ertränkten. Der Verlust an Menschenleben war sehr groß, und doch wurden Mittel und Wege gefunden, diese Übel zu verhindern, und man braucht nur über die Brüstung der Londoner Brücke in den Pool zu schauen, um zu sehen, wie hoch die Anwendung von Dampf in der Schifffahrt geschätzt wird, nach all den Gefahren und dem Verlust von Menschenleben, die bei der ersten Anwendung auf Booten auftraten.

Die Bewegung des Velozipeds ist mit der des Schlittschuhlaufens verglichen worden, aber es ist nicht so gefährlich wie ein Paar Schlittschuhe. Die durchschnittliche Bewegung eines Velozipeds ist nicht schneller oder unkontrollierbarer als die durchschnittliche Bewegung eines guten Schlittschuhläufers. Ein Schlittschuhläufer hat nur zwei Stützpunkte; – ein Velozipedfahrer hat vier, seine beiden Füße und die beiden Räder; – und der Schlittschuhläufer hat das Risiko, beim Einbrechen des Eises zu ertrinken, von den schweren Stürzen ganz abgesehen, die er normalerweise beim Erlernen des Schlittschuhlaufens erleidet.

Einige Fälle, die aus Missgeschicken und Stürzen resultierten wurden in die öffentlichen Krankenhäuser eingewiesen; und mir wurde gesagt, dass das St. George's Hospital seinerzeit viele Patienten wegen des Missbrauchs dieser Maschinen enthielt. Aber wenn ein junger Mann, der noch nie in seinem Leben ein Pferd bestiegen hat, zu Tattersall's geht und sich einen feurigen Vierbeiner beschafft, losreitet und nach Hampstead hinaufreitet, dann die Ebene entlang reitet und in vollem Galopp den Highgate Hill hinunterkommt, kommt er vielleicht sicher nach Hause, vielleicht auch nicht. Aber ich fürchte, er dürfte einen schweren Unfall erleiden. Junge Männer, die nie gelernt hatten, auf einem Veloziped zu reiten, versuchten sich an so gefährlichen Unternehmungen wie dieser, und wenn sie ein Unglück hatten, schoben sie die Schuld nicht auf sich, sondern auf das Holz und das Eisen, das sie trug. Und dies zu Recht, denn ohne die Anziehungskraft dieser verführerischen Maschine wären sie nicht so nach Hause zurückgekehrt, wie ich sie manchmal gesehen habe, mit einer Hälfte ihres Mantels, der vom Hinterrad des Velozipeds abgerissen wurde, ein Schauspiel für alle Betrachter und eine Warnung an diese, niemals auf einem Gerät zu reiten, das sich so launische Freiheiten mit den Menschen herausnimmt. Männer, die sich anfangs mit einem gemütlichen Tempo hätten begnügen können, bis sie sich an die Bewegung gewöhnt hatten, stiegen auf und versuchten, so schnell wie möglich über eine geschotterte Straße voller loser Steine zu rennen, und litten unter dieser gewaltigen Anstrengung.

Peter Koppenhöfer und Hans-Erhard Lessing

VERFOLGUNG DURCH DIE OBRIGKEIT

Der Pöbel beteiligte sich ebenso am Kampf gegen das alte Veloziped, und er wurde angeführt und unterstützt von den großen Männern jener Zeit, die vielleicht in armen und bedürftigen Verhältnissen lebten und froh waren, auf irgendeine Weise ein paar Schillinge aufzutreiben – ich weiß nicht, meine Herren, ob sie es waren oder nicht, aber sie könnten es gewesen sein, denn sie gaben Befehle, dass diejenigen, die Veloziped fuhren, auf den Straßen und Wegen angehalten und ihnen ihr Geld abgenommen werden sollte. Dies nannten sie die Niederschlagung des Velozipeds durch Geldstrafen. Die Wachtposten, unterstützt von den dicken Männern, den Wächtern, den älteren Frauen, den großen Männern, dem Pöbel, den Ministern des Königs und den Pferden vereinigten sich also, um es niederzuschlagen. Wer hätte einer solch geschlossenen Phalanx widerstehen können? Wenn alle an einem Strang zogen, wie sie es taten? Ach was, nicht mal die Dampfmaschine hätte sich gegen solch mächtige und einige Allianz behaupten können, alle einer Gesinnung und in unglaublicher Einmütigkeit. Und dies gelang ihnen so vollständig, dass ein Veloziped so selten ist wie ein schwarzer Schwan und die jungen Leute, die jetzt aufwachsen, kaum wissen, um was es sich da handelte, nicht einmal dem Hörensagen nach.

Aber wenn etwas sehr verfolgt wird, sind die Leute geneigt zu vermuten, dass es daran einige sehr gute Punkte geben könnte, um so viel Feindseligkeit und Bösartigkeit zu erregen, und wenn der Aufruhr vorbei ist und die Verfolgung nachgelassen hat, können wir wieder auf die Erfindung zurückkommen. Es mag jetzt von Nutzen sein nachzufragen, warum das Veloziped sich nicht durchgesetzt hat, was die wirklichen Mängel in seiner Konstruktion waren und warum die Grundprinzipien – Verdoppelung des Schritts und der Entlastung des Gewichts – nicht den andauernden Gebrauch der Maschine garantierten. Die Ursachen, welche alle Maschinen in Bewegung behindern und stoppen, sind der Widerstand der Luft und die Reibung der Maschinen auf der Erde oder ihrer Teile untereinander. Mit diesen Hindernissen hat jede Maschine zu kämpfen, und solange diese bestehen, muss das Problem des Perpetuum mobile ungelöst bleiben. Je größer die Geschwindigkeit unserer Maschinen ist, desto größer wird der Widerstand der Luft sein, der sich ihnen entgegenstellt, und deshalb bleibt uns nichts anderes übrig, als mehr Kraft aufzuwenden und die Reibung zu vermindern, und je mehr man in diesen beiden Punkten gewinnen kann, desto schneller und leichter wird sich die Maschine bewegen oder laufen. Beim Veloziped scheint die Kraft fest vorgegeben zu sein, und es scheint keine Möglichkeit zu geben, den durch den Fuß des Fahrers gegebenen Impuls zu erhöhen. Alles, was man tun kann, ist: Reibung verringern und nutzloses Gewicht wegnehmen.

VEBESSERUNGSMÖGLICHKEITEN

Das alte Veloziped wog in vielen Fällen etwa vierzig Pfund [18 kg], einige große Exemplare bis zu fünfzig Pfund [23 kg], andere auch weniger, aber vielleicht lag der Durchschnitt bei etwa vierzig Pfund. Von diesen vierzig Pfund mögen, wenn die Maschine lief, zehn Pfund in den Rädern gewirkt haben, um die Bewegung fortzusetzen, und die verbleibenden dreißig Pfund waren totes Gewicht, das zu den hundert Pfund [45 kg] hinzukam, die der Körper des Fahrers, ohne die Beine, wiegen sollte, was 130 Pfund [59 kg] ausmachte, die überwunden werden mussten, um sich fortzubewegen; dazu kommt noch der Widerstand, der durch die Reibung der Räder verursacht wurde. Der doppelte Vorteil, einen Schritt von fünf oder sechs Fuß Länge zu machen und den Körper auf Rädern zu tragen, wurde also dadurch aufgewogen, dass man eine so schwere Masse wie 130 Pfund oder mehr zu bewegen hatte und Muskelkraft aufwenden musste, um den Widerstand oder die Trägheit dieser Masse zu überwinden. Nun waren einige Teile dieses Gewichts absolut nutzlos, und die Reibung, die durch die Herstellung der Räder aus Holz verursacht wurde, wobei die Achse in einer Nabe arbeitete, behinderte die Bewegung sehr, obwohl dieses Übel manchmal durch die Verwendung von Friktionsrollen vermindert wurde. Auch die Breite des Reifs der Räder war oft zu groß, ein Viertel Zoll [6 mm] ist breit genug, um das Gewicht zu tragen, und durch die Verringerung der Breite verringern wir die Reibung des Rades auf der Straße und beseitigen so ein Hindernis für die Bewegung. Perso-

Neue Funde zu Karl Drais

nen, die ständig damit beschäftigt sind, Maschinen einer bestimmten Klasse zu konstruieren, sind sehr geneigt, jede andere Maschine, die sie konstruieren sollen, nach den gleichen Prinzipien und so weit wie möglich auf die gleiche Weise zu bauen, wobei sie den unterschiedlichen Zweck, den die neue Maschine erfüllen soll, übersehen. Die Männer, die Velozipede herstellten, waren in der Regel Kutschenbauer oder Stellmacher, die es gewohnt waren, Kutschen, Karren und Wagen zu bauen, die Gewichte von mehreren hundert Pfund bis zu vielen Tonnen tragen sollten, so dass sie normalerweise die Räder eines Velozipeds, das nur einen Mann tragen kann, stark genug machten, um das Zwanzigfache des Gewichts zu tragen, das es möglicherweise tragen muss. Wenn das Gewicht eines Mannes 120 Pfund [54 kg] beträgt und dieses Gewicht auf zwei Räder verteilt wird – wenn jedes Rad stark genug gemacht wird, um 60 Pfund [27 kg] zu tragen und zufälligen Belastungen zu widerstehen, ist dies völlig ausreichend, und wir können unsere Räder viel größer machen, ohne schwerer zu sein als vorher, besonders wenn sie aus Eisen gemacht und an den Verbindungen hartgelötet werden. Nun ist ein wesentlicher Vorteil eines großen Rades, dass die Reibung in der Mitte an der Achse vermindert wird, wenn die Größe des Rades erhöht wird. Wenn also ein Rad einen Durchmesser von zwei Fuß und sechs Zoll [75 cm] hat und somit zwei Umdrehungen auf 15 5/7 ft [4,7 m] macht und wenn dieses Rad auf fünf Fuß [150 cm] im Durchmesser vergrößert wird, macht es nur eine Umdrehung auf dieser Entfernung, und die Reibung in der Mitte des großen Rades wäre nur die Hälfte der Reibung in der Mitte des kleinen Rades. Wenn man die Reibung in der Mitte betrachtet, reicht die [Energie], um das große Rad 15 Fuß und 8 Zoll zu fahren, beim kleinen Rad nur aus, um 7 Fuß und 10 Zoll – also halb so weit – zu fahren. Bezüglich der Reibung in Radmitte reicht also die [Energie], die ein Veloziped mit 30-Zoll-Rädern [75 cm] zwanzig Meilen fahren lässt, dafür aus, ein Veloziped mit 60-Zoll-Rädern [150 cm] vierzig Meilen fahren zu lassen.

Viele Leute sahen zuerst, wie vorteilhaft es sein würde, das Hinterrad zu vergrößern, und einige bauten tatsächlich Velozipede mit großen Hinterrädern; und da diese Räder in der alten Weise aus Holz hergestellt wurden und sehr schwer waren, besonders die Nabe in der Mitte, ging jeder Vorteil, der durch die Größe des Rades gewonnen wurde, gewöhnlich durch die Hinderlichkeit seines zusätzlichen Gewichts verloren, und die Reibung in der Mitte an der Achse, die in einer Büchse arbeitete, blieb wenig besser als vorher. Die stählerne Achse, um die sich das Rad des alten Velozipeds drehte, war wie die eines Kutschenrads gefertigt; sie war stark genug und groß genug, um fast das Fünfzigfache des darauf platzierten Gewichts zu tragen. Da sie häufig sechs Zoll [15 cm] lang war und einen Durchmesser von mindestens einem halben Zoll [12 mm] hatte, bot sie, wenn sie in einer Büchse arbeitete, eine Fläche von vielen Quadratzentimetern, auf welcher sie und die Büchse in Berührung kamen. Also sorgte sie für viel Reibung in der Mitte jedes Rads und behinderte die Anstrengungen des Fahrers in jedem Augenblick.

SIND SCHWUNGRÄDER NÖTIG?
Wenn wir nun aber die Räder vergrößern, meine Herren, und deren Umfang beschweren, entwickeln wir eine [Energie], die in den kleinen Rädern – wie früher verwendet – schwach war. Der große Radius und schwere Umfang ließ sie wirken wie das, was in anderen Maschinen als Schwungrad bezeichnet wird. Dies ist ein schweres Rad, das als Empfänger aller überschüssigen [Energie] wirkt und die Bewegung der Maschine für einige Zeit länger bewahrt, wenn die treibende Kraft aufhört, dieses Schwungrad weiter zu drehen. Die Verwendung von Schwungrädern ist jetzt so allgemein anerkannt, dass sie nicht nur für stationäre Dampfmaschinen unverzichtbar sind, sondern auch in Saatgutmühlen und anderen Mühlen von geringer Größe zu sehen sind. Indem wir also den Radius unserer Räder vergrößern und den Umfang eines jeden schwer machen, beginnen sie als Schwungräder zu wirken und die Bewegung fortzusetzen sowie gleichmäßig zu machen [Text hier gekürzt; heute verwendet man hingegen möglichst leichte Felgen und Reifen].

VOR- UND NACHTEILE
Der Teil des alten Velozipeds, den man technisch als [Balancierbrett] bezeichnet, war nicht sehr gut

Peter Koppenhöfer und Hans-Erhard Lessing

an den Zweck angepasst, für den es entworfen wurde. In der Ihnen vorliegenden Maschine, meine Herren, wird eine andere Form angenommen, die dem Unterarm mehr Halt und infolgedessen dem Fahrer einen festeren, sichereren Sitz im Sattel gibt. Gerade mit den herausstehenden Enden dieses Balancierbretts belästigten die Fahrer der ursprünglichen Velozipede beim Fahren auf dem dem Bürgersteig die Fußgänger.

Ich brauche einem so gut informierten Gremium wie den Mitgliedern dieser Institution nicht zu erklären, was mit dem Schwerpunkt einer Maschine gemeint ist; aber einige Personen sind sich vielleicht nicht bewusst, dass es sich um einen Punkt handelt, der so liegt, dass bei Unterstützung an diesem Punkt der ganze Körper gestützt wird. In dem alten Veloziped scheint nun der Schwerpunkt irgendwo zwischen dem Fahrer und dem Vorderrad zu liegen, und viel niedriger als der Schwerpunkt des Menschen, der bei den Lenden liegt. Doch es wäre wünschenswert, den Schwerpunkt der Maschine so nahe wie möglich bei demjenigen des Fahrers zu platzieren (also ·Mensh bei ·Maschine). Denn wenn zwei Körper sich in dieselbe Richtung bewegen, und einer soll den anderen vorwärtstreiben, dann sollte der den Impuls gebende so platziert werden, dass es mit der größtmöglichen Wirkung geschieht. Durch die Vergrößerung der Räder heben wir den Schwerpunkt an und bringen ihn näher an denjenigen des Menschen heran. Da der Schwerpunkt des Menschen auf einer festen Höhe liegt, wirken Mensch und Maschine in Bewegung desto mehr als einziger Körper, je höher wir den Schwerpunkt der Maschine anheben.

Ein gravierender Mangel, der viel dazu beitrug, das Veloziped in der öffentlichen Wertschätzung herab zu setzen, war eine fehlende Vorrichtung, um die Bewegung zu stoppen oder zu kontrollieren, wenn die Maschine in voller Fahrt einen steilen Hügel hinunterfuhr. Infolge dieser Unvollkommenheit wurde der Fahrer manchmal gegen einen Pfosten oder eine Wand geschleudert. Ein junger Freund von mir kam eines Tages zu mir und sagte: „Ich hatte letzten Sonntagmorgen einen Unfall." Wie das kam, fragte ich. „Bin in einen Friseursalon gekracht, kurz vor Gottesdienst. Veloziped raste den Hügel hinab wie der Wind – ließ sich

unmöglich aufhalten – konnte es gerade noch auf die Tür lenken – Tür besser als Wand – Tür flog auf und ich knallte krachend rein." Aber was haben der Barbier und seine Kunden zu Ihnen gesagt? „Zu beschäftigt mit dem Rasieren, um viel zu sagen – sahen, dass es ein Unfall war – hoben mich auf und räumten die Bruchstücke des Velozipeds weg."

Wenn die verschiedenen Unzulänglichkeiten, die ich aufzuzeigen versucht habe, tatsächlich behoben sind und eine [Bremse] angebracht wird, um die zu schnelle Bewegung der Räder zu bremsen, wird man vielleicht feststellen, dass das Veloziped keine so nutzlose Erfindung ist, wie es manchmal angenommen wurde. Obwohl nach all den Versuchen, die der Maschine gegeben wurden, und all dem Widerstand, der ihr in ihrer alten Form entgegengebracht wurde, die meisten ihrer Befürworter geneigt waren zuzugeben, dass sie die Erwartungen, die sie geweckt hatte, nicht erfüllte und dass die Vorteile der alten Maschine nicht ausreichten, um die Unzulänglichkeiten auszugleichen.

Als das Veloziped vor zwanzig Jahren aufkam, erwarteten die Leute zu viel von ihm; einige gingen so weit zu glauben, dass es die Pferde ersetzen würde; und wahrlich, wenn all das Land, das Futter für solche Pferde liefert, die für die Zurschaustellung und den Prunk und nicht für den Alltagsgebrauch gehalten werden, für die Gewinnung von Nahrung für Menschen verwendet würde, gäbe es vielleicht weniger Beschwerden, dass Pferde gefüttert werden, während Menschen verhungern. Was aber den Vergleich betrifft, der so oft zwischen dem Veloziped und dem Pferd gezogen wird, so wird allgemein zugegeben, dass ein Mann zu Fuß ein Pferd ermüden kann, wenn er Tag für Tag eine lange Strecke zurücklegt, und dass kein Pferd in tausend Stunden soweit gelaufen sein kann, wie Kapitän Barclay und einige andere es getan haben. Wenn also ein Mann zu Fuß ein Pferd ermüden kann, sollte er in der Lage sein, mit einem gut konstruierten Veloziped auf einer guten Straße noch weiter zu gehen. Die Vorstellung, dass Maschinen die Pferde verdrängen, scheint allerdings eine sehr schwache Grundlage zu haben. Selbst in Amerika, wo die Lokomotiven am zahlreichsten sind, hat die Dampfmaschine die Pferde nicht verdrängt, und es ist auch nicht wahrscheinlich, dass die Dampfmaschine sie jemals verdrängen wird. Ein Pferd hat

Neue Funde zu Karl Drais

seine eigentümliche Sphäre der Nützlichkeit und bestimmte Einrichtungen, mit denen keine Maschine konkurrieren kann. Es kann steiniges, felsiges oder sandiges Land durchqueren, über Zäune oder Gräben springen und auf einem mit losen Kieseln bedeckten Meeresstrand entlanglaufen, was von keiner Maschine jemals erwartet werden kann. Nur mit dem Reit- oder Kutschpferd kann das Veloziped in irgendeiner Weise konkurrieren, und keiner anderen Klasse von Pferden wird es jemals in die Quere kommen. Die Verwendungszwecke des Velozipeds werden sich in vielerlei Hinsicht von denen des Reit- oder Kutschpferdes unterscheiden, denn obwohl es auf jeder guten Pferdestraße laufen kann, kann es auch auf einem Fußweg in einem Feld laufen und Gelände durchqueren, wo Pferde nicht gut eingesetzt werden können. Indem man die Maschine in zwei Teile zerlegt, was in einem Augenblick geschehen kann, kann jedes einzelne Teil über jedes Tor gehoben und danach ebenso schnell wieder zusammengefügt und in Bewegung gesetzt werden.

Ein Reitpferd kostet vielleicht vierzig Pfund, und danach mindestens 30 oder 40 Pfund im Jahr für die Haltung, und mit den Kosten für einen Stall und einen Mann, der sich um es kümmert, oft viel mehr als das Doppelte dieser Summe. Wenn es dreißig Jahre lebt, addieren sich diese Kosten, die zu den ersten Kosten hinzukommen, auf mehr als 1700 Pfund, die ein Pferd von Anfang bis Ende kostet. Wenn dieselbe Person anstelle eines Pferdes ein Veloziped für die gleiche Zeitspanne gehalten hätte, würden die ersten Kosten und Reparaturen nicht mehr als zwanzig Pfund betragen haben. Aber am Ende dieser Zeit, meine Herren, ist das Pferd tot, aber die Maschine ist immer noch eine Maschine, und mit notwendigen Reparaturen wird sie wieder so gut wie immer weiterlaufen.

Aber die Verwendungszwecke von Maschinerie sind so anders als von Tierkraft, dass wir argumentieren können, wenn selbst die Dampfmaschine die Beschäftigung von Pferden nicht ablösen kann, wieviel weniger könnte dies dann das Veloziped, selbst wenn es jemals so weit verbreitet würde. In der Tat scheinen gute Straßen für alle lokomobilen Maschinen unerlässlich zu sein, und ohne eine eiserne Bahn verliert selbst die Dampfmaschine viel von ihrer Fortbewegungskraft. Vor einigen

Jahren, als das Veloziped allgemein in Gebrauch war, waren die Straßen viel rauher und schlechter als heute. Das System, die großen Steine auf den Straßen zu zertrümmern, hat ein Hindernis nicht nur für große Kutschen, sondern auch für Velozipede beseitigt. Denn die großen Steine auf den Straßen in vielen Teilen Englands waren um 1819 die Ursache für die meisten Überschläge, die den Fahrern von Velozipeden widerfuhren.

Während der Zeit, in der sie vor etwa 18 oder 20 Jahren in Mode waren, benutzten viele Herren unterschiedlichen Alters und Gewichts aus meiner Bekanntschaft ständig Velozipede im hügeligen Land um die Stadt Bath. Viele liefen Strecken von zwölf oder vierzehn Meilen [19 oder 22 km] hin und zurück vor dem Abendessen, und ich habe gehört, dass einige behaupteten, sie könnten sechs oder sieben Meilen pro Stunde [10 oder 11 km/h] fahren. Es war nicht ungewöhnlich, dreißig oder vierzig Meilen [48 oder 64 km] an einem Tag auf den alten Velozipeden zu laufen, und dennoch wurde niemand getötet, keine Arme oder Beine wurden gebrochen und kein Chirurg wurde benötigt. In der Tat hörte ich nie von einem Unfall bei ihnen, der nicht mit Essig und braunem Papier geheilt werden konnte.

DIE ZUKUNFT

Das, meine Herren, sind die Einsatzmöglichkeiten und Verwendungszwecke, zu denen das Veloziped fähig erscheint. Ob diese ausreichen, um es praktisch nützlich zu machen, bleibt zu beweisen. Es ist sicher, dass Städte für Velozipede ungeeignet sind – der Straßenbelag ist zu rauh, und die Bürgersteige sind zu überfüllt, als dass sie dort in Sicherheit für sich selbst oder andere fahren könnten. Kein höflicher oder wohlerzogener Fahrer mag das Risiko eingehen, anderen über die Zehen zu fahren – dies verursacht zu viel Spannungen, als dass es für beide Seiten angenehm wäre. Aber auf offener Landstraße zeigt das Veloziped seine nützlichen Qualitäten, besonders wenn man einen sanften Abhang von ein oder zwei Meilen Länge hinunterfährt und dabei den ganzen Weg balanciert, ohne den Boden mit beiden Füßen zu berühren, und dies mit einer Schnelligkeit, die der eines Pfeils gleicht. Dies lässt die Reise kurz erscheinen, und die auf diese Weise gewonnene Ruhe

Peter Koppenhöfer und Hans-Erhard Lessing

lindert die Müdigkeit, die durch das Zurücklegen vieler vorheriger Meilen entstanden ist.

Das Veloziped eignet sich am besten für die vielleicht zahlreichste und aktivste Gesellschaftsschicht, nämlich für Menschen, die ihre Gliedmaßen voll gebrauchen können, denen Pferde eine Last und ein Ärgernis sind, die aber Freude an der Fortbewegung haben und die körperliche Bewegung nicht scheuen. Solchen gibt das Veloziped die Kraft, mit geringem Aufwand und hinreichender Schnelligkeit von Ort zu Ort zu gelangen. Wenn es kaputt geht, ist es leicht zu reparieren, und wenn es nicht mehr gebraucht wird, nimmt es an die Wand gelehnt nur wenig Platz ein. Bei der Benutzung hängt die Sicherheit des Fahrers von seiner eigenen Sorgfalt und Geschicklichkeit ab, und nicht wie beim Reiter vom Wohlverhalten eines Tieres, das oft schlecht ausgebildet und oft ängstlich oder bösartig ist.

Ob die Maschine wieder populär werden wird, ist schwer vorauszusehen, aber wenn sie in jetziger Form erst mal erprobt ist, werden zweifellos viele weitere Verbesserungen vorgeschlagen werden. Auch brauchen wir uns nicht über das Geschrei zu wundern, welches gegen diese Maschine erhoben worden ist oder künftig erhoben werden könnte. Solange es diese Spezies der belebten Schöpfung gibt, der die Natur zu irgendeinem weisen Zweck

die Fähigkeit zum Blöken gegeben hat, müssen sie blöken und werden sie blöken. Als die Regenschirme zum ersten Mal aufkamen, blökten sie auf, und als die Dampfmaschine allgemein bekannt wurde, stießen sie einhellig ein so lautes Geblök aus, dass es über den Atlantik zu hören war und von Nordamerika zurückhallte. Aber der Regenschirm und die Dampfmaschine waren zu nützlich und zu stark, um von diesem Schallkörper bezwungen zu werden. Wir brauchen uns über ihre Machenschaften nicht wundern, noch über ihr Geblök erschrecken, wenn wir uns vergegenwärtigen, aus welcher Quelle all dies Geblök kommt.

Ich bedaure, meine Herren, dass in dieser Einrichtung kein Platz ist, um die Arbeitsweise der Maschine vollständig zu zeigen. Vielleicht würde nichts weniger als eine Fahrt von zwanzig oder dreißig Meilen genügen, um ihren Gebrauch deutlich zu zeigen. Wie auch immer – so sei mir doch gestattet, Ihnen, meine Herren, beim Verlassen des Themas meinen Dank für die geduldige Aufmerksamkeit auszusprechen, die Sie den Vorschlägen entgegengebracht haben, die, wie ich fürchte, zu trocken und zu sehr mit Berechnungen verbunden waren, als dass sie vor anderen als den Mitgliedern einer Einrichtung hätten vorgelegt werden können, die fähig sind, darüber zu urteilen und zu entscheiden."

Anmerkungen

1   Lessing, Hans-Erhard: Karl Drais – Erfinder, Beamter, Demokrat. Ausstellung zum Stadtgeburtstag Karlsruhes. In: Badische Heimat 4/2015, S. 539–545.

2   Reynaud, Claude: A Discovery – The True Face of Baron Drais. The Boneshaker #195 /2014, S. 36–41.

3   Lessing, Hans-Erhard: Das wahre Gesicht des Zweiraderfinders Karl Drais. Frankfurter Allgemeine 11.06.2015.

4   Lessing, Hans-Erhard: Wie Karl Drais das Fahrrad erfand. Karlsruhe 2017, S.110–149.

5   Lessing, Hans-Erhard: »Es sind blos 2 Räder« Frankfurter Allgemeine 10.06.2017; »It has but two wheels« The Boneshaker #208/2018, S. 49–50.

6   Generallandesarchiv, Nachlass Klüber.

7   Deutsches Technikmuseum Berlin, Feldhaus-Archiv; transkribiert in Lessing: Wie Karl... S. 85.

8   Generallandesarchiv 236/6735-21a; transkribiert in Lessing, Hans-Erhard: Automobilität – Karl Drais und die unglaublichen Anfänge. Leipzig 2003. S. 199.

9   Lessing, FAZ 11.06.2015.

10   Stadtarchiv Karlsruhe, Sonderthemen VIII/22 Drais.

11   The Bath Chronicle; diese Online-Funde verdanken wir Tony Hadland, Großbritannien.

12   Allgemeine Deutsche Biographie 54 (1908), S. 365–367.

13   Marchivum RP 1805, Nr.283.

14   Marchivum RP 1805, Nr 460.

Neue Funde zu Karl Drais

15   Marchivum RP 1805 Nr 490.

16   Marchivum RP 1817 Nr..199.

17   Marchivum Verl Akten 32/2001 Nr 4007.

18   Lessing, Automobilität S. 423.

19   Lessing, Wie Karl... S. 64/65.

19   Bauer, Johann Carl Siegmund: Beschreibung der v.Drais'schen Fahr-Maschine und einiger daran versuchten Verbesserungen. Nürnberg 1817; Faksimile-Jubiläumsausgabe (H.E.Lessing hg), Frankfurt 2016.

Christoph Hamann

Bürgerlichkeit als Lebensform
Die Familie Joachim aus Mannheim im 19. Jahrhundert

Menschen sind ihre Geschichten;
menschlich bleiben sie durch Gewaltenteilung
des Geschichtlichen: dadurch, dass sie nicht nur
eine, sondern viele Geschichten haben.[1]

Odo Marquardt (2000)

Das Porträt – Exemplum und Individuum

Der Knabe ist noch ein Knabe – und kein junger Mann. Das Halbfigur-Porträt zeigt es deutlich (Abb. 1). Die Gesichtszüge sind weich, noch kein Anzeichen erwachender Männlichkeit gibt sich zu erkennen. Das Rüschenhemd mit dem hochgestellten Kragen unterstreicht dies noch. Musik scheint ein wichtiges Thema gewesen zu sein in seinem noch jungen Leben, sonst wären nicht die Violine und der Bogen auf der Leinwand des Porträtbilds platziert worden. Allem Anschein nach hatte er eine Neigung zum Musischen. Auch in den Erinnerungen seines Sohnes finden sich Hinweise hierauf. Sein Vater habe in jenen frühen Zeiten „an freien Nachmittagen viel mit mir Duette" gespielt. Im Elternhaus habe eine Freundin des Hauses „uns mit Klavierspiel und Gesang viele schöne Abende" bereitet.[2]

Das Porträt zeigt Georg Joachim (1811–1870) in jungen Jahren. Musizieren gehörte im Kreis der Familie also zum häuslichen Leben. Denn auch von einem der Brüder wurde die Hausmusik gepflegt,[3] ein anderer hat Musik gar zu seinem Beruf gemacht. Die Violine in dem Gemälde dürfte demnach nicht in erster Linie das Symbol eines gesellschaftlichen Status' gewesen sein, der demonstriert werden sollte. Vielleicht wollten Georgs Eltern auch einen solchen zum Ausdruck bringen, das künstlerische Attribut ist aber eben auch das Zeichen einer biografischen Wahrheit – zumindest eines Teils der Wahrheit. Der soziale Status der Familie wird auch durch die Kleidung des Jungen deutlich gemacht: Das Rüschenhemd, die sprichwörtliche weiße Weste sowie die blaue Jacke mit den Goldknöpfen und dem hochgestellten Ansatz der Ärmel verweisen auf ihre soziale Stellung. Georg wuchs in einer offensichtlich vermögenden Familie auf, deren

Abb. 1
Georg Joachim
(1811–1870), Porträt
um 1820 (59 x 47,5 cm),
unbekannter Künstler;
Fotografin: Anja Idehen
(Berlin)

Lebensführung von Bürgerlichkeit geprägt war, die Geschmack kultivierte und auf Musisches Wert legte.[4] Leicht zu übersehen ist ein weiterer, recht demonstrativer Hinweis auf die soziale Position der Familie: Das linke Ohr des Knaben ziert ein goldener Ohrring. Einen solchen tragen auf weiteren Porträts auch seine vier Brüder sowie seine Eltern: mal am linken (bei den Jüngeren), mal am rechten Ohr (bei den Älteren). Ein Kunsthistoriker widerspricht der ersten Assoziation, dass Menschen mit solch einem Schmuck eher am Rande der gesellschaftlichen Ordnung zu verorten seien, was zum Beispiel für wandernde Handwerksgesellen oder für Seeleute galt, die oft solchen Schuck trugen. Ohrringe, so der Experte, seien nach 1789 in Kreisen des Bürgertums in Mode gewesen.[5] Nachdem in der frühen Neuzeit die ständischen Kleiderordnungen außer Kraft gesetzt worden waren, suchte sich also das erwachende bürgerliche Selbstbewusstsein individuelle Zeichen der sozialen Verortung, die öffentlich zur Schau getragen werden konnten.

Der Auftragsmaler hat mit den Gemälden der Familie Joachim ein Tableau zeitgenössischer bür-

Bürgerlichkeit als Lebensform – Die Familie Joachim aus Mannheim im 19. Jahrhundert

gerlicher Konventionen reproduziert. Dies wird durch die serielle Gestaltung der Bilder zusätzlich betont. Der Porträtierte scheint darin zum bloßen Exemplum zu werden: des gesellschaftlichen Standes, des Wohlstandes, der Lebensführung und des Selbstbewusstseins. Ja, aber nur beinahe. Durch ein Detail wird aus dem Muster der Bürgerlichkeit dann doch ein Individuum – die Hermetik der malerischen Konvention wird aufgebrochen. Ein Detail wird zum irritierenden Moment, welches beim Betrachter eine „kleine Erschütterung [...] auslöst", jenes „Zufällige" also, so Roland Barthes, welches *mich besticht* (mich aber auch verwundet, trifft)".[6] Barthes fand für dieses „verwundende" Detail den Begriff „Punktum". Eben dieses Punktum, das Berührende bei Georgs Porträt ist sein getrübtes rechtes Auge – den Aussagen seines Sohnes zufolge war diese lebenslange Beeinträchtigung die Folge einer Augenerkrankung in seiner Kindheit; eine Folge vielleicht einer Netzhautablösung oder eines Glaukoms.[7] Der Einschränkung zum Trotz ist Georgs Blick gänzlich offen und unbefangen, ohne Arg und Argwohn. Eine Fotografie, Jahrzehnte später aufgenommen, deutet die Veränderung an. Hier sieht er den Fotografen nicht an, sondern wendet

seinen Kopf ins Viertelprofil, sodass das rechte Auge nur angedeutet, nicht aber zu sehen ist. Georg will dem Betrachter seine Behinderung nicht zeigen. Die Erfahrung des Lebens scheint ihn gelehrt zu haben, anderen keinen Anlass für Kränkungen zu geben. Die Fotografie zeigt auch, was das Leben mit ihm gemacht hat, oder auch, was er mit sich gemacht hat. Die frühe Anmut ist dahin – zu sehen ist ein Mann mit einem massig-unförmigen Körper und hängenden Gesichtszügen.

Die Mannheimer Familie Joachim

Im „Mannheimer Intelligenzblatt" vom 31. Mai 1811 ist in der Rubrik „Gebohrene" vermerkt: „Den 26ten: Dem Kammerdiener bei Hrn. Grafen von Sickingen Wilhelm Joachim e. S. Georg".[9] – An diesem Tag, einem Sonntag, ist dies die einzige Geburt in Mannheim. Georg war der erste Sohn von Margarethe, geb. Von der Heid (1789–1849), und Wilhelm Joachim (1784–1857) (Abb. 3 und 4).[10] Der Anzeige zufolge war dieser „Kammerdiener", anderen Quellen zufolge „Sekretär" des Grafen von Sickingen. Die Eltern Wilhelms, Nikolaus (Nicolai) und Maria Anna, geb. Rudolph werden in der Bescheinigung der Trauung nicht erwähnt, sie waren zum Zeitpunkt der Hochzeit offenbar schon verstorben. Die Trauzeugen stellte Margarethes Familie. In der Taufbescheinigung von Georg wird als Pate der 50jährige Mannheimer Bürger und Schneidermeister Georg Von der Heid genannt, der Vater von Margarethe, sowie ein weiteres Mitglied aus der Familie Von der Heid; die Mutter der Braut hieß Henriette, eine geborene Melohr.

Margarethe war zum Zeitpunkt der Hochzeit guter Hoffnung – in der Mannheimer Jesuitenkirche war das im 11. November 1810 vermutlich noch nicht zu sehen – denn rund sieben Monate waren es noch bis zur Niederkunft.[11] In ihren ersten zwanzig Ehejahren war Margarethe insgesamt nahezu zehn Jahre schwanger. Sie brachte 13 Kinder zur Welt, das letzte mit 41 Jahren.[12] Die wiederholten Schwangerschaften haben ihren Körper offenbar geschwächt, denn von den zuletzt geborenen acht Kindern starben sechs sehr früh oder erreichten nicht einmal das fünfte Lebensjahr.[13] Nur zwei von ihnen überlebten Kindheit und Jugend. Eine Quelle bestätigt, dass Henriette (*1822) 1857 noch am Leben war. Die jüngste Tochter, Amalie (*1830), hatte acht Jahre

Abb. 2
Georg Joachim (1811–1870), Aufnahme zwischen 1863 und 1870 (5,7 x 8,7 cm); Fotografie aus dem „Artistisch. Photogr. Atelier A. Dilger, Lichtenthal, Baden-Baden"[8]

Christoph Hamann

Abb. 3 links
Margarethe Joachim, geb. Von der Heid (1789–1849), Porträt um 1820 (45 x 58,5 cm), unbekannter Künstler; Fotografin: Anja Idehen (Berlin)

Abb. 4 rechts
Wilhelm Joachim (1784–1857), Porträt um 1820 (45 x 58,5 cm), unbekannter Künstler; Fotografin: Anja Idehen (Berlin)

lang bei einem Pfarrer als Haushälterin gearbeitet, bevor sie 1858 in die USA auswanderte – ein Jahr zuvor war ihr Vater gestorben. Die Erstgeborenen dagegen, fünf Söhne in sechs Jahren, erreichten das Erwachsenenalter. Sie wurden Lehrer, Pfarrer, Anwalt und dann Richter, Sänger (Schauspieler) und Ratsschreiber – bis auf einen also alle Vertreter der weltlichen oder der geistlichen Herrschaft.[14] Von diesen Söhnen existieren die erwähnten Gemälde aus der Zeit um 1820, von Henriette und Amalie aber nicht. Lag es daran, dass die Vermögensverhältnisse der Familie keine Porträtaufträge mehr ermöglichten, oder schlicht daran, dass die Beiden Mädchen bzw. junge Frauen waren?

Wilhelm Joachims Vater Nikolaus soll Eigentümer von "ausgedehntem Grundbesitz" gewesen sein, darunter das „sogenannte Joachimsgut, die spätere Krappmühle".[15] In seinen Erinnerungen schreibt Robert Joachim (1854–1930) über seinen Großvater außerdem, er sei ein „sehr reicher Mann gewesen, der aber später durch unglückliche Spekulationen sein Vermögen eingebüßt habe".[16] Die Söhne von Wilhelm hätten jeder ein Reitpferd besessen und nach dem Vermögenszerfall viel unter dem „Spott der Mannheimer Jugend zu leiden gehabt".[17] Indizien dafür, dass die Familienerzählungen des Enkels zutreffend sind, finden sich im Großherzoglichen Anzeigenblatt für den Badischen Unterrhein-Kreis vom Oktober 1823. Dort ist annonciert, dass eine

größere Anzahl von Grundstücken aus dem Besitz von Wilhelm Joachim, dem Sekretär des Grafen von Sickingen, versteigert worden sei.[18] Fünf Jahre später, 1828, wird ein weiteres Grundstück von Wilhelm Joachim versteigert.[19] Auch von Georg gibt es einen Hinweis auf den wirtschaftlichen Niedergang der Familie. Er bat 1830 nach dem Schulabschluss um ein Stipendium für das Studium der Theologie und Philologie ab dem Wintersemester 1830/31, denn seine Familie, so Georg, sei mittlerweile „verarmt, brodtlos und in sehr dürftigen Umständen. [...] Mein Vater ehemalig gräfl. von sickingischen Sekretarius hat außer mir noch sechs unerzogene Kinder zu erhalten."[20] In einem Leumundszeugnis der Universität Freiburg vom Dezember 1831 heißt es, der stud. phil. Georg Joachim habe sich „während seines Aufenthaltes an derselben (...) durch ein den akademischen Gesetzen angemessenes sehr anständiges Betragen ausgezeichnet."[21] Das Stipendium war gewährt worden.

1811 – Mannheim, Baden

Das Jahr 1811, Georgs Geburtsjahr. Das „Badische Magazin" meldete am 26. Mai 1811, dem Tag der Geburt Georgs, dass zwei Handelsleute namens Mussiard und Katast in Mannheim angekommen seien und im „Goldenen Schaaf" logierten – der eine aus Neapel kommend, der andere aus Berlin. Am gleichen Tag wurde die Versteigerung eines

Bürgerlichkeit als Lebensform – Die Familie Joachim aus Mannheim im 19. Jahrhundert

Hauses des „hiesigen Schutzjuden Jachziel Dinkelspiel" für den kommenden Mittwoch angezeigt. Das Magazin pries auch eine „Wichtige Erfindung wider rote und graue Haare" an. Eine Essenz könne Abhilfe bieten: „Manche Menschen haben von Natur rote Haare, welche in unserem Zeitalter eben nicht sehr geliebt werden; andere bekommen in ihren besten Jahren graue Haare, welche man noch weniger leiden mag."[22] Die Mannheimer Hausfrauen konnten wenige Tage später in einem Anzeigenblatt auch die Lebensmittelpreise studieren. Eine Maß Bier kostete im Mai 1811 demnach 6 Kreuzer, ein altes Huhn 28 Kreuzer und ein paar junge Hühner 42 Kreuzer.[23] 1811 zählte Mannheim insgesamt 20 108 Einwohner, 45 Jahre zuvor waren es rund 4000 mehr gewesen.[24] Die Verlegung des kurpfälzischen Hofes 1778 nach München hatte die Stadt seiner Funktion als Sitz der Residenz beraubt und einen Niedergang eingeleitet. Was 1811 noch nicht abzusehen war: Mannheim entwickelte sich dann in der ersten Hälfte des 19. Jahrhunderts zur „Handelsmetropole [...] wirtschaftlicher Strukturwandel und innere Verbürgerlichung"[25] veränderten den Charakter der ehemaligen Residenzstadt.

1811 – ein Jahr zwischen den Zeiten. Nach 65-jähriger Regentschaft war im Juni der greise Großherzog Karl Friedrich (1728–1811) gestorben. Er hatte 1767 die Folter und 1787 die Leibeigenschaft abgeschafft. 1812 zogen badische Soldaten an der Seite Napoleons nach Moskau, die meisten von ihnen kamen nicht zurück. Das Bündnis mit dem Militärdiktator zahlte sich für Baden jedoch aus. Aus der kleinen Markgrafschaft wurde schließlich ein Großherzogtum.

Das Jahr 1811 markierte auch genau die zeitliche Mitte im umfassenden Prozess der staatlichen Modernisierung des Landes. Die Beamtenschaft sorgte mit ihren Reformen der Verwaltung, des Rechts und der Finanzen, der Organisation und auch der politischen Verfassung von 1803 bis 1819 dafür, dass ein Mittelstaat entstand, der nach zeitgenössischen Maßstäben als modern galt. In der Folge des Reichsdeputationshauptschlusses 1803 gehörten zur inneren Staatsbildung zum Beispiel die Zentralisierung der politischen Herrschaft und die Staatsunmittelbarkeit der Bewohner des Großherzogtums, die Verstaatlichung der Bildung, die Entwicklung eines Berufsbeamtentums und – als langfristige Folge der

Aufklärung – die Säkularisierung und Entkirchlichung staatlicher Einrichtungen. All dies waren Veränderungen, die für Georgs Lebensweg zentral werden sollten. Staatsreformen und das Militär kosteten viel Geld. Aufbringen mussten es die Untertanen. Zwischen 1797 und 1818/20 verdoppelte sich die Steuerbelastung der badischen Bevölkerung.[26]

Schließlich: Das Land und die Gesellschaft waren im Aufbruch, in Gärung. 1811 stürzte in Mannheim der Luftpionier Sebastian Bittorf mit seinem Ballon ab, seine Versuche aber waren ein Beispiel für die aufgeklärte Zeit, die Neues wagte. Zwei Jahre später erfand in Mannheim Freiherr von Drais das Fahrrad. Die großen Hungerkrisen der Zeit gipfelten im Hungerjahr 1817 in „Brotnot" und Teuerung, die Folge einer ersten globalen Klimakatastrophe. Weitere zwei Jahre später wurde in der Stadt der Schriftsteller August von Kotzebue (1761–1819) von einem Burschenschaftler ermordet. Die politische Unruhe hatte Zensur und Unterdrückung zur Folge. In Karlsruhe regierte die politische Macht, in Mannheim hatte dagegen der wirtschaftliche und gesellschaftliche Fortschritt seinen Sitz. Im Vormärz der 1830er-/40er-Jahre schließlich entwickelte sich Mannheim zum „Zentrum einer entschiedenen liberalen Bürgeropposition gegen die autoritäre Staatsbürokratie" Badens.[27] Auch davon wurde Georgs Leben berührt.

Lyzeum Mannheim

Das Mannheimer Lyzeum der zwanziger Jahre des 19. Jahrhunderts war die Keimzelle der späteren oppositionellen Entwicklung in Baden, zumindest in biografischer Hinsicht; denn maßgebliche Akteure der badischen Revolution von 1848/49 hatten das Lyzeum besucht.[28] Das galt zum Beispiel für den künftigen Republikaner Friedrich Hecker (1811–1881), den gleichaltrigen zukünftigen Liberalen Friedrich Daniel Bassermann (1811–1855) oder auch den etwas jüngeren Lorenz Brentano (1813–1891). Hecker begeisterte sich im Unterricht sehr für die griechischen und römischen Republiken.[29] Bassermann und Brentano waren 1848 Mitglieder der Frankfurter Nationalversammlung und Brentano zudem 1849 Chef der revolutionären Regierung Badens. Auch der ältere Karl Mathy (1807–1868), 1848 Liberaler und ebenso Mitglied der Frankfurter Nationalversammlung,

Christoph Hamann

war Schüler des Lyzeums. Dort wurde auch Elias Eller (1813–1872) unterrichtet, der 1849 des Hochverrats angeklagt und 1871 dann in den Badischen Landtag gewählt wurde. Zusammen mit den Revolutionären von 1848/49 erhielten auch drei Brüder der Familie Joachim Unterricht. Georg, wie Hecker Jahrgang 1811, ging mit diesem in eine Klasse, ebenso sein Bruder Franz (1812–1884), der spätere Landgerichtsrat in Mosbach. Der jüngere Bruder August (1814–1861) war Mitschüler von Bassermann und Brentano und wurde Pfarrer in Beuren.

Am 8. Oktober 1830 bescheinigte der Geheimrat Friedrich August Nüsslein (1780–1863), der Direktor des Lyzeums Mannheim (1807–1850), Georg den erfolgreichen Schulabschluss und damit die Berechtigung zum Besuch der Universität: „Es wir hiermit bezeugt, dass Georg Joachim von Mannheim das hiesige Lyceum bis zur obersten Klasse, in welche er vor einem Jahre befördert ward, besucht und in dieser Klasse (...) französische Schriftsteller und neben den Stilübungen auch die Vorträge über Rhetorik, Geschichte, Mathematik, Physik und Logik [...] gehört hat. Durch unverdrossenen Fleiß und starken Leistungen in den meisten Lehrgängen hat er sich einen ehrenvollen Platz unter seinen Mitschülern und hierdurch sowie durch sein wohlgesittetes und anständiges Betragen die Achtung aller seiner Lehrer erworben."[30] Der Hinweis auf den „ehrenvollen Platz" deutet an, dass Georg wohl nicht zu den besten, aber immerhin zu den leistungsstarken Schülern gehört haben dürfte.

Studium in Freiburg – Gymnasialprofessor an Schulen Badens

Die Gelehrtenschulen im Großherzogtum Baden würden nach heutigem Sprachgebrauch in die Kategorie „weiterführende Schulen" fallen. Zeitgenössisch wurden sie auch Mittelschulen genannt, weil sie Kenntnisse, Fähigkeiten und Fertigkeiten im Anschluss an die Volksschule und vor dem Besuch der Universität vermittelten. Es waren dies die neuhumanistisch orientierten (ab 1839) neunjährigen Lyzeen, die ab 1836 offiziell zum Abitur führten, die siebenjährigen Gymnasien mit dem Abschluss nach dem 11. Jahrgang und die fünfjährigen Pädagogien mit dem Ende des Schulbesuchs nach dem 9. Jahrgang.[31] In den Gelehrtenschulen unterrichteten Anfang des 19. Jahrhunderts zunächst nur Theolo-

gen.[32] Anfang der dreißiger Jahre konnte das Theologiestudium auch mit dem Studium der Philologie verbunden werden. Georg strebte das Lehramt an und immatrikulierte sich am 5. November 1830 an der Universität Freiburg für Theologie und für Philologie.[33] Auch seine Brüder Franz und August besuchten in dieser Zeit die Universität in Freiburg. Ein Zeugnis aus dem Jahr 1831 deutet Georgs formale Zuordnung und wohl auch seine Neigung an, denn er wird dort als ein „wirkliches Mitglied des philologischen Seminars" geführt, welches erst ein Jahr zuvor gegründet worden war. Georg werden „vorzügliche" und „sehr gute" Leistungen attestiert, „sehr fleißig" sei er in „Religionslehren". Sein „sittliches Betragen" sei den „akademischen Gesetzen vollkommen gemäß" gewesen. [34]

Nach dem Ende des Studiums (1835) wurde Georg zunächst Lehramtspraktikant und dann (Gymnasial-) Professor an den Gymnasien in Bruchsal (ab 1837), Offenburg (ab 1840) und Lahr (ab 1855) sowie am Pädagogium in Lörrach (ab 1849).[35] Den Titel eines Gymnasialprofessors führten im Großherzogtum Baden im Jahr 1832 insgesamt 85 und 1849 148 Lehrkräfte.[36] Georg unterrichtete nach der Revolution von 1848/49 die Fächer Latein, Griechisch, Hebräisch, Französisch und Deutsch.[37] Er „hing", so sein Sohn, „mit Leib und Seele an seinem Beruf".[38] Sein Engagement wie auch seine Ambitionen zeigten sich darin, dass er im Jahr 1861 (mit anderen Lehrkräften) auch Vertreter des Gymnasiums Lahr bei den Verhandlungen der Lehrerschaft Badens in Offenburg war.[39] Im April 1869 wurde Georg Joachim zwar „unter Anerkennung seiner treuen Dienste", aber schon mit 58 Jahren und damit vorzeitig in den Ruhestand versetzt.[40] Offenbar hatte es einen massiven Konflikt um die Neubesetzung der Direktorenstelle des Gymnasiums in Lahr 1867 durch Professor Adolf Hauser (*1825) gegeben, durch die sich Joachim übergangen gefühlt und dies auch öffentlich zum Ausdruck gebracht hatte. Diese Kritik richtete sich anscheinend gegen den scheidenden Direktor Professor Ludwig Fesenbekh (1802–1869). Denn Georg Joachims Sohn Robert charakterisierte in seinen Erinnerungen den Nachfolger Professor Adolf Hauser als einen „tüchtigen Philologen, einen allgemein feingebildeten Mann", der „auch literarisch tätig war." Fesenbekh dagegen sei ein „widerwärtiger Direktor" gewesen.[41]

Bürgerlichkeit als Lebensform – Die Familie Joachim aus Mannheim im 19. Jahrhundert

Georg – der Beamte

Georg konnte seine Neigung zum Ästhetisch-Kulturellen mit einem respektablen und lukrativen Broterwerb verbinden. Dies bot das Lehramt an Gelehrtenschulen. Die dadurch garantierten Einkünfte waren mit Sicherheit etwas, was er nötig hatte. Das Elternhaus war verarmt und er selbst durch seine körperlichen Beeinträchtigungen in seiner Lebensführung ohnehin eingeschränkt und grundsätzlich vulnerabel. Das Lehramt an den Gelehrtenschulen strebte Georg zu einem Zeitpunkt an, als dieses im Begriff war, einem grundlegenden Wandel unterworfen zu werden. Motor dieser Reform des Bildungswesens im Großherzogtum Baden war die Bürokratie. Die Reorganisation der Gelehrtenschulen zielte einerseits auf eine Zentralisierung der Zuständigkeit für diese Schulen in staatlicher Hand. Die Trägerschaft der Schulen hatte vormals bei den Kirchen, den Kommunen und bei Stiftungen gelegen.[42] Gegenstand dieses Prozesses war dabei auch der dienstrechtliche Status der Lehrkräfte, die Folge war die Einführung des Berufsbeamtentums seit den dreißiger Jahren. Die Eignung für das Lehramt wurde durch staatliche Prüfungen (Abitur, Staatsexamen) festgestellt. Der Beamtenstatus garantierte Versorgungsansprüche, die zeitgenössisch exklusiv waren (Unkündbarkeit, Alimentierung, Pension). 1840 wurde der Reformprozess mit einem Gesetz abgeschlossen.[43] Bürger, deren „Lebenschancen primär durch den Besitz und die Verwertung von Bildung (oftmals in Form von Bildungspatenten) geprägt waren" definiert Jürgen Kocka als Bildungsbürger.[44] „Männer des Wortes" also auf „Kanzel und Katheder" – personifiziert also insbesondere durch Pfarrer, Lehrer oder Professoren.[45] Kulturtheoretisch interpretiert fand das Bürgertum im Beamtentum paradigmatisch zu sich, denn dieses verlangt – zumindest idealiter – jene Tugenden, die im Wertehorizont des Bürgers von zentraler Bedeutung sind: Mäßigung und Selbstdisziplinierung in der Lebensführung des Alltags und im Beruf, Orientierung an den Regeln, der Routinisierung und Berechenbarkeit im Beruf, grundsätzliche Orientierung an zweckvoller Tätigkeit und an universell verstandenen Werten wie Bildung und Arbeit.[46]

Parallel zur Verstaatlichung der Schule wurde die Trennung von Staat und Kirche angestrebt. Begründet war dies durch den grundsätzlichen Willen nach Säkularisierung einerseits, andererseits auch durch die Ausdifferenzierung des Universitätsstudiums in einzelne Fächer, deren fachliche Ansprüche ein Doppelstudium, nämlich Theologie und Fachstudium, zunehmend erschwerten. Georgs Studium sah ausweislich eines Semesterzeugnisses neben theologischen und philologischen Inhalten (Religionslehre, Metaphysik, Ethik, philologische Enzyklopädie, Geschichte der Philosophie) auch Gegenstände wie Naturgeschichte, angewandte Mathematik, Algebra und Arithmetik vor. Lehrkräfte waren also einerseits Theologen, andererseits Generalisten, die alle Fächer unterrichteten. Ab 1867 wurden Theologen dann nur noch für den Religionsunterricht eingesetzt. An die Stelle der Generalisten traten außerdem nach und nach Fachlehrer. All dies kam einer Professionalisierung des Lehrberufes gleich. Georg Joachim gehörte dieser neuen Lehrergeneration an. Zwar war er mit seinem Studium der Theologie und der Philologie in den dreißiger Jahren noch an die Prüfungsvoraussetzungen vor der Reform gebunden gewesen und war deshalb in seiner Lehrtätigkeit auch theologischen Verpflichtungen unterworfen. Aber mit seiner Konversion 1849 zum Protestantismus war er von diesen Aufgaben entbunden und unterrichtete von nun nur an noch alte und neue Sprachen. Georgs Berufsbiografie spiegelte also diese „Entkonfessionalisierung des badischen Mittelschulwesens" als ein Ergebnis der grundlegenden Säkularisierung im 19. Jahrhundert wider.[47]

Georg – 1848/49 ein Revolutionär?

Georg Joachim unterrichtete seit 1840 am Gymnasium in Offenburg. Die Stadt hatte sich in den 1840er-Jahren zu einer Hochburg der demokratischen Opposition in Baden entwickelt und wurde 1847, 1848 und 1849 der Schauplatz bedeutender Versammlungen der badischen Revolution. Wie hat sich Georg Joachim in diesem politischen Umfeld positioniert? War er ein konservativ-loyaler Beamter auf der Seite des Großherzogtums, war er Liberaler oder gar Demokrat? Von ihm selbst liegen dazu keine Äußerungen vor. Den deutlichsten Hinweis findet man in den Lebenserinnerungen seines Sohnes Robert Joachim, der diese aber erst mehr als vier Jahrzehnte nach dem Tod des Vaters

Christoph Hamann

am Vorabend des Ersten Weltkrieges zu Papier brachte. Als sein Vater starb, war er selbst zudem gerade einmal 16 Jahre alt, also in einem Alter, wo begründete und reflektierte Einschätzungen zu politischen Fragen nur bedingt möglich sind. Robert Joachim berichtet, sein Vater sei „erfüllt von liberalen Idealen und von der Sehnsucht nach einem geeinten Deutschland unter Preußens Führung" gewesen.[48] Deutlich artikuliert sich hier eine nationalliberale Position, die als retrospektive Projektion auch über eine Zeit urteilte, in der von „Preußens Führung" noch gar nicht die Rede sein konnte. Immerhin gibt diese Einschätzung aber Auskunft über die grundsätzliche politische Orientierung des Vaters. Die folgenden Ausführungen müssen der schwachen Quellenlage wegen vor allem indiziengestützt argumentieren.

Georgs Vorgesetzter, der Schuldirektor Franz Xaver Weißgerber (1799–1879), der zu den „besten Männern"[49] der Offenburger Liberalen gehörte und ein Freund von Karl von Rotteck war, wurde 1844 nach Rastatt strafversetzt. Auch sein Nachfolger, Gebhard Gagg (1802–1866), galt den Behörden als „Rebell"[50], der sich im Mai/Juni 1849 den Demokraten angeschlossen habe. Vorgeworfen wurde ihm unter anderem, dass er ein Verzeichnis der über 18 Jahre alten Schüler zur Erfassung in der Bürgerwehr angefertigt habe. Gagg wurde nach der Revolution wegen Hochverrat zu einem Jahr Zuchthaus und der Kostenübernahme des Verfahrens verurteilt, jedoch 1850 straffrei erklärt.[51] Neben Gagg wurden auch vier weitere Lehrer des Gymnasiums der Beteiligung an der Revolution bezichtigt.[52] Auch über das politische Engagement von Schülern des Gymnasiums im „Sturmjahr 1848" gibt es einen Bericht.[53] Deren Wunsch nach einer Verlängerung der Osterferien nutzte wohl bloß die revolutionäre Gunst der Stunde, um für schulische Entlastung zu sorgen. Politisch deutlicher wurde eine Petition von Schülern der obersten Klasse. Der Wirtshausbesuch und das Zeitunglesen sollten erlaubt werden: „'Kein Deutscher, dem noch Vaterlandsliebe im Herzen glüht, kann gleichgültig bleiben in einer Zeit, wo das deutsche Parlament zur Erlangung der Wiedervereinigung Deutschlands unter einem gemeinsamen Oberhaupt beschließt [sic]. Uns aber ist keine Gelegenheit gegeben, mit dem uns bekannt zu machen, was in Deutschlands

herrlichen Gauen vorgeht; denn Privathäuser, wo Zeitungen hinkommen, sind selten, öffentliche Lokale, wo sie sich finden, sind [den Schülern; Ch. H.] verboten.'"[54] Nicht weniger wird hier formuliert als der legitime Anspruch, auf der Grundlage von Informationen selbst denken zu wollen.

Das Gymnasium spielte bei der Wahl der Offenburger Wahlmänner für die 2. Kammer des Badischen Landtags 1846 eine wichtige Rolle. Das Ergebnis dieser Richtungswahl zwischen Konservativen und der Opposition war letztlich dem Verhalten „wichtiger Staats- und Kirchendiener" insbesondere am Gymnasium Offenburg geschuldet, in dem sich „starke liberale Neigungen" entwickelt hatten[55] und das als „Brutstätte neuer Ideen"[56] galt. Die „Lehrerschaft des Offenburger Gymnasiums" habe als „Multiplikator liberaler Ideen" gewirkt, urteilt die Forschung zur Lokalgeschichte.[57] Im März 1846 sollen Anzeigen gegenüber Gymnasialprofessoren wegen „Vorkommnisse[n] bei den Wahlmännerwahlen" erstattet worden sein.[58] Auch konservative Zeitgenossen verorteten die Lehrerschaft des Gymnasiums im Lager der Opposition. Noch nach der Niederlage der Revolution urteilte der ultramontane Offenburger Stadtpfarrer Johann Nepomuk Müller im „Offenburger Tageblatt": „Wenn Offenburg nicht einem schauerlich todten Feuerberg gleich werden solle, so müssen vor allem die Lehrer, die gar sehr rongisch riechen, aufgeräumt werden."[59] Der Theologe Leopold Kist (1824–1902), in den frühen 1840er-Jahren Schüler des Gymnasiums Offenburg, skizzierte in seinen Erinnerungen die Haltung der Lehrkräfte des Gymnasiums ähnlich: „Ich glaube nicht, dass ein einziger meiner Professoren monarchistisch und loyal gesinnt war und bestärkt mich die Tatsache in meinem Glauben, dass vier derselben bei der Anno 1849 ausgebrochenen Revolution entschieden und offen die Fahne der Empörung aufzusetzen."[60] Kist, dessen Vater Diener am Gymnasium in Offenburg war, war wie Müller ein entschieden konservativer, streng päpstlich orientierter Gegner des Rationalismus im Allgemeinen und der Säkularisierung der Schule im Besonderen, die er mit Schärfe und Polemik kritisierte.[61]

Hier äußerten sich nicht von ungefähr zwei katholische Geistliche, denn im Wahlkampf 1846 hatte die genuin liberale Frage der Religionsfreiheit

Bürgerlichkeit als Lebensform – Die Familie Joachim aus Mannheim im 19. Jahrhundert

eine wichtige Bedeutung. Diese entzündete sich in Offenburg am rechtlichen Status und der Stellung des reformorientierten Deutschkatholizismus'. Gegen dessen staatsrechtliche Anerkennung opponierte der oben erwähnte Johann Nepomuk Müller. Am Offenburger Gymnasium wiederum unterrichteten der Stadtpfarrer Franz Josef Kuhn (bis 1845) und ab 1848 dessen Nachfolger Johann Evangelist Valois, beide waren als „Reformkatholiken"[62] aufgeklärte Theologen. Im Gymnasium Offenburg hatten drei der sieben Hauptlehrer für die Religionsfreiheit zugunsten des Deutschkatholizismus' votiert. Bei zwei weiteren vermutet der Historiker Rainer Schimpf, dass sie zumindest Sympathien für das Anliegen gehabt hätten; darunter der schon erwähnte Direktor der Schule, Gebhard Gagg, sowie auch Georg Joachim. Schmidt begründet dies bei Georg damit, dass er dem Katholizismus vermutlich nur noch „offiziell" angehangen habe; denn 1849 war er zum Protestantismus konvertiert und hatte im Juni 1849 in Lörrach den Antrag zur Eheschließung mit Auguste Carolin Knoll (1828–1860) gestellt. Sie war die Tochter des Karlsruher Majors Karl Knoll (+1868), Lehrerin in einem Kloster in Offenburg und konvertierte vor der Hochzeit ebenfalls. Ein nicht unwichtiges Indiz für eine reformkatholische Sympathie Georgs findet sich in seiner anzunehmenden Verwandtschaft mit Franz Ludwig Mersy (1785–1843). Als Offenburger Pfarrer, liberaler Priester und katholischer Kirchenreformer hatte sich dieser gegen das Zölibat ausgesprochen und gefordert, die Liturgie und äußeren Formen und Gebräuche der katholischen Amtskirche zu reformieren. Georgs Schwiegermutter Henriette war eine geborene „Mersy".[63] Wie und ob diese mit dem Kirchenreformer verwandtschaftlich verbunden war, konnte nicht abschließend geklärt werden. Die Namensgleichheit in einer Stadt mit rund 4000 Einwohner legt eine Verwandtschaft zumindest sehr nahe. Als Pfarrer in Offenburg war Mersy bis zu seinem Tod 1843 auch für die Schulvisitation zuständig.[64] Da Georg im Offenburger Gymnasium unterrichtete, sind sich die beiden Männer mit großer Sicherheit begegnet.

Ein starkes Indiz für eine liberale Haltung ist indes Georgs Übertritt zum Protestantismus. Zwar begründet sein Sohn Robert diesen Wechsel vage und eher unpolitisch mit der Abneigung des Vaters gegenüber den „Äußerlichkeiten der priesterlichen Funktionen".[65] Roberts ergänzender Hinweis auf den katholischen Aufklärungstheologen Heinrich Ignaz von Wessenberg (1774–1866) kann aber als Fingerzeig auf die oben skizzierte dominante religionspolitische Konfliktlinie verstanden werden. Die konservativ-papstorientierte Haltung des Offenburger Dekans Müller führte im Offenburg der vierziger Jahre zu einer Politisierung theologischer Fragen und zu einer Polarisierung der Offenburger Gesellschaft.[66] Die Mehrheit, darunter auch Georgs Kollege, der Gymnasialprofessor Franz Joseph Kuhn (1802–1887), vertrat religionspolitisch liberale und aufgeklärte Positionen. Müller war in Offenburg durch die Unterstützung der Erzdiözese Freiburg letztlich erfolgreich. So wurde Kuhn 1845 seines Amtes enthoben und an das Lyzeum Rastatt versetzt. Georg war im Gymnasium nach der Versetzung Kuhns nach Rastatt 1845 und der Vakanz der Stelle vermutlich mit der Situation konfrontiert, als theologisch ausgebildete Lehrkraft den ausgeschiedenen Kuhn zu vertreten und damit von Amts wegen Müllers konservative Positionen mittragen zu müssen. In dem Moment als, auf Georgs eigene Bitten hin, mit Johann Evangelist Valois 1848 ein Nachfolger Kuhns gefunden war, bat Georg darum, von seinen theologischen Funktionen entbunden zu werden. Sein Austritt aus der katholischen Kirche 1849 kann als eine Antwort auf seine Entfremdung vom Katholizismus ultramontaner Prägung wie auf die grundlegende Konfliktsituation verstanden werden. Und dies wiederum impliziert eine Nähe zu liberalen Positionen. Auch die Versetzung nach Lörrach war in diesem Kontext sinnvoll. Denn anders als das vom Katholizismus dominierte Gymnasium in Offenburg[67] waren die badischen Pädagogien entweder protestantisch oder konfessionell gemischt. Auffallend ist auch der Zeitpunkt der Versetzung. Der Erlass dazu datiert vom 10. April 1849, schon vier Wochen später, am 9. Mai 1849, nahm er seinen Dienst am anderen Ort auf – wenige Wochen vor dem Schuljahresende.[68] Gegen die Annahme, diese Versetzung sei politisch motiviert gewesen, spricht der Zeitpunkt des Wechsels. Dieser lag noch vor dem Aufstand in Baden ab dem 13. Mai, also wenige Tage nach Georgs Dienstantritt in Lörrach, und vor der Niederschlagung der Revolution durch das preußische Militär. Bemerkenswert ist, dass er nicht an ein Gymnasium, sondern

Christoph Hamann

an ein Pädagogium versetzt wurde. Dies war von den drei badischen Mittelschulen (Pädagogium, Gymnasium, Lyzeum) diejenige mit dem kürzesten Schulbesuch, nämlich nur bis zum 9. Schuljahr. Das Pädagogium wiederum war „keine Revolutionsschmiede" gewesen.[69] Aller Wahrscheinlichkeit nach pflegte Georg eine grundsätzlich liberale, in erster Linie jedoch religionspolitisch motivierte Haltung. Politisch trat er aber öffentlich nicht in Erscheinung. In Franz X. Vollmers umfassender Arbeit über das republikanisch dominierte Offenburg 1848/49, welche immerhin 150 Kurzbiografien von Offenburger Oppositionellen enthält, wird Georg Joachim jedenfalls nicht erwähnt.

Die Galerie der Kinder

Die Kinderporträts der Söhne Joachim repräsentieren das zeitgenössische Selbstbild der Familie um 1820. Die Porträtierten waren zum Zeitpunkt der Anfertigung der Bilder Kinder und hatten das Leben noch vor sich. Die Gegenstände, mit denen sie porträtiert werden, symbolisieren deswegen nicht allein den zeitgenössischen Wertehorizont der Eltern, sondern auch deren Wünsche für die Zukunft ihrer Söhne. Denn eine Geige, ein Zirkel, ein Winkelmaß – diese Utensilien dokumentieren mit hoher Wahrscheinlichkeit nicht den tagesfüllenden Zeitvertreib ihres Alltags. In diesem werden wohl altersgerechtere Beschäftigungen im Vordergrund gestanden haben. Irritierend ist diese frühe Projektion aber deshalb, weil sie sich biografisch zumindest in Teilen erfüllt hatte. Aus dem Kind mit dem Ziervogel wurde tatsächlich ein Sänger und Schauspieler (Abb. 5). Und der kleine Junge mit dem Buch wurde als Pfarrer Experte für das Buch der Bücher, die Bibel (Abb. 6). Franz, dargestellt mit Schreibutensilien, arbeitete als Anwalt und dann als Richter in der Tat an einem Schreibtisch (Abb. 7). Und auch das Kind mit dem Winkelmaß und dem Zirkel fand seinen Platz an einem Schreibtisch – es war später als Ratsschreiber in Mannheim beschäftigt. Gleichwohl zeigt die Projektion schon eine Andeutung, dass die Bilanz des Lebens auch anders ausfallen kann. Das getrübte Auge Georgs kann als ein frühes Anzeichen oder als basale Metapher gewertet werden. Es markiert den Riss der Kontingenz, der die Planbarkeit des Lebens außer Kraft setzt.

Nun aber zu den Porträts selbst: Zu Beginn dieser Ausführungen wurde auf die Rolle der Musik in der Familie Joachim hingewiesen. Aber auch das Theater nahm in Georgs frühen Jahren eine wichtige Stellung ein. In den Erinnerungen seines Sohnes findet sich ein Hinweis darauf. Sein Vater habe „viel vom Mannheimer Theater erzählt, das seine Phantasie erfüllt habe". Ernst-Ludwig, Georgs jüngerer Bruder, war wie erwähnt Sänger und auch Schauspieler am Karlsruher Hoftheater gewesen. Er fiel in den frühen vierziger Jahren einer Gewalttat zum Opfer (Abb. 5).[70] Der Maler lässt den abgebildeten Ernst-Ludwig mit den Betrachtern des Bildes kommunizieren. In Szene gesetzt wird ein kommunikatives Paradoxon: Die Menschen vor dem Bild werden vom Abgebildeten in das Bild hineingeholt – sie „sind im Bild" (Wolfgang Kemp): Denn „Ernst-Ludwig" fordert sie auf, nicht etwa ihn anzusehen, sondern den Ziervogel im Bild rechts. Auf ihn deutet sein Zeigefinger. Dieser fungiert als visuelles Demonstrativpronomen und Imperativ zugleich: „Blick dorthin" drückt die stumme Geste aus. „Sieh zunächst mich an, um meine Geste zu erkennen, die dich auffordert, nicht mich anzusehen, sondern den Vogel. Denn dieser ist der Künstler des Gesanges unter den Tieren!"

Zeichen der Wertschätzung von Kultur, Bildung wie auch von Arbeit finden sich auch bei den anderen Portraits der Söhne. So wird der im Bild ungefähr sechsjährige August mit zwei Büchern abgebildet. Die Komposition stellt gleichsam den fotografischen Modus einer Momentaufnahme dar, als hätte der Künstler den Knaben bei der Lektüre überrascht, die dieser artig unterbricht. Allerdings tut er dies nur kurz, denn der Zeigefinger seiner linken Hand ist zwischen zwei Seiten des Buches eingelegt. An dieser Textstelle will August möglichst schnell mit der unterbrochenen Lektüre fortfahren (Abb. 6). Die Geste des Fingers als Lesezeichen dient zugleich als sublimer Authentizitätsnachweis: Diese Situation ist aus dem wahren Leben gegriffen. Die Suggestion eines nur kurzen Innehaltens bei einer Beschäftigung, welche die volle Aufmerksamkeit der Abgebildeten bindet, geht auch von den anderen Porträts aus.

Franz wiederum, ein Jahr jünger als Georg, wird mit einem Federhalter und zwei Blättern ausgestattet (Abb. 7). Auf einem seiner Papiere ist vage eine

Bürgerlichkeit als Lebensform – Die Familie Joachim aus Mannheim im 19. Jahrhundert

Porträtskizze im Halbprofil zu erkennen. Vermutlich hat sich hier der Künstler anstelle eines Monogramms selbst verewigt (siehe folgende Seite). Auch der fünfte in der Reihe der Söhne, Wilhelm, sitzt an einem Tisch. Auf diesem liegt ein Blatt Papier, zu sehen ist eine Zahlenkolonne und eine Planskizze. In den Händen hält Wilhelm einen Zirkel und ein hölzernes Winkelmaß. Allen Motiven gemeinsam ist die Darstellung einer zweckhaften und sinnvollen Tätigkeit, gleichviel, ob diese – wie bei den Jüngeren – rezeptiver Natur (hören, lesen) ist oder – bei den Älteren – produktiver Natur (schreiben, planen). Alle Tätigkeiten erfordern eine „Disziplinierung der Aufmerksamkeit" wie auch des Körpers.[71] Dies wiederum erfordert Mäßigung und Selbstkontrolle. Eigenschaften, die für Erwachsene angemessen sind, weniger aber für Kinder. Die Bilder suggerieren zudem, dass Bildung vornehmlich Selbstbildung ist, die vor allem im familiären Binnenraum ihren Platz hat. Auch wenn die Söhne das Lyzeum Mannheim oder andere Schulen besuchen – Bildung ist vor allem der Auftrag an sich selbst. Der „Prozess der individuellen Aneignung, der mehr oder weniger erfolgreichen Internalisierung von Werten, des individuellen Lernens von sozialen Praktiken" ist wiederum selbst Ausdruck bürgerlicher Kultur.[72]

Die Porträts, so lässt sich zusammenfassen, demonstrieren mit ihren symbolischen Attributen Bürgerlichkeit als eine Lebensform. Die visuellen Zeichen der bürgerlichen Werte und Würde sind hier Zeichen der Bildung und der Arbeit. Bildung wiederum steht in der Tradition der Aufklärung und ist geadelt als Wert von universellem Geltungsanspruch: von Wissen und Rationalität im Gegensatz zu Glauben und Emotionalität. Letztere hat aber ebenfalls ihren familiären Platz, denn Bildung ist auch kulturelle Bildung, Musik und Theater sind auch Ausdrucksformen von Emotionen.

Georg – der Bildungsbürger

In der Charakterisierung seines Vaters akzentuiert Robert Joachim den familiären Binnenraum als Georgs Rückzugsort zweckfreier Kontemplation und damit dessen Wertehorizont. Er sei jemand gewesen, der sich „nicht gerne mit den Dingen des täglichen Lebens beschäftigte, sondern sich lieber in seine Bücher vergrub. [...] Er war ein großer, dicker Mann mit schwerfälligem Gange", der wegen „eines schlechten Untergestelles [...] auch wenig Bewegung machte. [...] Er war außerordentlich gutmütig, gemütvoll und menschenfreundlich, aber mehr von Idealen als von praktischen Lebenskenntnissen erfüllt und verehrte insbesondere mit Begeisterung seinen Dichter Homer wie auch die anderen alten und neuen Klassiker. Sein Studierzimmer war angefüllt mit einer reichen Anzahl von Büchern aller Art und teilweise mit Werken, welche heute von größtem Wert wären."[73]

Aller lebensferner Abwendung von den Erfordernissen des Alltags zum Trotz trifft Georg

Christoph Hamann

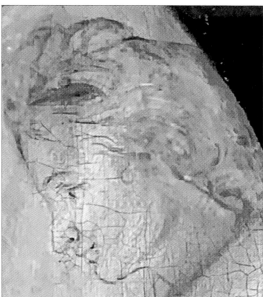

Abb. 7
Franz Joachim
(1812 – 1884),
Portrait um 1820
(59 x 47,5 cm),
unbekannter Künstler;
Fotografin: Anja Idehen
(Berlin)

Abb. 7a
Detail (Ausschnitt aus
Abb. 7); Skizze des
mutmaßlichen Malers
der Portraits

Joachim für die Familie und deren Zukunft eine wichtige Entscheidung. Unmittelbar nach seiner Versetzung in den Ruhestand zog die Familie 1869 nach Heidelberg um. Dem Konflikt in Lahr zu entfliehen, mag ein Grund dafür gewesen sein. Sein Sohn Robert nennt in seinen Erinnerungen ein anderes Motiv: „Dies geschah hauptsächlich deshalb, damit ich das Lyceum besuchen und daran das Universitätsstudium anschließen konnte."[74] Der Abschluss an einem Gymnasium berechtigte in Baden zu dieser Zeit nicht zur Aufnahme eines Studiums, denn der Schulbesuch endete dort nach dem 11. Jahrgang. Die für die Zulassung zum Studium notwenigen letzten beiden Jahre konnten nur an einem Lyzeum absolviert werden. Die Finanzierung einer Unterkunft für Robert in Heidelberg fern der Familie in Lahr erlaubte deren finanzielle Lage nicht. Wegen der beruflichen Zukunft des einzigen Sohnes zog also die gesamte Familie um. Roberts Besuch des Lyzeums wiederum konnte mit einem Stipendium ermöglicht werden. Die Generalsynode der Landeskirche Badens gewährte mit ihrem Neckarschul- und Sapienzfonds evangelischen Landeskindern aus Gebieten der ehemaligen Rheinpfalz, welche 1803 an Baden gegangen waren, und Söhnen von Staatsdienern ein Stipendium für das Studium, Roberts Angaben zufolge galt dies auch für den Besuch der beiden letzten Klassen des Lyzeums Heidelberg.[75] Am 27. April 1870 starb Georg Joachim in der Wohnung im 3. Stock der Schloss-

bergstraße 13 in Heidelberg rund vier Wochen vor seinem 60. Geburtstag und wenige Monate nach seiner Entlassung aus dem Schuldienst.[76]

Die Biografien der Mitglieder von Georg Joachims Familie zeigen in Bezug auf die Ausbildung der Nachkommen zweierlei: Da ist erstens die Bildungsorientierung Georgs und das Bedürfnis, in die berufliche Zukunft des Sohnes zu investieren. Der Umzug der gesamten Familie nach Heidelberg zeigt dies deutlich. Die Option, Kaufmann zu werden, war für den Sohn wohl erwogen, aber verworfen worden. Es zeigt aber auch eine weitere Gewichtung, nämlich die entlang der Kategorie Geschlecht. Wichtig war Roberts Ausbildung und diese wurde durch das Stipendium der Landeskirche ermöglicht, welches nur für männliche Nachkommen zugänglich war. Roberts ältere Schwester Hermine (1850) konnte nur deswegen eine Tätigkeit als Lehrerin am Heidelberger Mädcheninstitut der beiden „Fräulein" Emilie und Luise Schupp ausüben, weil ihre Großmutter Mersy ihnen schon in Lahr Privatstunden im Englischen und Französischen ermöglicht hatte. Hermine konnte so zum Familieneinkommen beitragen. Dies aber reichte nicht aus, sowohl sie als auch Robert gaben Nachhilfestunden. Hermine erzielte in der Folge durch Untervermietungen zusätzliches Einkommen für die Familie und heiratete dann schließlich einen Angestellten der Eisenbahn in Waldshut. Roberts jüngere Schwester Emilie (*1859) wiederum wurde von

Bürgerlichkeit als Lebensform – Die Familie Joachim aus Mannheim im 19. Jahrhundert

ihrem vermögenden Onkel aufgenommen, dem schon erwähnten Landgerichtsrat Dr. Franz Joachim in Mosbach im Odenwald. Dessen eigene Tochter war in jungen Jahren 1864 verstorben. Er wiederum unterstützte seinen Neffen Robert bei seinem Jurastudium in Heidelberg finanziell. All dies zeigt, welche tragende Rolle das Netzwerk Familie bei der Ausbildung des Nachwuchses eingenommen hat.

Exemplum und Individuum – ein Fazit

Vorgestellt und interpretiert wurden Porträts von Mitgliedern einer Mannheimer Familie aus dem Bürgertum des frühen 19. Jahrhunderts. Mit einer biografischen Skizze wurde das Leben von einem der porträtierten fünf Söhne nachgezeichnet. Bilder wie Biografie sind Beispiele bürgerlicher Kultur, von „'Bürgerlichkeit' als" einem „symbolischen(n) System von Werten, Leitideen und Praktiken".[77] Der Beamte und Gymnasialprofessor Georg Joachim erweist sich dabei als ein Mann des gemäßigten liberalen Fortschritts und als Vertreter des Bildungsbürgertums. Anders als bei seinen prominenten Schulkameraden aus dem Mannheimer Lyzeum liegen von ihm nur wenige historische Zeugnisse aus eigener Hand vor. Charakterisiert wurde er deshalb eher als Exemplum denn als Individuum.

Anmerkungen

1   O. Marquardt: Zukunft braucht Herkunft, Stuttgart 2005, S. 264.

2   R. Joachim: Lebenserinnerungen von Oberamtsrichter Robert Joachim (Teil I: Bruchsal 1914, ergänzt von F. Becker in einem Teil II: Karlsruhe 1931), S. 8, 13 (Ms; Archiv Hamann. Der Autor dieses Artikels ist ein Nachfahre der Familie Joachim aus Mannheim.).

3   Nachruf Dr. Franz Joachim (1812–1884), in: Badische Neckarzeitung, 10. Februar 1884.

4   Zur „Bürgerlichkeit" als Lebensform zuletzt: J. Kocka: Kampf um die Moderne. Das lange 19. Jahrhundert in Deutschland, Stuttgart 2021, S. 81–86. Vgl. auch A. Reckwitz: Das hybride Subjekt. Eine Theorie der Subjektkulturen von der bürgerlichen Moderne zur Postmoderne, Frankfurt 2020, S. 111–205.

5   Ich danke Andreas Krock (rem) für den freundlichen Hinweis.

6   R. Barthes: Die helle Kammer, Frankfurt 1980, S. 21, 36; Kursivschrift im Original.

7   Ich danke Dr. Hendrik Fuchs (Siegen) für seine freundlichen Auskünfte über Augenerkrankungen.

8   Alexander Dilger (1826–1906), Maler und Fotograf, arbeitete zunächst als Uhrenschilder-Maler in Neustadt im Schwarzwald, ließ sich zum Lithografen ausbilden und eröffnete dann ein Photographisches Atelier in Lichtental; 1871 etablierte er sich mit Conrad Ruf in Freiburg. Dilger erstellte auch mit Ölfarben übermalte Fotografien (Bildträger: Blech) oder malte das Haus der Pianistin Clara Schumann (1819–1896) in Lichtental. Vgl. Photographisches Archiv, Bd. IX, Nr. 167/168, Dezember 1868, S. 355.

9   Mannheimer Intelligenzblatt, 31. Mai 1811; mutmaßlich handelte es sich um den Grafen Franz von Sickingen-Sickingen (1760–1834); ich danke Andreas Krock (rem) für den freundlichen Hinweis.

10   In manchen Quellen wird der Nachname Margarethes mit „Von der Heid-Schäfer" oder nur mit „Schäfer" angegeben, so z. B. im Traubuch 1849, S. 330, Nr. 103 der evangelischen Kirchengemeinde Karlsruhe (Hochzeit von Georg Joachim mit Auguste Knoll; Archiv Hamann).

11   Wilhelm war katholisch, seine Frau reformiert. Sie ist offensichtlich konvertiert; alle Kinder wurden katholisch getauft. In einem Nachruf auf ihren Sohn Franz (1812–1884) heißt es, sie sei aus „Holland" stammend, vgl. Nachruf wie Anm. 3.

12   Familienbuch Joachim, Stadtarchiv Mannheim, Marchivum.

13   Jene nur kurz gelebten Kinderleben sollen nicht namenlos bleiben und hier gewürdigt werden: Philipp (1819–1820), Franziska (1820–1825), Philipp Franz (1821–1825), Otto (I) (1823), Otto (II) (1824), Julie (1826–1827).

14   Nämlich Georg (1811–1870), Franz (1812–1884), Franz August (1814–1861), Wilhelm Eduard Sigmund (1816–1863) und Ernst Ludwig (1817–1844(?)); Familienbuch Joachim, Mannheim.

15   Joachim, wie Anm. 2, S. 2.

16   Ebenda.

17   Ebenda, S. 1f.

18   Versteigerung einer größeren Anzahl von Grundstücken, welche im Besitz von Wilhelm Joachim, dem gräflich Sickingschen Sekretär, waren, in: Großherzoglich Badisches Anzeigenblatt für den Unterrhein-Kreis, 14. Oktober 1823, S. 611; 17. Oktober 1823, S. 623; 21. Oktober 1823, S. 631.

19   Stadtarchiv Mannheim Marchivum, KE00194.

Christoph Hamann

20 Dienerakte Georg Joachim, Generallandesarchiv Karlsruhe (GLKA): Bestand 76, Nr. 3925; Georg Joachim / 1832–1887; Acta Generalia Schuldiener der gelehrten und höheren Bürgerschulen: Personalia des Georg Joachim; geboren zu Mannheim, 26. Mai 1811, examiniert, 12. März 1836; Confession evangelisch, betref. 1832–1861 (ohne Pag.); es waren die Söhne Franz, August, Wilhelm, Ernst Ludwig und die Töchter Henriette und Amalie.

21 Ebd.

22 Badisches Magazin, 26. Mai 1811, S. 296.

23 Mannheimer Intelligenzblatt, 31. Mai 1811.

24 D. Hein: Umbruch und Aufbruch. Bürgertum in Karlsruhe und Mannheim 1780 – 1820, in: L. Gall (Hrsg.): Vom alten zum neuen Bürgertum. Die mitteleuropäische Stadt im Umbruch 1780 – 1820, München 1991, S. 455.

25 Hein, wie Anm. 24, S. 457.

26 U. Planert: Dichtung und Wahrheit. Der Mythos vom Befreiungskrieg und die Erfahrungswelt der Zeitgenossen, in: M. Hofbauer/M. Rink (Hrsg.): Die Völkerschlacht bei Leipzig. Verläufe, Folgen, Bedeutungen 1813 – 1913 – 2013, Berlin/Boston 2017, S. 225.

27 K. Hochstuhl: Friedrich Hecker. Revolutionär und Demokrat, Stuttgart 2011, S. 25.

28 Verzeichnis der Lehrgegenstände des Großherzoglichen Lyceums Mannheim, Mannheim 1824, 1825.

29 S. Freitag: Friedrich Hecker (1811–1881). Der Traum von der deutschen Republik, in: F.-W. Steinmeier (Hrsg.): Wegbereiter der deutschen Demokratie. 30 mutige Frauen und Männer 1789–1918, München 2021, S. 189.

30 Dienerakte Georg Joachim, wie Anm. 20.

31 B. Wunder: Vom Dorfschulmeister zum Staatsbeamten. Die Verbeamtung der badischen Lehrerschaft im 19. Jahrhundert, Bühl/Baden 1993, S. 131.

32 Ebenda., S. 134.

33 Die Matrikel der Universität Freiburg im Breisgau von 1806 – 1870 im Auftrag der Albert-Ludwigs-Universität bearbeitet von Th. Adolph, [ohne Ort] 1991, S. 371; Wunder, wie Anm. 31, S. 141.

34 Dienerakte Joachim, wie Anm. 20.

35 Ebd.; Großherzoglich Badisches Regierungsblatt, 21. April 1849; 19. April 1855; 30. Mai 1851; 31. Dezember 1855; 7. August 1869.

36 B. Wunder: Die badische Beamtenschaft zwischen Rheinbund und Reichsgründung (1806 – 1871), Stuttgart 1998, S. 595.

37 Programm des Großherzoglichen Gymnasiums und der damit verbundenen höheren Bürgerschule zu Lahr für das Schuljahr 1862/63, Lahr 1863; sowie Programme der Jahre 1865, 1866, 1868.

38 Joachim, wie Anm. 2, 14.

39 Bericht über die Verhandlungen der Lehrerversammlung zu Offenburg am 28. und 29. September 1861, Karlsruhe [1861], S. 17.

40 Staats-Anzeiger für das Großherzogtum Baden, 8. Oktober 1869, Nr. XXVI, S. 233.

41 Joachim, wie Anm. 2, S. 14.

42 Wunder, wie Anm. 31, S. 131.

43 Ebd., S. 156–158.

44 J. Kocka, Bildungsbürgertum – Gesellschaftliche Formation oder Historikerkonstrukt?, in: Bildungsbürgertum im 19. Jahrhundert, Teil IV, Politischer Einfluss und gesellschaftliche Formation, hrsg. von J. Kocka, Stuttgart 1989, S. 1.

45 M. Maurer, Die Biografie des Bürgers. Lebensformen und Denkweisen in der formativen Phase des deutschen Bürgertums (1680–1815), Göttingen 1996, S. 17–19.

46 Vgl. dazu insgesamt: Reckwitz, wie Anm. 4, S. 111–212.

47 I. Götz von Olenhusen: Klerus und abweichendes Verhalten. Zur Sozialgeschichte katholischer Priester im 19. Jahrhundert. Die Erzdiözese Freiburg, Göttingen 1994, S. 43–46.

48 Joachim, wie Anm. 2, S. 12f.

49 R. Schimpf: Offenburg 1802–1847. Zwischen Reichsstadt und Revolution, Karlsruhe 1998, S. 231.

50 H. Raab: Revolutionäre in Baden 1848/49: biographisches Inventar für die Quellen im Generallandesarchiv Karlsruhe und im Staatsarchiv Freiburg; bearbeitet von Alexander Mohr, Stuttgart 1998, S. 257.

51 F. X. Vollmer: Offenburg 1848/49. Ereignisse und Lebensbilder aus einem Zentrum der badischen Revolution, Karlsruhe 1997, S. 427–429.

52 Es waren dies: NN Molitor, Fidel Mössner, Joannes Evangelist Valentin Valois und Josef Kohler; letzterer war auch bei der ersten Volksversammlung in Offenburg am 12.9.1847 beteiligt. Vgl. Vollmer, wie Anm. 51, S. 420, 430, 432f., 438, 460.

Bürgerlichkeit als Lebensform – Die Familie Joachim aus Mannheim im 19. Jahrhundert

53   Th. Weiland: Grundlinien zur Geschichte des Gymnasiums Offenburg. Beilage zum Jahresbericht des Großherzoglichen Gymnasiums Offenburg für das Schuljahr 1900/1901, Offenburg 1901, S. 32.

54   Ebenda, S. 30f.

55   Schimpf, wie Anm. 49, S. 258f.

56   Vollmer, wie Anm. 51, S. 42.

57   W. M. Gall: Warum gerade Offenburg? Überlegungen zur lokalen Vorgeschichte der Offenburger Versammlung der „entschiedenen Freunde der Verfassung" vom 13. September 1847, in: Stadt Offenburg (Hrsg.): 150 Jahre Deutsche Revolution. Ergebnisse des Offenburger Kolloquiums vom 8. Oktober 1993; bearbeitet von H.-J. Fliedner, M. Friedmann und W. M. Gall, Offenburg 1994, S. 88.

58   W. M. Gall: „Ein Signal zur Schilderhebung in Deutschland". Zu den Hintergründen religiös-politischer Unruhen in der Stadt Offenburg 1845/46, in: Zeitschrift für die Geschichte des Oberrheins, 145. Bd. (1997), S. 290.

59   Offenburger Wochenblatt 115, 25. März 1856, S. 456; zitiert nach Gall, wie Anm. 58, S. 286. Der Begriff „rongisch": Bezug auf Johannes Ronge (1813–1887), dem Begründer des Deutschkatholizismus.

60   L. Kist: Studium und Studienjahre vor vierzig bis 50 Jahren und eine schwere Prüfung nach absolviertem Universitätsstudium, Innsbruck 1891, S. 268.

61   Kist wurde katholischer Priester und 1853 wegen der „Gefährdung der öffentlichen Ruhe und Ordnung" im Zusammenhang mit einer Predigt zum Kirchenkonflikt in Lahr zu einer zweimonatigen Gefängnisstrafe verurteilt. Vgl. Matrikel, wie Anm. 33, S. 613.

62   Vollmer: wie Anm. 51, S. 61.

63   Auszug aus Traubuch der evang. Kirchengemeinde Karlsruhe 1849, Seite 330, Nr. 103 vom 26. Februar 1937 (Archiv Hamann).

64   H. Reusch: „Mersy, Franz Ludwig", in: Allgemeine Deutsche Biographie 21 (1885), S. 468–469.

65   Joachim, wie Anm. 2, S. 2.

66   Gall, wie Anm. 58, S. 269–271.

67   Festschrift zum 300jährigen Bestehen des Grimmelshausen Gymnasiums Offenburg/Baden 1660–1960, Offenburg 1960, S. 7–10, hier: S. 10: Seit den dreißiger Jahren traten „als wissenschaftliche Lehrer [...] neben den Geistlichen immer mehr Laien".

68   Neue Jahrbücher für Philologie und Pädagogik, oder Kritische Bibliothek für das Schul- und Unterrichtswesen, Leipzig 1850, S. 212, 218.

69   M. Moehring/K. Babeck: Lörrach – Demokratiebewegungen im Grenzgebiet, in: S. Asche/E. O. Bräunche (Hrsg.): Die Straße der Demokratie: Revolution, Verfassung, Recht, Karlsruhe 2007, S. 151–175, hier S. 165f.

70   Den Besetzungslisten der Theaterzettel zufolge handelte es sich um kleine Rollen. So zum Beispiel: a) Rudolph, der Leibknappe des von Wolkenstein in: Friedrich von Österreich, der Geächtete (Aufführung: 14. Januar 1844); oder b) Bedienter des Herrn von Sonnenwaldt, in: Die Reise auf gemeinschaftlichen Kosten (Aufführungen: 23. Januar/23. April 1844).

71   Reckwitz, wie Anm. 4, S. 117, 131.

72   M. Hettling: Bürgerlichkeit als kulturelles System, Halle (Saale): Martin-Luther-Universität Halle-Wittenberg 2010, S. 13.

73   Joachim, wie Anm. 2, S. 5.

74   Ebenda, S. 15.

75   Ebenda, S. 18; Amtliches Kirchenblatt für das evangelische Deutschland, Nr. 33–34, 14. September 1874, S. 533f.

76   Staatsanzeiger für das Großherzogtum Baden, Nr. XIX, 27. Juli 1870, S. 176.

77   Hettling, wie Anm. 72, S. 13.

Alle Abbildungen © Dr. Christoph Hamann

Sebastian Parzer

Marie Engelhorn (1866–1953)
„[...] eine der Letzten aus der Zeit des alten Mannheimer Glanzes"

Zu den Mannheimer Frauen, die Spuren in der Geschichte der Stadt hinterlassen haben, gehört auch Marie Engelhorn. Sie erblickte als Maria Friederike Joerger am 7. Mai 1866 als zweites Kind von Karl Joerger und dessen Ehefrau Marie, geborene Oesterlin, in Mannheim das Licht der Welt (Abb. 1).[1] Ihr Vater war Eigentümer einer Kolonialwarenhandlung, die vor allem mit Kaffee und Zucker handelte. Karl Joerger engagierte sich auch in anderen Unternehmen und saß in den Aufsichtsräten der „Mannheimer Dampfschleppschifffahrts-Gesellschaft", der „Schifffahrts-Assecuranz-Gesellschaft", der „Mannheimer Lagerhaus-Gesellschaft", der „Deutschen Seehandlung", der „Mannheimer Gummi-, Guttapercha- und Asbestfabrik", der „Rheinischen Creditbank" sowie der „Badischen Rück- und Mitversicherung".[2] Außerdem war Karl Joerger Vizepräsident der Mannheimer Handelskammer und übernahm als Stadtverordneter zeitweise auch kommunalpolitische Verantwortung.[3] Marie entstammte also einer wohlhabenden und in Mannheim gut vernetzten Kaufmannsfamilie.

Zusammen mit vier Geschwistern wuchs Marie in dem an der Breiten Straße gelegenen elterlichen Haus M 1, 4 auf.[4] Ihre schulische Ausbildung erhielt sie – zumindest anfänglich – in der privaten Erziehungsanstalt von Elise und Wilhelmine Roth.[5] Aus einem erhaltenen Poesiealbum, das Marie 1874 als Weihnachtsgeschenk von ihren Eltern erhielt, lassen sich Informationen über den Kreis ihrer Kindheits- und Jugendfreundinnen gewinnen, die Familien des Mannheimer Wirtschaftsbürgertums entstammten. Dort finden sich u. a. Einträge der Fabrikantentochter Elisabeth Bassermann, von Emma Diffené, Tochter des Handelskammerpräsidenten Philipp Diffené, und den Schwestern Helene und Emilie Lanz, deren Vater der Landmaschinenfabrikant Heinrich Lanz war.[6] In die Gruppe der Mädchen, die sich dort verewigten, gehörte auch Ida Scipio. Die Tochter des Gutsbesitzers und Bankengründers Ferdinand Scipio sollte später eine bedeutende Mäzenin der Stadt Mannheim werden, an die heute noch das Ida-Scipio-Heim in der Neckarstadt erinnert.[7]

Abb. 1:
Die Eltern: Karl und Marie Joerger (FEA)

Heirat und Familiengründung

Um das Jahr 1884 lernte Marie Joerger den studierten Chemiker Dr. Friedrich Engelhorn kennen. Der Sohn des BASF-Gründers und Industriemagnaten Friedrich Engelhorn senior war 1883 Teilhaber des damals gerade auf den Waldhof umgezogenen Pharmaunternehmens „C. F. Boehringer & Soehne" geworden.[8] Die Firma stellte vor allem das Malariamedikament Chinin –, das aus der Rinde der in Südostasien wachsenden Chinchona-Bäume gewonnen wurde – , aber auch andere Arzneimittel wie Cocain, Codein, Coffein und Strychnin her. Innerhalb der Familie wurde später die Geschichte kolportiert, dass die Haushälterin der Engelhorns, Luise Mayer, den jungen Fabrikanten auf die in seiner Nachbarschaft wohnende Marie aufmerksam gemacht habe (Abb. 2). Diese wurde später in einem anlässlich der Silberhochzeit verfassten Gedicht festgehalten:[9]

Marie Engelhorn (1866–1953) – [...] eine der Letzten aus der Zeit des alten Mannheimer Glanzes

Abb. 2:
Marie Joerger im Alter
von etwa 18 Jahren
(FEA).

Abb. 3:
Dr. Friedrich Engelhorn,
um 1880 (FEA)

Luise Mayer hat gefunden
Eine hat für ihn nur Zweck
Diese nennt sich Jörgers Marie
Gegenüber von der Eck
Dieses wohlerzogene Mädchen
Schüchtern, ängstlich liebe und fein
Lang und schlank gepaart mit Sanftmut
Soll die Auserwählte sein.

Nachdem im April 1885 die Verlobung stattgefunden hatte, heiratete Marie Joerger am 26. September 1885 im Alter von 19 Jahren den 29-jährigen Dr. Friedrich Engelhorn (Abb. 3). Die Hochzeit fand im Elternhaus der Braut in M 1 statt, die mit einem exquisiten Festessen umrahmt von einem höchst anspruchsvollen musikalischen Programm, gespickt mit geistreichen Anspielungen im Kreis

von Verwandten des Brautpaares gefeiert wurde (Abb. 4 [a u. b]).[10] Nach der Hochzeit zog das junge Ehepaar in das Wohnhaus der Schwiegereltern, in das am Beginn der Breiten Straße in A 1 gelegenen Palais Engelhorn. Dieses war in den Jahren 1882 bis 1885 durch den renommierten Architekten Wilhelm Manchot erweitert worden, wobei im zweiten Obergeschoss eine großzügige Wohnung entstanden war.[11] Ein Jahr nach der Eheschließung erblickte im Oktober 1886 ein Stammhalter das Licht der Welt, der den Namen Friedrich Carl erhielt.[12] Innerhalb der nächsten sechs Jahre folgten drei weitere Söhne: Hans Robert Karl (geboren 1888), Curt Maria (geboren 1889) und Rudolf Konrad Ernst (geboren1892).[13]

In den ersten Ehejahren fiel Marie Engelhorn vor allem die Rolle als Mutter und Hausfrau zu. Zwar wurde sie als Angehörige der Mannheimer Oberschicht dabei von Hausangestellten unterstützt, brachte sich aber mit hohem Engagement auch persönlich ein. So berichtete sie 1911 ihrer Schwägerin Anna Ziegler in einem Brief über ihre Backkünste und übermittelte dieser ein Rezept für Mandelkonfekt: „1 Pfund Zucker, 1 ½ Pfund Mehl,

Sebastian Parzer

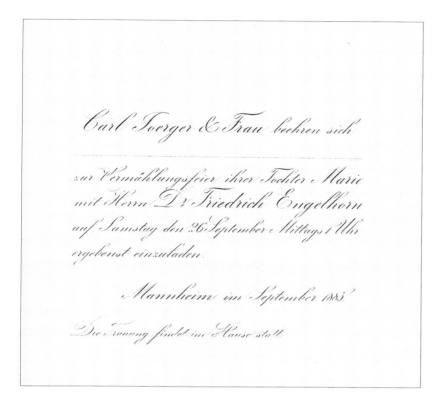

180 gr. Butter [,] 5 Eier, 15 gr. Zimmt, etwas Nägelchen nach Geschmack, ½ Pfund fein geriebener Mandeln, 1 Citrone abgerieben, untereinander gemischt, dass messerrückendick ausgewälzt, mit rundem Förmchen (Dampfnudelform) ausgestochen mit Eigelb gepinselt & im gleichmäßig heißem Ofen gebacken. Das ist das Ganze und wird hoffentl. schmecken. Bei mir gefällt es stets den Herrn, da es nicht so süß ist."[14]

Dass Marie eine selbstbewusste, für damalige Verhältnisse moderne Frau war und sich als Unternehmergattin verstand, zeigte sich im Jahr 1889. Obwohl sie Mutter zweier Söhne im Alter von zweieinhalb Jahren und dreizehn Monaten war, begleitete sie ihren Mann im Frühjahr 1889 auf eine mehrwöchige Geschäftsreise ins russische Zarenreich, die sie nach Sankt Petersburg, Moskau und Warschau führte.[15]

Mitgründerin des Krippenvereins

Als ihre Kinder die Schule besuchten, konnte Marie Engelhorn ein breites soziales Engagement entfalten. Nach der Einschulung des jüngsten Sohns engagierte sie sich zunächst beim Mannheimer „Krippenverein".[16] Die Vereinigung setzte sich zur Aufgabe, in Mannheim eine

Kinderkrippe zu betreiben. Dort sollten Kleinkinder berufstätiger Mütter gegen ein geringes Entgelt tagsüber betreut werden. Ein derartiges Angebot fehlte in der Stadt bisher.[17] Die bestehenden Einrichtungen nahmen nur Kinder ab dem dritten Lebensjahr auf. Erste Beratungen über die Gründung einer Krippe in der Industriestadt Mannheim fanden im Sommer 1899 statt. Schließlich wurde im Herbst 1901 ein Trägerverein gegründet, dessen Vorsitz Ida Ladenburg, die Ehefrau des Bankiers Karl Ladenburg, übernahm. Ihre Stellvertreterin wurde Marie Engelhorn. Außerdem engagierten sich im Vorstand u. a. Julie Bassermann, Alice Bensheimer und Maries Schwester Fanny Boehringer. Das Amt des Schatzmeisters und Schriftführers übte der Zigarrenfabrikant Emil Mayer aus.[18]

Die Betreuungseinrichtung wurde in der Neckarstadt angesiedelt, die damals ein Arbeiterviertel und sozialer Brennpunkt war. Für die Krippe wurde ein vereinseigenes Gebäude in der 15. Querstraße – der heutigen Fröhlichstraße – erstellt. Am 9. Juni 1902 konnte das Haus, das 13 Zimmer und eine Küche enthielt, als erst dritte derartige Einrichtung im Großherzogtum Baden feierlich eröffnet werden (Abb. 5). An diesem Tag kam

Abb. 4a und 4b: Einladungsschreiben zur Hochzeit und Deckblatt der Speisefolge und des Musikprogramms mit dem verschlungenen Monogramm M F E (= Marie [und] Friedrich Engelhorn), offensichtlich aus dem Besitzer ihrer jüngeren Schwester Fanny, später verheiratete Böhringer (FEA)

Marie Engelhorn (1866–1953) – [...] eine der Letzten aus der Zeit des alten Mannheimer Glanzes

Abb. 5:
Der Ess- und Spielsaal der Mannheimer Kinderkrippe (aus: Mannheim in Vergangenheit und Gegenwart, Band 3 [1907], S. 425)

Abb. 6:
1912 wurde Marie Engelhorn mit der Friedrich-Luisen-Medaille ausgezeichnet (FEA)

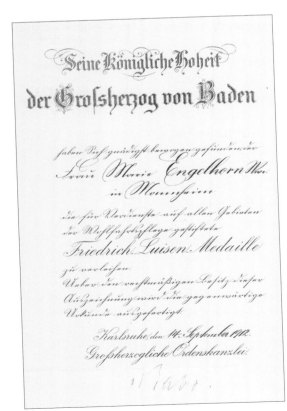

nutzten einige der Delegierten den Aufenthalt in der Stadt zu einem Besuch der Mannheimer Kinderkrippe.[21] Im Oktober 1908 besuchte die badische Großherzogin Hilda die Betreuungseinrichtung. Da die Vorstandsvorsitzende Ida Ladenburg verhindert war, fiel es an diesem Tag Marie Engelhorn zu, die Landesfürstin zu begrüßen. Bei deren Eintreffen übereichte sie der Regentin einen Strauß rosa Rosen und stellte ihr die anderen Vorstandsmitglieder vor. Anschließend zeigte Marie der Großherzogin die Räumlichkeiten.[22]

Weiteres soziales Engagement

Marie Engelhorns Einsatz für das Gemeinwohl ging über ihr Engagement beim „Krippenverein Mannheim" hinaus. Spätestens ab 1901 engagierte sie sich im Beirat des 1899 gegründeten „Verein Mädchenhort".[23] Die Vereinigung wollte weiblichen Heranwachsenden aus bildungsfernen Schichten Möglichkeiten zur sinnvollen Freizeitgestaltung eröffnen. Deshalb unterhielt sie mehrere in Mannheimer Schulen untergebrachte Horte, in denen Mädchen bei ihren Hausaufgaben betreut wurden sowie an Bastel- und Handarbeitskursen teilnehmen konnten.[24] Ferner übte Marie Engelhorn zu Beginn des 20. Jahrhunderts im örtlichen „Ausschuss zur Bekämpfung der Tuberkulose" das Amt der Schatzmeisterin aus.[25] Die Lungenerkrankung war im Kaiserreich vor allem in den ärmeren Bevölkerungsschichten weit verbreitet. Bei jungen Erwachsenen war sie die zweithäufigste Todesursache. Der Verein setzte es sich zur Aufgabe, über die Krankheit zu informieren, die Anschaffung spezieller Heilmittel zu unterstützen und im Bedarfsfall die Behandlungskosten zu übernehmen.[26] 1909 wurde die Vereinigung als Abteilung IX. dem örtlichen Frauenverein angegliedert, wobei Marie Engelhorn das Amt der stellvertretenden Abteilungsleiterin übernahm.[27]

Über den Mannheimer Frauenverein kam Marie Engelhorn wohl mit der Tätigkeit des „Wöchnerinnen-Asyls Luisenheim" in Kontakt, dessen Trägerverein ein Zweig des örtlichen Frauenvereins war. Dabei handelte es sich um eine in C 7 gelegene Frauenklinik, an die eine Hebammenschule angeschlossen war. In deren Vorstand wurde Marie Engelhorn ab 1909 aktiv.[28] 1912 unterstützte sie die Initiative mehrerer Mannheimer Honoratioren zu Gründung einer Schifferkinderschule.[29]

Großherzog Friedrich mit seiner Gattin Luise zu einem offiziellen Besuch nach Mannheim, und die Landesfürstin ließ es sich nicht nehmen, die neue Kinderkrippe persönlich einzuweihen. An der Tür wurde sie von den beiden Vereinsvorsitzenden Ida Ladenburg und Marie Engelhorn empfangen. Anschließend besichtigte Luise das Gebäude und sprach mit den Vorstandsmitgliedern. Schließlich erklärte sich die Großherzogin bereit, das Protektorat über die Krippe zu übernehmen.[19]

Als eine für die damalige Zeit vorbildhafte Einrichtung wurde die Mannheimer Kinderkrippe immer wieder von auswärtigen Gästen besucht. Im Januar 1905 besichtigte die Erbprinzessin Charlotte von Meiningen, eine Schwester Kaiser Wilhelms II., das Haus in der Neckarstadt.[20] Als wenige Monate später im September 1905 der „Deutsche Verein für öffentliche Gesundheitspflege" und kurz danach der „Deutsche Verein für Armenpflege und Wohlfahrtswesen" zu Konferenzen in Mannheim zusammenkamen,

Sebastian Parzer

Schließlich wurde Marie Engelhorn für ihr vielfältiges soziales Engagement am 14. September 1912 die „Friedrich-Luisen-Medaille" verliehen (Abb. 6).[30] Die Auszeichnung war erst 1906 vom badischen Großherzog für außerordentliche Verdienste im Bereich der Wohlfahrtspflege gestiftet worden. Zur Begründung wurde vermerkt, dass Marie für die Vereine, denen sie verbunden war „unermüdlich tätig" sei und sie zudem „große Beträge an Armen- und Wohltätigkeitsvereine" gespendet habe.[31]

Glückliche Jahre mit der Familie

Das erste Jahrzehnt des 20. Jahrhunderts verlief für Marie Engelhorn auch im familiären Bereich voller Harmonie. Nach dem Tod der Schwiegereltern, die innerhalb nur weniger Wochen, zu Beginn des Jahres 1902 das Zeitliche segneten, entschieden ihr Mann und sie, das Engelhorn Palais zu verlassen und eine zeitgemäße Villa in der Mannheimer Oststadt errichten zu lassen.[32] Im Juni 1904 konnte die Familie das luxuriöse, nach Plänen des Architekten Rudolf Tillessen errichtete Anwesen beziehen.[33] Zwischen 1904 und 1911 beendeten die vier Söhne, die in Mannheim das Großherzogliche Gymnasium bzw. die örtliche Oberrealschule besuchten, ihre schulische Ausbildung mit dem Abitur (Abb. 7).[34] Der Erstgeborene Fritz diente nach der Reifeprüfung zunächst als Einjährig-Freiwilliger beim 1. Hessischen Dragonerregiment Nr. 23 in Darmstadt und studierte anschließend in München, Dresden und Straßburg Chemie.[35] Hans besuchte ab 1907 die Handelshochschule in Köln und bestand dort die Prüfung zum Diplomkaufmann.[36] Danach begann er in München das Studium der Rechtswissenschaft und wechselte im Herbst 1910 an die Universität Heidelberg.[37] Den dritten Sohn Curt zog es nach Abitur und dem Dienst beim 2. Badischen Dragonerregiment Nr. 21 in Bruchsal ins Ausland. Ab Herbst 1910 studierte er am Magdalene College der Universität Cambridge.[38] Der Jüngste – Rudolf – wurde 1902 ins Großherzogliche Gymnasium aufgenommen.[39]

Zusammen mit ihrem Ehemann unternahm Marie zu Beginn des 20. Jahrhunderts wiederholt Auslandsreisen, die sie u. a. nach Rom,[40] an den Comer See und an die Riviera führten.[41] Im Sommer 1908 begab sich das Paar auf eine Nordland-

Abb. 7:
Die Söhne Friedrich, Hans, Curt und Rudolf, um 1905 (FEA)

kreuzfahrt.[42] Derartige Schiffsreisen nach Skandinavien waren damals ein äußerst exklusives Reiseziel. Schließlich konnten Marie und Dr. Friederich Engelhorn im September 1910 im Kreis der Familie ihre Silberhochzeit feiern (Abb. 8).[43]

Abb. 8:
Marie Engelhorn mit ihrem Ehemann Friedrich anlässlich ihrer Silbernen Hochzeit 1910 (FEA)

Marie Engelhorn (1866–1953) – [...] eine der Letzten aus der Zeit des alten Mannheimer Glanzes

Tod des Ehemanns

Nur wenige Monate später starb ihr Ehemann Dr. Friedrich Engelhorn am 3. Januar 1911 im Alter von 55 Jahren an den Folgen eines Herzanfalls. Nach seinem Tod gingen die Firma „C. F. Boehringer & Soehne" sowie das Mannheimer „Dynamidon Werk Engelhorn & Co" und die Firma „Otto Perutz Trockenplattenfabrik" in München, die ihrem Gatten ebenfalls gehört hatten, an Marie Engelhorn über. Das Pharmaunternehmen Boehringer verfügte inzwischen über rund 600 Beschäftigte und lieferte seine Erzeugnisse in die ganze Welt. Ein wichtiger Markt waren die Vereinigten Staaten,

Abb. 9:
Marie Engelhorn im Alter
von etwa 40 Jahren
(FEA)

wo es in New York eine Verkaufsfiliale gab.[44] Da ihr Gatte schon seit Jahren von seiner Herzerkrankung wusste, hatte er in der Vergangenheit mehrfach personelle Empfehlungen für die künftige Unternehmensführung niedergeschrieben. Seinen Anregungen folgend übernahmen nun Dr. Eduard Köbner und Walter Schickert die kaufmännische Verantwortung; die technische Abteilung wurde an Dr. Lorenz Ach übertragen. Zudem stieg der zweitälteste Sohn Hans in das Unternehmen ein und erhielt Gesamtprokura.[45] Er war der einzige Sohn, der damals bereits über einen Studienabschluss verfügte.

Zu einem nicht konkret überlieferten Zeitpunkt wandte sich Marie Engelhorn bereits wenige Tage nach der Beerdigung ihres Mannes an die Mitarbeiter der Firma „C. F. Boehringer & Soehne" (Abb. 9 und Abb. 10): „Ich bin zur Erbin der Firma eingesetzt worden und muß versuchen das Unternehmen im Sinne und Geiste des Verstorbenen fortzuführen, bis meine Söhne imstande sind selbständig die Leitung zu übernehmen. Dazu brauche ich natürlich in erster Linie die Mitwirkung und Unterstützung von Ihnen allen, und ich bitte Sie recht sehr, mir diese in vollem Maße zuteil werden zu lassen. Ihre Verehrung für meinen Mann und das rege Geschäftsinteresse, dass Sie bisher in so erfreulicher Weise bewiesen haben, lässt mich hoffen, dass es unseren vereinten Kräften gelingen wird die Firma ihre Bedeutung zu erhalten, und dass Sie im Interesse des großen Ganzen bereit sein werden, wenn es notwendig sein sollte, eigene Interessen hintanzustellen, um mir meine so schwere Arbeit zu erleichtern. Ich selbst will mich auf jede Weise bemühen, das schöne Verhältnis aufrecht zu erhalten, das bei der Firma bislang zwischen dem Chef und seinen Angestellten und Arbeitern herrschte. Ich werde mich möglichst jede Woche ein oder zwei Mal bei Ihnen hier draußen [= auf dem Waldhof] einfinden, um etwaige Wünsche entgegenzunehmen und bei der Entscheidung aller wichtigen Fragen mitwirken zu können.".[46]

Um die leitenden Angestellten auf Dauer an die Firma zu binden, erhöhte Marie umgehend deren Gehalt.[47] Schließlich wurde die bisherige Einzelfirma zwei Jahre nach dem Tod von Dr. Friedrich Engelhorn in eine Offene Handelsgesellschaft

Sebastian Parzer

Abb. 10:
Die Firma „C. F. Boehringer & Soehne" auf dem Waldhof um 1910 (FEA)

umgewandelt, in die die beiden ältesten Söhne Friedrich und Hans als weitere Gesellschafter eintraten.[48] Die beiden jüngeren Söhne schlossen ihre Ausbildung ab. Curt kehrte nach Deutschland zurück und setzte sein Chemiestudium in Berlin fort.[49] Rudolf diente nach dem Abitur 1911 als Einjährig-Freiwilliger beim Westfälischen Ulanenregiment Nr. 5 in Düsseldorf und studierte danach an der Technische Hochschule Berlin.[50]

Die Jahre, in denen Marie Engelhorn die unternehmerische Verantwortung für die Firma „C. F. Boehringer & Soehne" hatte, waren zunächst durch ein stetiges Wachstum geprägt. Die Zahl der Beschäftigten stieg bis 1914 auf 1061 an.[51] Das Chiningeschäft wurde 1913 in sichere Bahnen gelenkt, als sich die sieben weltweit führenden Chininfabriken mit den Plantagenbesitzern in Niederländisch-Indien auf ein Chininabkommen verständigten. Die pharmazeutischen Betriebe sicherten den Pflanzern zu, jährlich eine Mindestmenge an Chinarinde abzunehmen und garantierten zudem einen Mindestpreis, womit die Auktionen in Amsterdam entfielen.[52] Unter der Ägide von Marie Engelhorn wurden in der Mannheimer Fabrik auch die Wohlfahrtseinrichtungen ausgebaut. 1912 konnte eine firmeneigene Badeanstalt eingeweiht werden.[53]

Die positive Weiterentwicklung von Boehringer & Soehne wurde mit dem Ausbruch des Ersten Weltkriegs im August 1914 jäh unterbrochen. Zahlreiche Mitarbeiter mussten ins Feld einrücken. Im Laufe des Krieges ging die Zahl der Beschäftigten bis auf 387 zurück. Die Firmenleitung war bemüht, ihre einberufenen Arbeiter und Angestellten weiter zu unterstützen. Jeder einberufene Arbeiter bekamen 10 Mark Reisegeld. Die Angestellten des Unternehmens – damals „Beamte" genannt – erhielten das volle August-Gehalt ausgezahlt. Den Frauen der eingezogenen Arbeiter half das Unternehmen, in dem es ihnen – zumindest anfänglich – wöchentlichen 10 Mark und weitere 3 Mark für jedes Kind unter 15 Jahren zahlte. Die Frauen der einberufenen Laboranten, Meister, Aufseher und Vorarbeiter bekamen ein halbes Monatsgehalt und zusätzlich 15 Mark für jedes Kind ausgezahlt.[54] Schließlich kam es während des Ersten Weltkriegs zu einer engen Zusammenarbeit von Boehringer mit den Pharmafirmen „Knoll & Co" aus Ludwigshafen und „E. Merck" aus Darmstadt. Da kriegsbedingt die Lieferungen einfacher Arzneimittel aus England ausblieben, stellte man im Verbund gemeinsam pharmazeutische Präparate her, die unter dem Markennamen „MBK" (Merck, Boehringer, Knoll) vertrieben wurden. Dabei kamen im Lauf der Kriegsjahre mehr als 90 preisgünstige Medikamente in den Handel. Während Herstellung und Vertrieb in den Händen von Merck lag, kümmerten sich Boehringer und Knoll um die Erprobung und die Vermarktung der Produkte.[55]

Die Kinder im Ersten Weltkrieg

Ab Sommer 1914 musste sich Marie Engelhorn nicht mehr nur Sorgen um die Weiterentwicklung der Firma „C. F. Boehringer & Soehne" machen, sondern auch um ihre vier Söhne, die dem Vaterland an verschiedenen Fronten dienten. Der älteste Sohn hatte sich nach Abschluss seiner Promo-

Marie Engelhorn (1866–1953) – [...] eine der Letzten aus der Zeit des alten Mannheimer Glanzes

tion zu Beginn des Jahres 1914 auf eine Weltreise begeben, die er teilweise zusammen mit seinem Studienfreund Karl Merck unternahm.[56] Den Ausbruch des Ersten Weltkriegs erlebten die zwei Chemiker im August 1914 in der deutschen Überseebesitzung Tsingtau. Beim Fall der Stadt gerieten die Offiziere der Reserve wenige Monate später im November 1914 in japanische Gefangenschaft. Erst im April 1920 konnten beide gemeinsam über Marseille nach Deutschland zurückkehren.[57]

Obwohl der zweitälteste Sohn Hans nach einem Sportunfall wehruntauglich war und bisher keine militärische Ausbildung durchlaufen hatte, meldete er sich 1914 als Kriegsfreiwilliger. Allerdings wurde er nach einer Erkrankung bald ausgemustert. 1915 kehrte er nach Mannheim zurück, wo er wieder in der familiären Firma tätig wurde.[58]

Ab Januar 1916 versah auch Curt Kriegsdienst. Er kam zur Fliegerwaffe und erhielt eine Ausbildung zum Beobachter, die sowohl den Umgang mit Luftbildgeräten wie die Ausbildung im Bombenabwurf umfasste. Von Januar bis August 1917 flog er als Beisitzer Kampfeinsätze an der Westfront. Anschließend war er Lehrer an verschiedenen Fliegerbeobachter-Schulen.[59] Als erster Sohn schloss er im Mai 1918 den Bund fürs Leben.[60]

Der jüngste Sohn Rudolf wurde gleich bei der Mobilmachung am 4. August 1914 eingezogen und diente beim Mannheimer Hausregiment, dem 2. Badischen Grenadier-Regiment Kaiser Wilhelm I. Nr. 110. In den nächsten vier Jahren nahm der Reserveoffizier an fast allen Kampfhandlungen des

Regiments an der deutsch-französischen Front teil.[61] Zeitweise diente er im Regimentsstab als Führer der großen Bagage und war zuletzt Adjutant im Stab des 1. Bataillons (Abb. 11).[62]

Als Großmutter im „Unruhestand"

Nach dem Ende des Ersten Weltkriegs zog sich Marie Engelhorn von der Leitung der Firma „C. F. Boehringer & Soehne" zurück. Mit Wirkung vom 1. Januar 1919 schied sie aus der Unternehmensführung aus.[63] Ein Jahr später wurde die Fabrik in eine GmbH umgewandelt, wobei sie dem Betrieb weiterhin als Teilhaberin verbunden war. Auch blieb sie Eigentümerin der Firma „Otto Perutz" in München.

Die 1920er-Jahre brachten erneut erfreuliche Veränderungen in der Familie. Zu Beginn des Jahrzehnts heirateten auch die anderen drei Söhne. Ein besonders enger Kontakt bestand zum zweitältesten Sohn Hans, der zusammen mit der Schwiegertochter in der Villa Engelhorn wohnen blieb, wo er mit seiner Frau das erste Obergeschoss bezog. 1924 wurde die erste Enkeltochter geboren, der in den kommenden Jahren sechs weitere Enkelkinder folgten. Da fünf Enkel in der Nachbarschaft in der Mannheimer Oststadt wohnten, waren diese häufig bei ihrer Großmutter zu Gast. So erinnerte sich der 1926 geborene Enkel Christoph Engelhorn an sie: „Meine Großmutter, Marie Engelhorn, hat die ganzen Kinder, also ihre ganzen Enkel, immer Donnerstag zum Tee [...], zur Schokolade eingeladen. Da gab's [...] Schokolade und Gebäck von der berühmten Firma Eisinger. Und man aß auch regelmäßig zu Mittag mit ihr. Ich weiß, dass ich nach der Schule immer dann zum Mittagessen von der Lessingschule rüber in die Werderstraße gegangen bin und anschließend haben wir Mühle gespielt und dann hat sie sich zur Siesta zurückgezogen. [...] Das Verhältnis war sehr herzlich und [...] ich habe sie sehr verehrt! Zumal sie mich beim Mühlenspiel oftmals gewinnen ließ. [...] sie war eine außergewöhnlich beeindruckende Persönlichkeit, [...] eine Respektsperson, aber im herzlichen Sinn [...]. Sie hatte eine unheimliche Ausstrahlung [...] in der Herzlichkeit [...]".[64]

Marie Engelhorn war künstlerisch interessiert. So wundert es nicht, dass sie Mitglied des „Mannheimer Altertumsvereins" wurde.[65] In den Jahren nach

Abb. 11:
Der jüngste Sohn Rudolf Engelhorn (ganz rechts) im Stab des 1. Bataillons des Grenadierregiments 110 an der Westfront (aus: Grüter, Lorenz, Kirch und Schede (Bearbeiter), Das 2. Badische Grenadier-Regiment Kaiser Wilhelm I. Nr. 110 im Weltkriege 1914/18, Oldenburg und Berlin 1927, Tafel 13 [zwischen S. 304 und 305]).

Sebastian Parzer

dem Ersten Weltkrieg erwarb die Witwe immer wieder Werke namhafter Künstler. Dabei sammelte sie sowohl „klassische" wie auch zeitgenössische Kunst. So besaß sie „etruskische Schmuckstücke", einen sogenannten Hedwigsbecher (Abb. 12), ein im Mittelalter im Nahen Osten hergestellter dickwandiger Glasbecher mit Reliefdekor, ein Altarbild des Kölner Meisters Bartholomäus Bruyn d. Ä., einen großen Orientteppich mit Tiermotiven aus der Zeit um 1700 sowie ein Gemälde von Jean-Baptiste Camille Corot. In ihrem Besitz befanden sich ferner Arbeiten von George Braque, Edgar Degas, Juan Gris und Pablo Picasso.[66] Außerdem gehörte Frankenthaler Porzellan zu ihrer Sammlung, das aus der Familie ihrer Schwiegermutter Marie Engelhorn, geborene Brüstling, stammte.[67]

Nach dem Rückzug von der Leitung der Firma Boehringer konnte sich Marie Engelhorn ab Anfang der 1920er-Jahre wieder verstärkt im sozialen Bereich engagieren. Die Kinderkrippe wurde zu Beginn des Jahres 1920 von der Stadt Mannheim übernommen und der „Krippenverein Mannheim" kurze Zeit später aufgelöst.[68] Daher fokussierte sie ihre sozialen Bemühungen auf den Trägerverein des „Wöchnerinnen-Asyls Luisenheim", dem sie spätestens seit 1915 vorstand.[69] Ihr Engagement für diese Einrichtung hatte auch während des Ersten Weltkriegs nicht geruht. 1917 hatte Marie zusammen mit Julia Lanz eine Rentenversicherung für die in dem Krankenhaus arbeitenden Schwestern gegründet. Julia Lanz stellte dafür 20.000 Mark bereit. Marie Engelhorn beteiligte sich mit dem Betrag von 5.000 Mark.[70] Die Arbeit des Hauses wurde schwerer, nachdem die Stadt Mannheim 1923 eine eigene Frauenklinik eröffnete und sich aus der Finanzierung des Luisenheims zurückzog.[71] Als man beabsichtigte, die Einrichtung Ende der 1920er Jahre zu erweiterten, und dafür ein benachbartes Grundstück in Anspruch nehmen wollte, musste mit der Stadt Mannheim ein weiterer Erbbauvertrag ausgehandelt werden.[72] Nach mehr als vierjährigen Verhandlungen konnte die Vereinbarung am 5. August 1931 unterschrieben werden. Dabei verständigte man sich auf eine Laufzeit von 60 Jahren.[73] Wenige Monate später ließen Chefarzt Dr. Karl Preller und Marie Engelhorn den Vertrag am 21. November 1931 ins entsprechende Grundbuch der Stadt Mannheim

Abb. 12:
Der Hedwigsbecher aus der Sammlung von Marie Engelhorn, der sich heute im „British Museum" in London befindet (The Burlington Magazine 91 [1949], Nr. 558, S. 249).

eintragen.[74] Nach Fertigstellung der Bauarbeiten verfügte die Entbindungsanstalt über 150 Betten und beherbergte auch ein Altersheim für altersbedingt ausgeschiedene Schwestern.[75]

Marie Engelhorn setzte sich daneben auch für das kulturelle Leben Mannheims ein. 1939 beteiligte sie sich finanziell am Umbau der Orgel der Christuskirche, in der seit ihrer Weihe 1911 immer wieder namhafte Chöre und Organisten aus ganz Deutschland und dem europäischen Ausland aufgetreten waren.[76]

In der Endphase der Weimarer Republik wurde Marie Engelhorn zu Beginn der 1930er Jahre zumindest einmal auch auf dem Feld der Politik aktiv. Als bei der Reichspräsidentenwahl 1932 Adolf Hitler gegen den Amtsinhaber Paul von Hindenburg antrat und es zu einer Stichwahl kam, rief sie gemeinsam mit anderen Frauen der Mannheimer Gesellschaft in einer am 6. April 1932 in der „Neuen Mannheimer Zeitung" veröffentlichten Anzeige die Bevölkerung zur Wiederwahl Hindenburgs auf. Neben Marie Engelhorn wurde der Aufruf u. a. auch von ihrer Schwester Fanny Boehringer, ihren langjährigen Freundinnen Alice Bensheimer und Julie Bassermann, von Anneliese Heimerich, der Frau des damaligen Mannheimer Oberbürgermeisters, sowie von Anna Ladenburg, Milly Lenel und Hildegard Vögele unterschrieben.[77]

Ihren Einsatz für das „Wöchnerinnen-Asyls Luisenheim" setzte Marie Engelhorn auch in Jahren

Marie Engelhorn (1866–1953) – [...] eine der Letzten aus der Zeit des alten Mannheimer Glanzes

Abb.13:
Marie Engelhorn 1948 in Feldafing (FEA)

Abb. 14:
Marie Engelhorn – sitzend zweite von links – im Kreis der Familie in Feldafing. Stehend: Fritz (junior), Fritz (senior), Alexander und Christoph Engelhorn, sitzend: Annemarie, Marie, Christa und Lotte Engelhorn (FEA)

der Diktatur fort. 1935 konnte sie auf eine 25-jährige Tätigkeit für die Einrichtung zurückblicken, was man mit einer kleinen Feier würdigte.[78] Anstelle des Vorstands war in der Zeit des Dritten Reiches ein Arbeitsausschuss getreten, dessen Vorsitzende Marie Engelhorn war. Ihre Stellvertreterin war Amalie Renninger, die Frau des damaligen NS-Oberbürgermeisters Carl Renninger. Gemäß den Eintragungen im Mannheimer Vereinsregister wurde dieser allerdings nie offiziell ein Amt in der Vereinigung übertragen.[79] Drei Jahre später schied die inzwischen 72 Jahre alte Marie Engelhorn am 25. Juni 1938 aus dem Vorstand des Wöchnerinnenasyls Luisenheim aus.[80] Das Haus selbst war im Zusammenhang mit der Auflösung des Badischen Frauenvereins bereits mit Wirkung zum 1. April 1937 vom Roten Kreuz übernommen worden.[81]

Lebensabend am Starnberger See

Obwohl drei ihrer Söhne mit ihren Kindern in Mannheim lebten, entschloss sich Marie Engelhorn nach Ausbruch des Zweiten Weltkriegs die Quadratestadt zu verlassen (Abb. 13). 1940 erwarb sie eine Villa in Feldafing am Starnberger See.[82] Während des Krieges zog dann die Familie des ältesten Sohns Fritz in ihr Haus, unter dessen Ägide ab 1942 ein Zweigwerk von Boehringer im nahen Tutzing eingerichtet wurde.[83] An Weihnachten versammelten sich auch andere Familienmitglieder um sie (Abb. 14). Zuletzt wurde die Seniorin von ihrer Schwiegertochter Annemarie gepflegt.[84]

Marie Engelhorn starb am 13. Dezember 1953 im Alter von 88 Jahren in Feldafing.[85] Der „Mannheimer Morgen" würdigte die Verstorbene mit folgenden Worten: „Mit dem Tode von Marie Engelhorn [...] endet ein weiteres Stück Mannheimer Vergangenheit, denn mit ihr starb eine der Letzten aus der Zeit des alten Mannheimer Glanzes [...]. Marie Engelhorn [...] war eine hoheitsvolle Erscheinung, eine Frau von großer Güte und von vielseitigen Interessen. Sie hatte all die Gaben, die man in der Welt von gestern von einer großen Dame verlangte".[86] Ihre Asche wurde im Engelhorn-Mausoleum auf dem Mannheimer Hauptfriedhof beigesetzt, das sie nach dem Tod ihres Gatten nach dessen Vorgaben dort hatte errichten lassen.[87]

Sebastian Parzer

Anmerkungen

1 Generallandesarchiv Karlsruhe, im Folgenden „GLA KA" zitiert, 390, Nr. 2854 (Geburtsbuchabschriften der oberen kath. Pfarrei zu Mannheim vom Jahrescyklus 1864–1868, S. 197, Nr. 43); Mannheimer Journal, 9. Juni 1866 (Auszug aus dem Kirchenbuch).

2 Karlsruher Zeitung, 26. März 1872; vgl. O.(tto) Emminghaus, Art. Karl Joerger, in: Badische Biographie 5 (1906), S. 866–869, hier S. 867f.; Denkschrift aus Anlaß der Vollendung des neuen gemeinsamen Verwaltungsgebäudes in Mannheim 1913, hrsg. Von der Rhein- und Seeschiffahrts-Gesellschaft, der Mannheimer Dampfschleppschifffahrts-Gesellschaft und der Mannheimer Lagerhaus-Gesellschaft, Düsseldorf o. J. (1913), S. 30 und S. 41.

3 General-Anzeiger der Stadt Mannheim, 9. Juni 1889 – 1. Blatt; General-Anzeiger der Stadt Mannheim 1895, Nr. 274 vom 7. Oktober 1895.

4 Vgl. Alexander Kipnis, Art.: Engelhorn, Marie Friederika, in Baden-Württembergische Biographien 67 (2016), S. 92–94, hier S. 92. Marie Joerger hatte vier jüngere Geschwister: Fanny (1868–1936), Karl (1871–1945), Anna (1872–1959) und Otto (1875–1950). Eine ältere Schwester (Sibillla, *1865) starb bereits 1870.

5 Friedrich Engelhorn-Archiv, Mannheim, infolge „FEA," zitiert, Poesiealbum von Marie Joeger (Eintrag der Lehrerin Wilhelmine Roth); vgl. Grit Arnscheidt, „Freundschaft ist das höchste Glück" – Poesie-Alben der Mannheimer Familie Engelhorn aus der Zeit des Deutschen Kaiserreichs, Ubstadt-Weiher u. a. 2017, S. 35; siehe auch: Mannheimer Adress-Kalender 1875, S. 169.

6 Vgl. Arnscheidt (wie Anm. 5), 2017, S. 35. Der Vater von Elisabeth Bassermann, Johann Wilhelm Bassermann, war Teilhaber der in der Schwetzinger Stadt gelegenen Nähmaschinenfabrik „Bassermann & Mondt".

7 MARCHIVUM, Zeitgeschichtliche Sammlung, S1/2666 (passim).

8 Vgl. Sebastian Parzer, Dr. Friedrich Engelhorn – Ein Mannheimer Unternehmer im Kaiserreich (1855–1911), Heidelberg, Ubstadt-Weiher, und Basel 2018, passim.

9 FEA, Nachlass Dr. Friedrich Engelhorn, S 1/28 (Gedicht zur Silberhochzeit von Dr. Friedrich und Marie Engelhorn von Hans Engelhorn).

10 Vgl. Parzer (wie Anm. 8), S. 94–99; Hans-Otto Brinkkötter, Erbsen mit gefüllter Ente – Ein Mannheimer Hochzeitsmahl im Jahre 1885 in: Mannheimer Geschichtsblätter 37/2019, S. 23–28.

11 Vgl. Tobias Möllmer, Das Palais Engelhorn in Mannheim – Geschichte und Architektur eines gründerzeitlichen Stadthauses, Worms 2010, S. 93–95.

12 MARCHIVUM, Geburtsregister der Stadt Mannheim 1886, Nr. 1651.

13 MARCHIVUM, Geburtsregister der Stadt Mannheim 1888, Nr. 260, Geburtsregister der Stadt Mannheim 1889, Nr. 2589 und Geburtsregister der Stadt Mannheim 1892, Nr. 3009.

14 FEA, Nachlass Dr. Friedrich Engelhorn, S 1/97 (Schreiben von Marie Engelhorn an Anna Ziegler vom 6. Juni 1911).

15 Vgl. Parzer, (wie Anm. 8), S. 37.

16 Zum Verein siehe: Mannheim in Vergangenheit und Gegenwart, Band 3 – Mannheim seit der Gründung des Reiches, Mannheim 1907, S. 425f.; Paul Stephani, Die Gesundheitspflege in Mannheim – Festgabe der Stadt Mannheim zur 30. Jahres-Versammlung des deutschen Vereins für öffentliche Gesundheitspflege, Mannheim 1905, S. 375f.; Sebastian Parzer, Die erste Mannheimer Kinderkrippe – Eine Betreuungseinrichtung für Kleinstkinder in der Kaiserzeit, in: Badische Heimat (101) 2021, S.133–140.

17 General-Anzeiger der Stadt Mannheim und Umgebung, 24. Juli 1902 – Mittagsblatt.

18 GLA KA, 276, Zug 1994–34, Nr. 126 (Amtsgericht Mannheim – Vereinsregister, Band 1, Nr. 44); Mannheimer Adreß-Buch 1903, S. 644.

19 General-Anzeiger der Stadt Mannheim, 9. Juni 1902 – Abendblatt.

20 StadtA MA, Kleine Erwerbungen Nr. 586 (Gästebuch der Kinderkrippe); General-Anzeiger der Stadt Mannheim, 9. Januar 1905 – Abendblatt.

21 So besuchten am 15. September 1905 der Leiter des Bakteriologischen Instituts der Stadt Köln Dr. Eugen Czaplewski und Dr. Wilhelm Gehrke, der Direktor des städtischen Gesundheitsamts der Stadt Stettin, die Mannheimer Kinderkrippe. Am nächsten Tag folgte Sanitätsrat Dr. Ernst Willich, der Mitglied des Magistratsrat der Stadt Kassel war. Am 21. September 1905 waren dort dann u. a. der Stadtarzt Dr. Albert König und Stadtrat Ernst Lautenschlager aus Frankfurt, der Leipziger Sanitätsrat Dr. Max Taube sowie der Beigeordnete der Stadt Köln Philipp Brugger zu Gast (MARCHIVUM, Kleine Erwerbungen Nr. 586).

22 General-Anzeiger der Stadt Mannheim und Umgebung, 13. Oktober 1908 – Mittagsblatt.

23 Mannheimer Adreß-Buch 1902, S. 647.

Marie Engelhorn (1866–1953) – [...] eine der Letzten aus der Zeit des alten Mannheimer Glanzes

24 Vgl. Mannheim in Vergangenheit und Gegenwart (wie Anm. 16), S. 427f.

25 Mannheimer Adreß-Buch 1905, S. 769.

26 Verwaltungsbericht der Großherzoglich Badischen Hauptstadt Mannheim für das Jahr 1903/04, S. 394.

27 Verwaltungs- und Rechenschaftsbericht der Großherzoglich Badischen Hauptstadt Mannheim für das Jahr 1909, S. 208 und S. 224.

28 Mannheimer Adreß-Buch 1910, S. 979.

29 General-Anzeiger der Stadt Mannheim und Umgebung, 27. März 1912 – Abendblatt.

30 FEA, Nachlass Dr. Friedrich Engelhorn, S 1/75 (Verleihungsurkunde vom 14. September 1912; Schreiben des Ministers des Innern Heinrich von und zu Bodman an Marie Engelhorn vom 18. September 1912), Sonderdruck des Staatsanzeigers für das Großherzogtum Baden aus der Karlsruher Zeitung, 3. Vierteljahr 1912, S. 133.

31 GLA KA, 60, Nr. 1173 (Vorschlagsliste hinsichtlich der Verleihung der Friedrich-Luisen-Medaille [1912]).

32 Vgl. Tobias Möllmer, Die Villa Engelhorn in Mannheim – Kunstwerk, Familienhaus, Baudenkmal, Worms 2012, S 17 bis S. 19.

33 Vgl. Parzer (wie Anm. 8), S. 115.

34 Vgl. Parzer (wie Anm. 8), S. 106.

35 Vgl. Fritz Engelhorn, Über o-disubstituierte Chinone, Diss. nat. Straßburg 1913, Lebenslauf in der Dissertation (ohne Seitenzahl).

36 Vgl. Städt. Handelshochschule Cöln – Amtliches Personal-Verzeichnis, SS 1908, S 20.

37 Vgl. Personalstand der Ludwig-Maximilians-Universität München, SS 1910, S. 68; Personal-Verzeichnis der Ruprecht-Karls-Universität in Heidelberg, WS 1910/11, S. 39.

38 Vgl. John A. Venn (Hrsg.), The book of matriculations and degrees – a catalog of those who have been matriculated or admitted to any degree in the University of Cambridge from 1901 to 1912, Cambridge 1915, S. 86; The Chemist and Druggist 78 (1911), Nr. 1617 vom 21. Januar 1911, S. 44.

39 Vgl. Parzer (wie Anm. 8), S. 106.

40 In Rom dürfte Marie und Friedrich Engelhorn damals das auf dem Friedhof Campo Verano gelegene Mausoleum der französischen Ordensgemeinschaft aufgefallen sein, das Vorbild für das später im Auftrag von Marie auf dem Mannheimer Hauptfriedhof geschaffene Engelhorn Mausoleum werden sollte (vgl. Tobias Möllmer, Grabmale der Familie Engelhorn in Mannheim – Von der bürgerlichen Ruhestätte zum Mausoleum von August Kraus, Worms 2008, S 45 und S. 50).

41 Vgl. Parzer (wie Anm. 8.), S. 120.

42 Vgl. Ebenda.

43 Vgl. Möllmer (wie Anm. 32), S. 121–126; Parzer (wie Anm. 8), S. 115–117.

44 FEA, Nachlass Dr. Friedrich Engelhorn, S 1/45 (anlässlich des 50-jährigen Firmenjubiläum 1909 erstelltes Gedenkblatt), siehe auch: Mannheim und seine Bauten, hrsg. vom Unterrheinischen Bezirk des Badischen Architekten- und Ingenieurverein Mannheim-Ludwigshafen/Architekten- und Ingenieurverein Mannheim-Ludwigshafen, Mannheim o. J. (1906), S. 633.

45 GLA KA, 276 Zug. 1994–34, Nr. 14 (Amtsgericht Mannheim Handelsregister Abteilung A, Band 15, OZ 99); FEA, Nachlass Dr. Friedrich Engelhorn, S 1/75 (Rundschreiben von Marie Engelhorn vom 19. Januar 1911); Unternehmen, S 11/08 (Manuskript einer unveröffentlichten Firmenchronik [1959] S. 117); UA Merck B 10 (Rundschreiben von Marie Engelhorn an die Mitglieder der Interessengemeinschaft); Karlsruher Zeitung, 6. Februar 1911 (Auszug aus dem Handelsregister). Hans Engelhorn blieb noch für weitere zwei Semester an der Universität Heidelberg immatrikuliert, wohnte nun aber wieder in Mannheim in der Werderstraße.

46 FEA, Nachlass Dr. Friedrich Engelhorn, S 1/32 (Ansprache von Marie Engelhorn zur Übernahme der Firmenleitung).

47 Vgl. Parzer (wie Anm. 8), S. 136.

48 GLA KA, 276 Zug. 1994–34, Nr. 14 (Amtsgericht Mannheim Handelsregister Abteilung A, Band 15, OZ 99); FEA, Unternehmen, S 11/08 (Manuskript einer unveröffentlichten Firmenchronik [1959] S. 119).

49 FEA, Nachlass Christoph Engelhorn, S 7/49 (Fragebogen der Militärregierung).

50 GLA KA, 456 E, Nr. 2586. Das Kavallerieregiment in Düsseldorf erfreute sich unter den Söhnen des gehobeneren Mannheimer Bürgertums in den Jahren vor dem Ersten Weltkrieg einer besonderen Beliebtheit (vgl. Hedwig Wachenheim, Vom Großbürgertum zur Sozialdemokratie – Memoiren einer Reformistin [= Beihefte zu Internationale wissenschaftliche Korrespondenz zur Geschichte der deutschen Arbeiterbewegung 1], Berlin 1973, S. 18). Rudolfs Onkel Carl Joerger war zeitweise Reserveoffizier der dortigen Einheit (vgl. Rang- und Quartier-Liste der Königlich-Preußischen Armee und des XIII. [Königlich-Württembergischen] Armeekorps 1895, S. 595).

Sebastian Parzer

51   FEA, Hellmuth Reckendorf, 130 Jahre Boehringer Mannheim – Chronik 1859–1989, Maschinenschrift (1991), S. 64.

52   Vgl. Berichte der Handelskammer für den Kreis Mannheim – Bericht über Lage und Geschäftsgang von Industrie und Handel im Jahre 1913, S.130; Walter Buchler, Dreihundert Jahre Buchler – Die Unternehmen einer Familie 1651–1958, Braunschweig 1958, S. 110; W.(ilhelm) Dethloff, Chinin, Berlin 1944, S. 57–60; Volker Ziegler, Die Familie Jobst und das Chinin – Materialwarenhandlung und Alkaloidproduktion in Stuttgart 1806–1927, Berlin 2003, S. 134f.

53   Vgl. Verwaltungs- und Rechenschaftsbericht der Badischen Hauptstadt Mannheim für 1912, S. 292.

54   General-Anzeiger der Stadt Mannheim und Umgebung, 7. August 1914 – Mittagsblatt.

55   FEA, Unternehmen, S 11/08 (Manuskript einer unveröffentlichten Firmenchronik [1959], S. 112–116); FEA, Hellmuth Reckendorf, 130 Jahre Boehringer Mannheim – Chronik 1859–1989, Maschinenschrift (1991), S. 61f.; vgl. Carsten Burhop, Michael Kißener, Hermann Schäfer, Joachim Scholtyseck, Merck – Von der Apotheke zum Weltkonzern, München 2018, S. 235f.

56   National Archives at Washington, D.C., Passenger Lists of Vessels Arriving at New York, New York, T 715 1897–1957, Rolle 2250 (Passagierliste des am 14. Januar 1914 in New York eingetroffenen Dampfers „Kronprinzessin Cecilie" des Norddeutschen Lloyd [eingesehen über den Onlinedienst "ancestry.de"]).

57   Unternehmensarchiv Merck, B 13/a und B 173.

58   Rhein-Neckar-Zeitung – Ausgabe Mannheim, 10. Februar 1958, vgl. Denkschrift der C. F. Boehringer & Soehne GmbH Mannheim-Waldhof anlässlich ihres 75jährigen Bestehens 1859–1934, o. O. und o. J. (Mannheim 1934), S. 8.

59   GLA KA, 456 E, Nr. 2585.

60   Vgl. Friedrich Euler, Die Familie Engelhorn in Mannheim –Vorfahren und Nachkommen des Gründers der BASF: Kommerzienrat Friedrich Engelhorn (1821–1902), Mannheim 1986, S. 115; Möllmer (wie Anm. 32), S. 128.

61   GLA KA, 456 E, Nr. 2586.

62   Vgl. (Otto Adam von Diepenbock-)Grüter, Lorenz, Kirch und (Wolf) Schede (Bearbeiter), Das 2. Badische Grenadier-Regiment Kaiser Wilhelm I. Nr. 110 im Weltkriege 1914/18 – auf Grund der Kriegsakten des Regiments und verschiedener Mitteilungen von Kriegskameraden, Oldenburg und Berlin 1927 (= Erinnerungsblätter deutscher Regimenter 200), S. 186, S. 203, S. 225 und S. 257.

63   GLA KA, 276 Zugang 1994-34, Nr. 14 (Amtsgericht Mannheim, Handelsregister A Band 15 OZ, 99).

64   FEA, Oral History Project, S 4/11 (Zweites Interview mit Christoph Engelhorn, 12. Juli 2005, S. 13f.).

65   Vgl. Mannheimer Altertums-Verein e. V. – Mitgliederliste nach dem Stand vom 2. April 1929, dem Tag der 70. Wiederkehr des Gründungstages (Beilage zu: Mannheimer Geschichtsblätter 30 [1929], Nr. 4), ohne Paginierung.

66   FEA, Nachlass Peter Engelhorn, S 2/4 (Notiz von Christoph Engelhorn vom 6. März 1957); FEA, Nachlass Peter Engelhorn, S 2/11 (Schreiben von Peter Engelhorn an Christoph und Ursula Engelhorn vom 14. April 1955); FEA, Nachlas Christoph Engelhorn, S 7/42 (Schreiben von Peter Engelhorn an Curt Engelhorn vom 14. Dezember 1956); GLA KA, 441–3, Nr. 636 (Schreiben von Dr. Kurt Martin von Karlsruher Kunsthalle an den Direktor des Kunstgewerbemuseums in Basel, Dr. Hermann Kienzle von 16. Dezember 1933); siehe auch: FEA, Curt Engelhorn, Hefe im Teig – Die Autobiographie eines Unternehmers über Familie und Vermögen, Köln 2006, S. 279f.:
Der Hedwigsbecher aus Sammlung von Marie Engelhorn befindet sich heute als einer von lediglich 14 bekannten Gläsern dieser Art im British Museum in London (vgl. Kurt Erdmann, An Unkown Hedwig Glass, in: The Burlington Magazine 91 (1949), S., 244–248; Jens Kröger, The Hedwig Beakers, in: Annette Hagedorn (Hg.), The Phenomenon of „Foreign" in Oriental Art, Wiesbaden 2006, S. 27–46, hier S. 30, vor allem Anm. 11; Ralph Pindor-Wilson, A Hedwig Glass for the museum, in: The British Museums Quarterly 22 (1960),S. 43–45). Das Triptychon von Bartholomäus Bruyn d. Ä. wurde 1955 bei einer Ausstellung in Köln gezeigt (vgl. Barthel Bruyn 1493–1555 – Gesamtverzeichnis seiner Bildnisse und Altarwerke – Gedächtnisausstellung Wallraf-Richartz-Museum Köln 1955, S. 43f., Nr. 142 [mit weiteren Literaturangaben]).

67   FEA, Dokumentation, S 5/25 (Erinnerungen von Hans Engelhorn).

68   Vgl. Sebastian Parzer (wie Anm. 8), S.139.

69   GLA KA, 276 Zugang 1994-34, Nr. 126 (Amtsgerichts Mannheim, Vereinsregister, Band 1, OZ 26).

70   32. Jahresbericht des Wöchnerinnen-Asyls Luisenheim in Mannheim (1918), S. 4, in: MARCHIVUM, Kleine Erwerbungen, Nr. 886; General-Anzeiger der Stadt Mannheim und Umgebung, 20. März 1918 – Mittags-Ausgabe.

71   MARCHIVUM, Hauptregistratur, Zug. 21/1969, Nr. 630.

72   Neue Mannheimer Zeitung, 1. März 1927 – Abend-Ausgabe.

Marie Engelhorn (1866–1953) – [...] eine der Letzten aus der Zeit des alten Mannheimer Glanzes

73   MARCHIVUM, Hauptregistratur, Zug. 21/1969, Nr. 630.

74   Ebenda.

75   Neue Mannheimer Zeitung, 30. Juli 1927 – Mittag-Ausgabe.

76   Vgl. Rudolf Günther/Kurt E. Müller, 75 Jahre Christuskirche 1911–1986 – Festschrift, Mannheim 1986, S.110.

77   Neue Mannheimer Zeitung, 6. April 1932 – Mittag-Ausgabe („Mannheimer Frauen für Hindenburg"); vgl. Karl Otto Watzinger,
     Geschichte der Juden in Mannheim 1650–1945 (= Veröffentlichungen des Stadtarchivs Mannheim 12), Stuttgart 1984, S 61.

78   Neue Mannheimer Zeitung, 28. März 1935.

79   Vermutlich saß Amalie Renninger anstelle ihres Mannes im Vorstand. Denn seit Beginn des 20. Jahrhundert hatte der Mann-
     heimer Oberbürgermeister „Sitz und Stimme" im Vorstand. Diese ließen sich aber häufig vertreten – auch durch ihre Ehefrauen
     (MARCHIVUM, Hauptregistratur, Zug. 21/1969, Nr. 630 [Schreiben an Stadtrat Dr. Ludwig Hofmann vom 9. Januar 1939]).

80   GLA KA, 276 Zugang 1994-34, Nr. 126 (Vereinsregister des Amtsgerichts Mannheim, Band 1, OZ 26).

81   GLA KA, 69 Badische Schwesternschaft, Nr. 329.

82   Vgl. Gerhard Schober, Frühe Villen und Landhäuser am Starnberger See, Waakirchen-Schaftlach 1998, S. 495.

83   FEA, Dokumentation, S. 5/08 (vgl. Boehringer Tutzing-Geschichte 1942–1954, S. 1); vgl. Christine Broll, Es begann in einem Hotel,
     in: Rochemagazin 65 (2000), S. 21–23, hier S. 21.

84   FEA, Oral History Project, S 4/11 (Fünftes Interview mit Christoph Engelhorn, 13. Juli 2005 – Teil 2, S.1–3).

85   Mannheimer Morgen, 15. Dezember 1953; Rhein-Neckar-Zeitung – Ausgabe Mannheim, 15. Dezember 1953 (Todesanzeigen).

86   Mannheimer Morgen, 17. Dezember 1953.

87   Vgl. Tobias Möllmer (wie Anm. 40), S. 68 und S. 49.

Hans-Dieter Graf

Captain Richard Hirsch (1908–1948) – eine Spurensuche
Mannheim – Oklahoma City – Berlin

Der Schauspieler Götz George (1938–2016) berichtet in seiner Biografie von Erlebnissen mit einem amerikanischen Besatzungsoffizier in Berlin, die, obgleich sie Jahrzehnte zurücklagen, sich in sein Gedächtnis eingebrannt hatten. Selbst an den Namen des Mannes erinnert er sich: „Captain Richard Hirsch", auch dass dieser 1908 in Mannheim geboren wurde, 1938 in die USA emigrierte, 1945 mit den amerikanischen Streitkräften nach Berlin kam, die Familienvilla requirierte und sich 1948 das Leben nahm.[1] Einige Zusammenhänge, wie beispielsweise die jüdische Herkunft des US Offiziers, waren George wohl nicht bewusst bzw. er thematisierte sie nicht gegenüber seinem Biografen.

Dass jüdische Emigranten mit der Invasion der alliierten Truppen nach Europa und Deutschland zurückkehrten, ist bekannt.[2] Ihre Namen und Lebenswege gelangen jedoch, wenn es sich nicht gerade um bekannte Persönlichkeiten handelt, nur eher zufällig an die Öffentlichkeit. Bei Richard Hirsch ist es dem Umstand zu verdanken, dass er Teil von veröffentlichten Lebenserinnerungen eines Prominenten wurde.

Unter Heranziehen verschiedener Quellen wie standesamtliche Urkunden, Emigrations- und Immigrationsdokumente, Militärunterlagen sowie zeitgenössische Zeitungsartikel, gelang es, den US Captain nicht nur eindeutig zu identifizieren, sondern ihm auch eine Lebensgeschichte zu geben.

Mannheim
Ernst Richard Hirsch, so der vollständige Name dieses Mannes, wurde am 22. Februar 1908 in Mannheim geboren. Er war das zweite Kind des Kaufmanns und Weinhändlers Hermann Theodor Hirsch und dessen Ehefrau Clara, geb. Emrich. Der Vater war am 30. Mai 1868 in Feudenheim geboren worden, die Mutter stammte aus Mannheim, wo sie am 26. April 1885 zur Welt kam. Verheiratet waren die Eltern seit dem 2. Februar 1905.

Am 10. Dezember 1905 wurde das erste Geschwisterkind, Adolf Paul, geboren. Ein drittes, Claire Johanna Gretel, kam am 3. Juli 1914 zur Welt. Kurz darauf, am 23. Juli, verstarb die Mutter. 1920 heiratete der Vater in zweiter Ehe die am 9. August 1885 in Viersen am Niederrhein geborene Emilie Strauß. Richard und seine Geschwister wohnten bis zu ihrer Auswanderung bei den Eltern in der Lameystraße 20 in Mannheim-Feudenheim.[3]

Als Richard Hirsch 1938 in die USA emigrierte,[4] gab er dem Reporter einer der örtlichen Zeitungen Auskunft über sein Leben in Mannheim. Ein glücklicher Umstand, denn es ist zugleich das Wenige, was wir darüber wissen. Danach war ihm wichtig zu berichten, dass Mannheim unweit von Heidelberg liegt, dass er als Junge am Rhein spielte und sich noch gut an den Ausbruch des (Ersten) Weltkriegs erinnerte sowie an die Verwüstungen, den Hunger und die Not, die dieser mit sich brachte. Dass er in einem Land aufwuchs, das die Kriegsschuld trug und die Inflation das Vermögen seiner und anderer Familien vernichtete, in welchem die Demokratie scheiterte und schließlich der Nationalsozialismus an die Macht gelangte.[5]

Abb. 1:
Richard Hirsch nach seiner Ankunft in Oklahoma City 1938, Quelle: The Daily Oklahoman, 17.11.1938

Captain Richard Hirsch (1908 – 1948) – eine Spurensuche

Dass Richard eine höhere Schulbildung genoss, ist anzunehmen. Er verfügte über Kenntnisse der englischen Sprache, auch solche des Französischen und Italienischen werden einmal genannt.[6] Nach den Schilderungen von Götz George soll er „Wirtschaft" in Heidelberg studiert und bei dieser Gelegenheit auch dessen Vater, Heinrich George (1893 – 1946), bei den Schlossfestspielen, wo dieser seit 1926 auftrat, erlebt haben.[7] Kaum jemand, der sich zu dieser Zeit für Theater und Film interessierte, konnte sich dieser „schauspielerischen Urgewalt" entziehen. Vielleicht erwachte bei dem jungen Mann gerade in jenen Jahren der Wunsch, Theaterschauspieler zu werden. Von 1930 an nahm er nach seinen Angaben Schauspielunterricht („studying for the stage"), um sich auf ein Engagement an der Mannheimer Bühne vorzubereiten. Während sein Bruder in die beruflichen Fußstapfen des Vaters trat und Weinhändler wurde,[8] teilte seine Schwester mit ihm die Begeisterung für den Schauspielerberuf. Sie erinnert sich: „My career choice was actress and I studied under intendant Herb[ert] Maisch and Ida Ehre. I was employed for junior parts at the Mannheim National Theatre from 1931 – 1933." Nachdem ihr Vertrag nach der Machtergreifung der Nationalsozialisten aufgelöst wurde, begrub Claire ihre schauspielerischen Ambitionen, ging zu Freunden nach Paris und verdiente ihren Lebensunterhalt als Kindermädchen eines jüdischen Ehepaars. 1935 kehrte sie noch einmal für kurze Zeit nach Mannheim zurück, um sich nach London abzumelden. Dort arbeitete sie bei einem Zahnarzt, durch den sie ihren späteren Ehemann, den 1904 geboren Charles Lawrence Cohen kennenlernte und 1939 heiratete.[9]

Ihr Bruder Richard, der nie verheiratet war, musste sich derartigen Zwängen nicht unterwerfen und konnte seiner Berufung zunächst weiter folgen. Da ihm ein mögliches Engagement am Nationaltheater verwehrt war, trat er einer jüdischen Theatervereinigung („Jewish Cultural organization for professional Jewish actors") bei, wo er sowohl in Charakter- als auch in Komödienrollen besetzt wurde.[10]

Doch auch bei Richard Hirsch reifte mit der Zeit der Plan, Deutschland zu verlassen. Sein Ziel waren die Vereinigten Staaten von Amerika. Um dorthin auswandern zu können, musste er einen

Verwandten in diesem Land haben, der überdies bereit war, für ihn zu bürgen und notfalls auch für seinen Lebensunterhalt aufzukommen. Ein solcher Verwandter war ihm jedoch nicht bekannt. In dieser Situation spielte der Zufall eine Rolle. Im Herbst 1937 („during house cleaning time") fanden sich im elterlichen Haus drei alte Fotografien an. Sie zeigten einen Mann, eine Frau und zwei kleine Jungen. Richards Vater Hermann erinnerte sich beim Anschauen der Bilder, dass rund 50 Jahre zuvor ein Onkel von ihm nach Amerika ausgewandert war. Der Mann auf den Fotos war dieser Onkel. Eine Adresse hatte man nicht. Auf der Rückseite eines der Bilder stand jedoch der Name des Fotografen, er kam aus Attica, Indiana.[11]

Mit diesen Angaben ist es mit den heutigen Recherchemöglichkeiten relativ einfach, die Gesuchten im Nachhinein zu ermitteln: Danach handelte es sich bei dem gemeinsamen Verwandten um Salomon Hirsch, der 1842 in Feudenheim geboren wurde und in den 1860er-Jahren nach Attica, Indiana, ausgewandert war, 1875 in seine alte Heimat zurückkehrte, um die aus Heppenheim an der Bergstraße stammende 21-jährige Caroline, geb. Hirsch (1854 – 1931), zu heiraten. Auf der Trauurkunde ist als einer der Trauzeugen Theodor Hirsch, der Großvater von Richard Hirsch, ausgewiesen. Noch im gleichen Jahr, im Juli 1875, kehrte Salomon mit seiner Frau nach Attica zurück, wo die Tochter Hatti (1876 – 1923) und die Söhne Moe (1880 – 1961) und Zenni (Zene) (1882 – 1942) geboren wurden. Salomon verstarb 1908 und Caroline 1931. Noch heute erinnern auf dem Jewish Cemetery in Attica Gedenksteine an sie und ihre Kinder Hattie (verheiratete Kern) und Moe.[12]

Richard Hirsch waren diese verwandtschaftlichen Zusammenhänge natürlich unbekannt. Er wusste sich jedoch zu helfen und richtete eine Bitte an den „National Council of Jewish Women" in New York, die Cousins seines Vaters ausfindig zu machen. Innerhalb von vier Wochen ermittelte die jüdische Hilfsorganisation tatsächlich die Namen und Anschriften von Moe und Zenni, der inzwischen in Oklahoma City lebte. Letzterer zeigte sich bereit, den Einwanderungsantrag für den Sohn seines Cousins Hermann Theodor zu unterschreiben.[13] Zene Hirsch hatte am College of Engineering an der Purdue University in India-

Hans-Dieter Graf

na studiert und war 1909 mit seiner Frau Isabelle (1887–1937) nach Oklahoma City gekommen, wo er die noch heute bestehende „Oklahoma Electrical Supply Co." gründete. Das Paar hatte zwei Kinder: Stanley Henry (1914–2002) und Carolyn Frances (1920–2005).[14]

Mit dem Affidavit seines Verwandten erhielt Richard Hirsch vom amerikanischen Konsulat in Stuttgart das Visum für die Einreise in die USA. Am 7. April 1938 machte er sich auf den Weg nach Oklahoma.[15] Zurück in Mannheim blieben die Eltern und der Bruder Paul.

Oklahoma City

Richard Hirsch nahm den Weg über England, wohl auch, um sich zuvor noch von seiner Schwester verabschieden zu können, und erreichte von Southampton aus mit dem Dampfer „George Washington" und – laut Schiffsliste – 130 Dollar in der Tasche am 28. April 1938 New York.[16] Am 1. Mai traf er in Oklahoma City ein, wo er, was sicherlich den allermeisten (jüdischen) Emigranten verwehrt war, mit offenen Armen empfangen wurde. Ein großes öffentliches Interesse an seiner Person und an seinen Plänen für den Neuanfang in Amerika war ihm dabei entgegengebracht worden. Dieses hatte er sicherlich seinem Großcousin zu verdanken, der als Präsident eines bedeutenden Elektroinstallationsunternehmens über die notwendigen Verbindungen verfügte und nicht zuletzt auch persönliches Interesse daran haben konnte, dass sein Engagement für den verfolgten Verwandten in der Presse herausgestellt wurde.

Aber auch der Neuankömmling fand die richtigen Worte und schmeichelte seiner neuen Heimatstadt, beispielsweise, dass er sich bewusst für Oklahoma City entschieden hätte, was natürlich eine euphemistische Beschreibung seiner tatsächlichen Lage war, denn er hatte keine andere Möglichkeit. Aber die Zeitung hatte ihre Schlagzeile: „Friendliness of City Wins German Refugee" und konnte eine klassische Win-Win Situation beschreiben: „It's Oklahoma City to those of us familiar with it. But it's the United States and all it stands for to Richard Hirsch. [...] Oklahoma rapidly is becoming home to him – that he likes above all cities with which he is acquainted. He says the friendliness of the people there has given him a

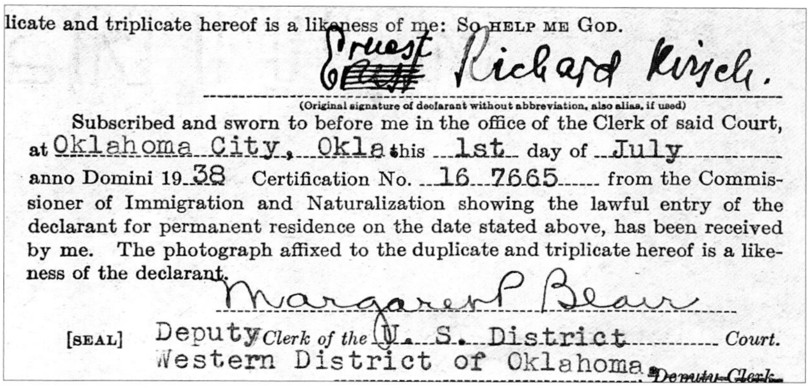

new lease of life". Für dieses neue Leben musste sich Hirsch von seinem alten verabschieden: „I won't think of the Germany I used to know. My future is in America. I hope to take advantage of what this future can be."[17]

Bereits wenige Wochen nach seiner Ankunft schuf Hirsch dafür die wichtigste Voraussetzung, indem er am 1. Juli 1938 die der Verleihung der Staatsbürgerschaft vorausgehende Absichtserklärung („Declaration of Intention") einreichte. Diese unterschrieb er mit „E/rnest -rnst Richard Hirsch", wobei das „rnst" fünf Mal durchgestrichen war, so, als wollte er auch auf diese Weise bekräftigen, dass er mit seiner deutschen Vergangenheit endgültig abgeschlossen hatte.[18]

Hinsichtlich seiner beruflichen Entwicklung hielt Richard Hirsch auch in seiner neuen Heimatstadt an seinem Ziel einer professionellen Theaterkarriere fest. Er strebte auch hier auf die Bühne und schloss sich im Herbst 1938 der städtischen Schauspielvereinigung („Oklahoma City Theatre Guild") an. In der Spielzeit 1938/39 stand die Komödie „The Play's the Thing" des ungarischen Dramatikers Ferenc Molnár (1878–1952) auf dem Programm. Hirsch durfte darin die Rolle des Dieners Dwornitschek spielen. Die Kritik war gnädig mit ihm: „As Dwornitschek, the Hungarian butler, his accent and pronunciation give him an excellent foundation for the part." Damit war zugleich auch das Problem benannt, seine für die Theaterbühne nicht ausreichenden Kenntnisse der englischen Sprache: „His pronunciation is a lot better than might be expected. His accent is strong, but not the usal gutteral German type. His principal problem is in vocabulary. There are just too many English words to be learned." Damit war der Ehrgeiz

Abb. 2:
Unterschrift von Ern(e)st Richard Hirsch auf der Absichtserklärung zur Einbürgerung in die USA vom 1.7.1938, Quelle: ancestry.com

Captain Richard Hirsch (1908 – 1948) – eine Spurensuche

des Neubürgers geweckt, er nahm an der Central Highschool am Abendunterricht „Englisch für Ausländer" teil und nutzte auch sonst jede Gelegenheit, seine Aussprache zu verbessern und seinen Wortschatz zu erweitern. Dennoch stand am Ende die Erkenntnis, den Lebensunterhalt zunächst auf andere Weise verdienen zu müssen, was er sich auch öffentlich sagen lassen musste: „The young German Jew, who came to America from Mannheim, Germany was failed with a desire to pursue his chosen profession – the stage. In his path were the barriers of language and the need to earn his living."

Auch in dieser Situation konnte sich Richard Hirsch auf die Unterstützung und Generosität seines Verwandten verlassen, der ihm nicht nur zu einer Anstellung in der Lagerabteilung seiner Firma verhalf, sondern ihn auch in seinem Haus in der 423 Northwest Twenteeth Street wohnen

Abb. 3:
Adolf Paul Israel Hirsch,
Einbürgerungsurkunde
vom 22.12.1942,
Quelle: ancestry.com

ließ.[19] Das nach Maklerangaben 1919 erbaute Haus existiert noch und kann mit „Google Maps" unter der genannten Adresse „besichtigt" werden.

Neben seiner Arbeit als Lagerist trat Richard Hirsch in Produktionen von lokalen Radiostationen auf,[20] vermutlich war er auch in der jüdischen Gemeinde aktiv. So ist überliefert, dass er dort einen Vortrag unter dem Titel „Why I like to Be in America" gehalten hat.[21] In seiner Freizeit sah er sich vielleicht Filme in den städtischen Kinos an, in denen Heinrich George mitspielte, denn Filmdramen wie „Ball im Metropol" (1936), der Kriegsfilm „Unternehmen Michael" (1937) oder die Spielfilme „Frau Sylvelin" (1938) und „Der Postmeister" (1940) liefen zu dieser Zeit gerade in den US Kinos.[22]

Wenn es Richard Hirsch auch innerhalb kurzer Zeit gelungen war, sich ein neues Leben einzurichten, so blieb doch stets eine Wunde, die er mit so vielen Emigranten teilte: Er musste seine nächsten Verwandten in Deutschland zurücklassen. „I hope to bring my family to America. Father, mother, and older brother here soon as possible", hatte er bei seiner Ankunft noch zuversichtlich einem Reporter ins Mikrofon gesprochen.[23]

Doch der Wunsch, die Eltern wiederzusehen, ging nicht in Erfüllung. Beide Elternteile wurden 1940 nach Gurs deportiert, wo die Stiefmutter am 18. November und der Vater am 3. Dezember zu Tode kamen. Der Eintrag im Sterberegister von Arolsen lautet schlicht: „Der Kaufmann Hermann Theodor Hirsch, israelitisch, wohnhaft in Mannheim, Lamey-Straße 20, ist am 3. Dezember 1940 in Gurs, Pyrenäen verstorben. [...] Der Verstorbene war Witwer von Emilie Hirsch, geborene Strauß."[24]

Seinem Bruder Paul war es buchstäblich in letzter Minute gelungen, nach England zu fliehen, wo er zunächst bei seiner Schwester unterkam. Nachdem jedoch das Vereinigte Königreich Deutschland den Krieg erklärt hatte, wurde „Adolf Paul Israel Hirsch" – Ironie des Schicksals –, als einer, der vor den Deutschen geflüchtet war, zunächst als „Männlicher feindlicher Ausländer" interniert.[25] Um in die USA emigrieren zu können, benötigte auch er einen Bürgen, der sich in einer als „Cousine" bezeichneten „Miss Louise Hirsch" in Chicago fand. Am 27. März 1940 gelangte er auf amerikanischen Boden, erhielt eine Bleibe im YMCA-Hostel und eine Anstellung bei dem

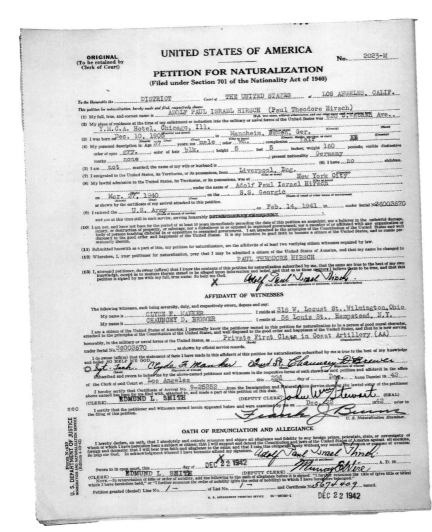

Haushaltswarenunternehmen „American Family Scale Co." Inhaber der Firma war ein Moses Hirsch (1865 – 1951), der eine Tochter namens Louise (!) hatte.[26] Immer noch als „Adolf Paul Israel Hirsch" trat er am 14. Februar 1941 in die US Army ein, wo er bei der Küstenartillerie in Los Angeles stationiert war. Später muss Paul Hirsch sich beim militärischen Geheimdienst verpflichtet haben und auch in Europa eingesetzt worden sein. Mit dem Einbürgerungsantrag („Petition for Naturalization") vom 22. Dezember 1942 änderte er zugleich seinen Vornamen in Paul Theodore; eine letzte Reminiszenz an seine deutschen Vorfahren.[27]

Sein Bruder Richard folgte der Einberufung zur US-Army im April 1942, wo er auf der Militärbasis Fort Sill, Oklahoma, „zum Einsatz in geheimen Operationen in Übersee" vorbereitet wurde. Im Frühjahr 1944 kam er mit der „Mobile Field Interrogation Unit No. 2", einer militärpolizeilichen Einheit, die aus Vernehmungsspezialisten bestand nach Europa.[28]

Berlin

Am 4. Juli 1945, dem amerikanischen Unabhängigkeitstag, übernahmen die US-Streitkräfte offiziell ihren Besatzungssektor im Südwesten Berlins. In ihrem „Pocket Guide to Germany", den alle amerikanischen Soldaten bei sich trugen, hieß es: „You are in enemy country! These people are not our allies or our friends." Das Fraternisierungsverbot wurde jedoch schon bald vielfach ignoriert, so auch von Richard Hirsch, der eine deutsche Freundin gehabt haben soll.[29]

Wie Götz George sich erinnert, musste die Familie ihr Anwesen am Wannsee (Zehlendorf) am 24. Juli räumen, um den Offizieren der „Mobile Field Interrogation Unit No.2" Platz zu machen. Seine Mutter Berta Drews (1901 – 1987) wurde mit ihren Kindern des Hauses verwiesen. Heinrich George, der am 22. Juni zum ersten Mal verhaftet worden war, wird dieses nicht mehr betreten haben. Dass Richard Hirsch gezielt das Anwesen der Schauspielerfamilie beschlagnahmte, darf angenommen werden.

Der kleine Glötz jedenfalls freundete sich schnell mit den amerikanischen Soldaten an: „Wir hatten nichts zu essen, kein Geld. Und da bin ich zu den Amerikanern gegangen, die in unserem Haus einquartiert waren, und habe einfach gefordert: Ich habe Hunger, geben Sie uns was zu essen! Die Offiziere fanden mich irgendwie putzig und lustig. ‚Na gut', sagten sie, ‚wenn Du von der Schule nach Hause kommst, findet Du dich hier ein und der Koch wird dir etwas zu essen geben.'" Richard Hirsch fasste eine besondere Zuneigung zu dem Jungen, dem er Schokolade, Kaugummi und Kuchen zusteckte oder für die Mutter Zigaretten mitgab. Er gestattet Berta Drews sogar, mit den

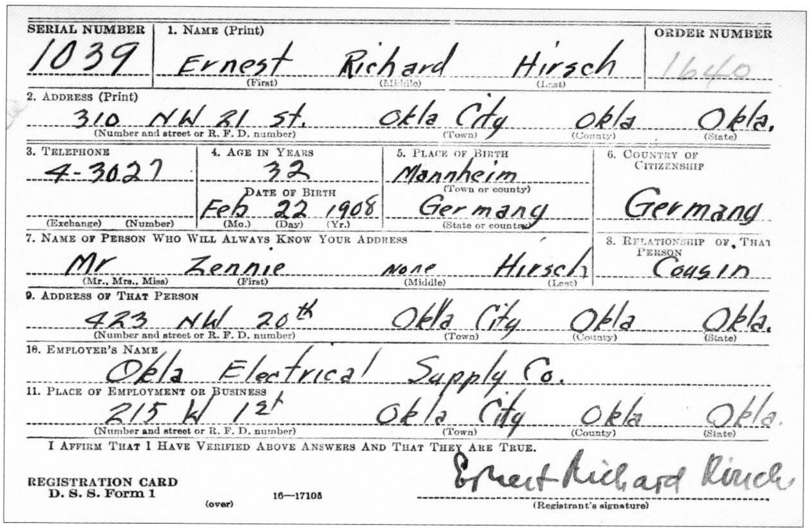

SERIAL NUMBER 1039 | 1. NAME (Print) Ernest Richard Hirsch (First) (Middle) (Last) | ORDER NUMBER 1640

2. ADDRESS (Print) 310 NW 21 st. Okla City Okla Okla. (Number and street or R. F. D. number) (Town) (County) (State)

3. TELEPHONE 4-3027 (Exchange) (Number) | 4. AGE IN YEARS 32 DATE OF BIRTH Feb 22 1908 (Mo.) (Day) (Yr.) | 5. PLACE OF BIRTH Mannheim (Town or county) Germany (State or country) | 6. COUNTRY OF CITIZENSHIP Germany

7. NAME OF PERSON WHO WILL ALWAYS KNOW YOUR ADDRESS Mr Zennie None Hirsch (Mr., Mrs., Miss) (First) (Middle) (Last) | 8. RELATIONSHIP OF THAT PERSON Cousin

9. ADDRESS OF THAT PERSON 423 NW 20th Okla City Okla Okla. (Number and street or R. F. D. number) (Town) (County) (State)

10. EMPLOYER'S NAME Okla Electrical Supply Co.

11. PLACE OF EMPLOYMENT OR BUSINESS 215 W 1st Okla City Okla Okla. (Number and street or R. F. D. number) (Town) (County) (State)

I AFFIRM THAT I HAVE VERIFIED ABOVE ANSWERS AND THAT THEY ARE TRUE.

REGISTRATION CARD D. S. S. Form 1 (over) 16—17105 Ernest Richard Hirsch (Registrant's signature)

Abb. 4: Richard Hirsch, Registrierung der Einberufung zur US Army vom 16.10.1940, Quelle: ancestry.com

Abb. 5: Name von Richard Hirsch auf der Ehrentafel der Weltkriegsteilnehmer von Oklahoma City, Quelle: The Southwest Jewish Chronicle, 1.7.1942

"Roll of Honor"

OKLAHOMA CITYANS IN THE ARMED FORCES OF THE U. S. A.

NOTE: Additional Names Will Appear in Subsequent Issues of The Chronicle.

Erwin Alpern
Jules Bloch, Jr.
Herman L. Brandt
Simeon D. Brandt
Robert Bravo
Richard Bruckman
Noah Butkin
Ralston Byers
Milton Carshon
Louis H. Charney
Leonard Daniels
Harry Davis
Julius Einhorn
Fred Eiserman
Gene Feenberg
Nathaniel ("Buddy") Feenberg
Jake Fishbein
Leon Fisher
Dave Franke
Carl D. Friedman
Louis Galoob
Milton Gellens
Morris Gershon
Sam Glassman
Elick Goldstein
Bernard Gordon
Abe Herskowitz
Richard Hirsch
Albert Horwitz
Victor Horwitz
Sam Janger
Jerome Kirschner
William Koenigsdorf
Charles Krisman
Felix Levy
Reuben G. Lewis
Dave Marizon
William Mayer
Burnie Merson
Earl I. Mulmed
Edgar Oppenheim
Gene H. Paul
Lester Pone
Sidney Pone
Charles Robinson
Eugene Rosen
Nelson Rosen
Joel Rosenfield
Julian Rothbaum
Sam Rubenstein
Robert Schlesinger
Fred Schonwald
Milton Shurr
Alex Singer
Joseph S. Stocker
Joe Sureck
Philip Sureck
Robert M. Swesnik
Milton S. Taubman
Ben Weiss
Eddie Weiss
John H. Winter
Frank Wolff

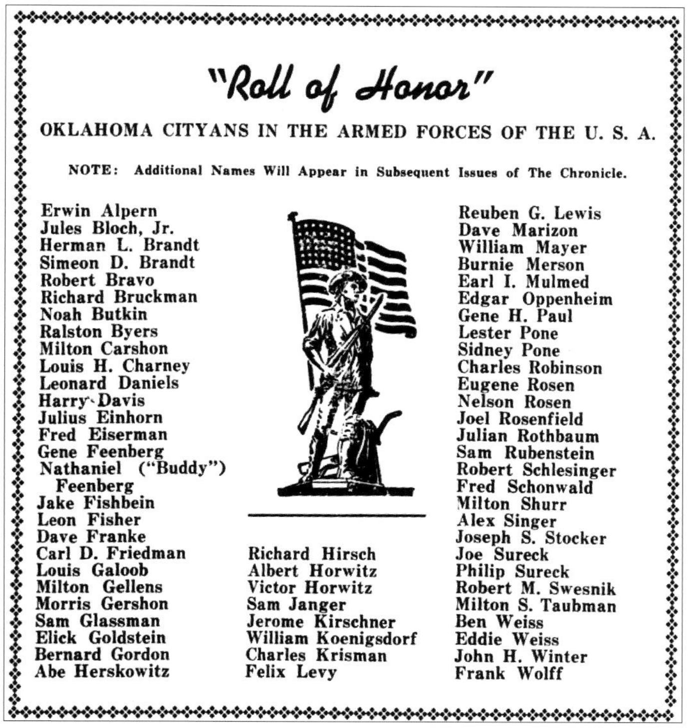

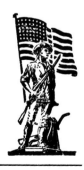

Captain Richard Hirsch (1908 – 1948) – eine Spurensuche

Kindern in die Dienstbotenwohnung ihres Hauses zurückzukehren und ließ ihnen von den Mahlzeiten der Offiziere etwas zukommen.[30]

Im Februar 1946 kehrte Hirsch nach Oklahoma City zurück. Während dieses Aufenthalts erfuhr er, dass er mit der „Bronze Star Medal" für verdienstvolle militärische Leistungen ausgezeichnet werden sollte. Auch traf er mit einer „Miss [!] Theodore E. Hall" zusammen, was nicht weiter erwähnenswert wäre, wenn das nicht vielleicht mit einem Theodore E. Hall aus Wilmette (Chicago) in Verbindung gebracht werden kann. Hall war stellvertretender Chef für öffentliche Sicherheit in der amerikanischen Militärregierung. Er war beteiligt am Erlass neuer Richtlinien zur Bestrafung von „war criminals, Nazis, militarists and pro-Nazi industrialists" mit dem Ziel, die vollständige und dauerhafte Vernichtung von Nazismus und Militarismus zu gewährleisten sowie die Internierung oder Überwachung von Deutschen zu sichern, die als gefährlich für alliierte Zwecke angesehen wurden.[31] Richard Hirsch verlängerte jedenfalls seine Militärmission und begründete das vielsagend: „At the moment, there is still so much to do that I can not even afford to discuss my release. My work is extremely interesting and I like my Berlin assignment. Life has no greater happiness than a job well done."[32]

Zurück in Berlin nahm er erneut Verbindung zur Familie George auf. Götz George, der sich seit

1947 in einem Kinderheim in Vorderhindelang im Oberallgäu befand, beschreibt seinem Biografen seine letzte Begegnung mit Richard Hirsch: „Es ist ein regnerischer Tag [...]. Plötzlich nähert sich ein riesiger amerikanischer Wagen, stoppt und parkt auf der Wiese neben den herumtobenden Kindern. [...] Die Tür geht auf und Captain Hirsch entsteigt dem Wagen [...]. Er begrüßte mich und beschenkte mich reichlich. Meine Kameraden bekamen kaum noch den Mund zu. Und ich war auch fassungslos und sehr stolz. Da machte dieser hohe Offizier sich die Mühe und besucht mich, nur mich. Da dachte ich, seht her, ich bin auch wer. Dieses Bild hat sich in mir eingebrannt."[33]

Das war ein Abschiedsbesuch. Am 31. August 1948 verstarb Richard Hirsch. Der Leichnam wurde in die USA verbracht und am 4. September auf dem National Cemetery, Farmingdale, Long Island (Section C Site 279), beigesetzt.[34] In den Berliner Standesamtsregistern findet sich kein Sterbeeintrag. In der Biografie von Götz George erfährt man, dass Richard Hirsch sich das Leben genommen hat. „Er erschießt sich. Die Gründe dafür hat die Familie George nie erfahren".[35] Sie werden wohl im Privaten zu suchen sein. Vielleicht zerschlugen sich seine Pläne, in Deutschland zu bleiben und die Hoffnung, im Land seiner Muttersprache an seine Schauspielerlaufbahn anzuknüpfen? Vielleicht hatte er auch deshalb die Verbindung zur Familie

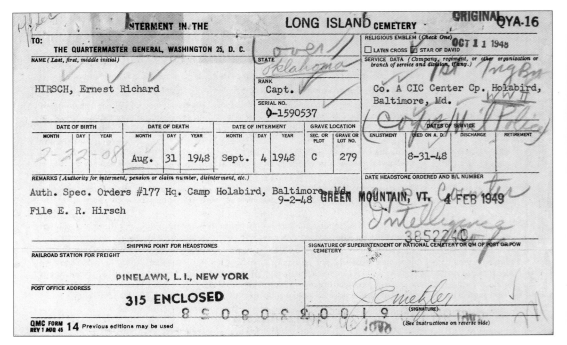

Abb. 6:
Capt. Ernest Richard Hirsch, Bestattungsnachweis Long Island Cemetery vom 4.9.1948, Quelle: ancestry.com

Hans-Dieter Graf

George nicht abgebrochen, was spätestens nach der vorübergehenden Rückkehr in die Vereinigten Staaten 1946 zu erwarten gewesen wäre. Doch wo hätte er in Oklahoma City nach seiner Militärlaufbahn privat und beruflich anknüpfen können? Sein Verwandter und Gönner, Zennie Hirsch, war 1941 verstorben und dessen Sohn Stanley hatte die Geschäfte übernommen.[36] Offensichtlich gab es keine Verbindung mehr zu dieser Familie. Wäre Hirsch sonst unmittelbar nach der Rückführung auf dem nächstliegenden Militärfriedhof bestattet worden? Naheliegender wäre doch eine Beisetzung in Oklahoma City oder auf dem National Cemetery in Fort Sill gewesen.

So bleibt an dieser Stelle ein letztes Fragezeichen, das auch von seiner Schwester Claire nicht aufgelöst wurde. Als sie kurz vor ihrem Tod vom Komitee der „Jewish survivors from Mannheim" gebeten wurde, ihre Lebenserinnerungen zu notieren, erwähnt sie zwar ihren Bruder Richard mit Namen, schreibt aber weiter nichts über ihn. Über Paul erfahren wir, dass er sich in Highland Parks, Illinois, niedergelassen hatte, wo auch sie selbst später mit ihrem Mann Charles und Tochter Barbara (*1943) lebte.[37]

Paul Hirsch war im November 1945 wegen Dienstunfähigkeit aus der Armee ausgeschieden. Durch eine Gefechtsverletzung hatte er eine Ankylose (Gelenksteife) im linken Schultergelenk davongetragen.

In den 1960er-Jahren betrieb er in Chicago eine Firma, die Küchengeräte wie Knödel- und Spätzlemaschinen, Zubehör wie Keks-, Pralinen- und Eistütenformen oder Kuchendekorationsartikel herstellte. Auch einen Brotbackautomaten hatte er auf den Markt gebracht, der sich gleichermaßen zum Sterilisieren von Flaschen und zum Einmachen und Kochen verwenden ließ. Eine Zeitung, die darüber berichtete, schrieb: „Hirsch is now happy with his successful business in the United States-and the future looks a lot brighter than it did when his parents died in a Nazi concentration camp and he found sanctuary with the Americans, only to be sent right back to Germany in counter-intelligence."[38]

Paul Hirsch verstarb am 8. April 1982, seine Schwester Claire am 22. März 1990.[39]

Für die Unterstützung bei den Recherchen der familiären Zusammenhänge bedanke ich mich bei Désirée Spuhler und Markus Enzenauer (beide MARCHIVUM) sowie bei meiner Schwester Gabriele Hannah (Mainz).

Abb. 7:
Gedenkstein für Capt. Ernest Richard Hirsch auf dem Long Island Cemetery, Quelle: findagrave.com

Anmerkungen

1   T. Körner: Götz George. Mit dem Leben gespielt, Biographie, Frankfurt am Main 2008 (im Folgenden abgekürzt: Körner, George).

2   Die bekanntesten sind die sog. „Ritchie Boys". Das Military Intelligence Training Center der US Army befand sich in Camp Ritchie, Maryland, wo jüdische Emigranten im wehrfähigen Alter auf ihren Einsatz im besetzten Europa und in Deutschland vorbereitet wurden. Auch bei den Nürnberger Prozessen kamen sie, beispielsweise als Übersetzer, zum Einsatz. Jüdische Emigranten dienten aber auch in den regulären Streitkräften. Die Ausbildung für den Einsatz auf dem europäischen Kriegsschauplatz fand unter anderem in Fort Sill, Oklahoma, statt.

3   Geburtseintrag Ernst Richard Hirsch, Meldekarte Familie Heinrich Hirsch sowie weitere familienbezogene standesamtliche Unterlagen sind vorhanden im Stadtarchiv Mannheim sowie abrufbar auf: ancestry.com.

4   Immigrationsunterlagen von Ernst Richard Hirsch abrufbar auf: ancestry.com.

Captain Richard Hirsch (1908 – 1948) – eine Spurensuche

5   Friendliness of City wins German Refugee. In: The Oklahoma News, 21.6.1938; The Stage as a School. Hard Words. In: The Daily Oklahoman, 17.11.1938; Abrufbar unter anderem auf: newspapers.com. Theater Guild Opens Its Season With Witty Play. In: The Oklahoman, 18.11.1938 (abrufbar auf: The Oklahoman Archives).

6   Vgl. Anm. 20.

7   Vgl. Körner, George, S. 53 ff.

8   Zur Berufsangabe siehe Anm. 24.

9   Vgl. Robert B. Kahn: Reflections by Jewish Survivors from Mannheim. A Collection of Memoirs by Jewish Survivors of Nazi. Persecution from Mannheim, Germany. Mannheim Reunion Committee New York June 1990, S. 112.

10   Vgl. Anm. 5.

11   Vgl. The Stage as a School (s. Anm. 5).

12   Recherchier- und abrufbar auf: ancestry.com.

13   Vgl. Anm. 5.

14   Vgl. die Nachrufe auf das Ehepaar in: The Southwest Jewish Chronicle, 1.1.1938 und The Southwest Jewish Chronicle, 1.7.1942, sowie den Bericht über ihre Hochzeit in: The American Israelite, 21.10.1909; sämtlich abrufbar auf: newspapers.com.

15   Siehe Anm. 4.

16   Schiffsliste und „Declaration of Intention" vom 1.7.1938, abrufbar auf: ancestry.com

17   Vgl. Anm. 5, dort auch die Zitate.

18   In dem Dokument erfährt man auch etwas zu seinem Aussehen: „color of eyes: brown, color of hair: black, height; 5 feet 7 inches [ca. 1,70 m], weight 180 pounds [ca. 81 kg]".

19   Vgl. Anm. 5.

20   20. Vgl. Artikel „Former Resident Is City Visitor". In: The Daily Oklahoman, 7.2.1946; abrufbar auf: newspapers.com.

21   .Nazi Refugee to Talk At B'nai B'rith Meeting. In: The Daily Oklahoman, 16.5.1940; abrufbar u.a. auf: newspapers.com.

22   In den US Zeitungsdatenbanken, wie zum Beispiel newspapers.com, lassen sich dazu entsprechende Anzeigen und Berichte finden.

23   Vgl. Anm. 5.

24   Eintrag Nr. 466 vom 24.4.1952; abrufbar auf: ancestry.com.

25   „Male Enemy Alien – Exemption from Internment – Refugee", dort auch der Hinweis auf seinen Beruf „Wine merchant"; abrufbar auf: ancestry.com.

26   Die Angaben befinden sich auf seiner Draft Registration Card No. 1321 (Einberufungskarte) (abrufbar auf fold3.com / ancestry.com).

27   Militärunterlagen und Einbürgerungsunterlagen von „Hirsch, Paul Theodore / Adolf Paul Israel (formerly)"; abrufbar auf fold3.com / ancestry.com.

28   Vgl. Anm. 20.

29   Vgl. Körner, George, S. 55.

30   Vgl. Ebd.

31   Vgl. hierzu: Denazification Law Extended Over All Of Germany. In: The Owensboro Messenger, 15.10.1946; abrufbar auf: newspapers.com.

32   Vgl. Anm. 20.

33   Vgl. Körner, George, S. 61.

34   Friedhofsunterlagen über Richard Hirsch abrufbar auf: fold3.com / ancestry.com.

35   Siehe Anm. 34.

36   Zu Stanley Hirsch vgl. seinen Nachruf in: The Daily Oklahoman, 27.8.2002; abrufbar auf: newspapers.com.

37   Siehe Anm. 9.

38   Vgl. Artikel „Breadmaker-canner. In: The Courier (Waterloo, Iowa), 28.1.1962; abrufbar auf: newspapers.com.

39   Die entsprechenden Dokumente können auf ancestry.com abgerufen werden.

Harald Stockert

„Typisch Mannheim!"
Die neue stadtgeschichtliche Ausstellung im MARCHIVUM

Abb. 1:
Impression von der
Eröffnungsveranstaltung
im Friedrich-Walter-Saal
des MARCHIVUM. Im
Vordergrund das Kunst-
werk der Sandmalerin
Frauke Menger. Dieses
und alle weiteren Fotos
von Kathrin Schwab,
2021, MARCHIVUM.

„Ein neues Kapitel in der noch jungen Geschichte des MARCHIVUM" – mit diesen Worten würdigte Mannheims Oberbürgermeister Dr. Peter Kurz die neue Stadtgeschichtliche Ausstellung „Typisch Mannheim!". Und auch die über hundert Gäste, die zum Festakt am 4. November 2021 geladen waren, zeigten sich im Anschluss voll des Lobes über die neue Schau. Ähnlich äußerten sich auch viele der 3000 Besucherinnen und Besucher am Eröffnungswochenende, welche die Gelegenheit nutzten, bei freiem Eintritt in die Geschichte der Stadt Mannheim einzutauchen. Die neue Ausstellung ist ein weiterer Meilenstein auf dem Weg, das vormalige Stadtarchiv in das MARCHIVUM – Mannheims Archiv, Haus der Stadtgeschichte und Erinnerung weiterzuentwickeln.[1]

Die Grundlagen

Ausstellungen waren bereits ein wichtiger Teil in der historischen Bildungsarbeit des früheren Stadtarchivs Mannheim, das aus diesem Grund 2004 seinen Namen um den Zusatz *Institut für*
Stadtgeschichte ergänzt hatte. Beleuchtet wurden hierbei besondere Aspekte der Stadtgeschichte wie etwa zuletzt die Arbeiterbewegung, die Zuwanderung seit 1945 oder der Erste Weltkrieg; allerdings fehlten dem Institut eigene Ausstellungsräume, so dass zumeist Flächen bei Kooperationspartnern belegt werden mussten. Dies galt auch für die große Stadtgeschichtliche Ausstellung, die zum 400. Stadtjubiläum gemeinsam mit den Reiss-Engelhorn-Museen entwickelt wurde und als Dauerausstellung im Museum Zeughaus zu sehen war.

Der 2018 erfolgte Umzug des Stadtarchivs vom Collini-Center in den ehemaligen Hochbunker Ochsenpferch eröffnete neue Chancen. Der Gemeinderat erteilte den Auftrag, im neuen Domizil „auch eine stadtgeschichtliche Dauerausstellung und Ausstellungen zur Erinnerungskultur [zu] präsentieren, d.h. als lokales NS-Dokumentationszentrum [zu] agieren"[2]. Damit einher ging eine Vereinbarung mit den Reiss-Engelhorn-Museen, die Stadtgeschichtliche Ausstellung im Zeughaus

---

„Typisch Mannheim!" – Die neue stadtgeschichtliche Ausstellung im MARCHIVUM

---

aufzugeben und diese Aufgabe fortan im neuen MARCHIVUM anzusiedeln.

Die Rahmenbedingungen

Bereits frühzeitig sahen die Bauplanungen vor, im Erdgeschoss des Bunkergebäudes die neue Stadtgeschichtliche Ausstellung anzusiedeln. Hierfür sprachen der einfache Zugang und die direkte Wegeführung für Besucherinnen und Besucher, aber auch die Möglichkeit, Serviceräumlichkeiten mit der Verbindung von Pforte und Shop sowie einer Garderobe einzurichten.

Knapp 500 Quadratmeter stehen der Ausstellung im Erdgeschoss zur Verfügung. Die Fläche ist untergliedert in vier Quadranten, die sich um das ehemalige Treppenhaus bzw. den heutigen Aufzug gruppieren. Nackte Betonwände prägen die Szenerie, darüber hinaus finden sich mit zwei Fluchtschleusen noch Relikte der ehemaligen Bunkerarchitektur. Eine Bespielung dieser eher schwerfälligen und drückenden Räumlichkeiten mit einer Ausstellung zur Stadtgeschichte stellte damit ganz besondere Anforderungen an das Ausstellungsteam und die Ausstellungsgestalter.

Die Vision

Wie kann heutzutage die Geschichte einer Stadt präsentiert werden? Und das in einem histori-schen, sperrigen Gebäude, ohne dass sie dort wie ein Fremdkörper wirkt? Wie kann man die Mannheimerinnen und Mannheimer überzeugen, dass es hier um ihre Geschichte geht?

Diese Leitfragen standen am Anfang einer längeren Diskussion, die von den Historikerinnen und Historikern des Stadtarchivs bzw. MARCHIVUM geführt wurde. Als ein Glücksfall erwies sich hierbei, dass mit dem kanadischen Museumsberater Stacey Spiegel ein international renommierter Experte gewonnen werden konnte, der bereits Beziehungen zur Stadt Mannheim pflegte. Mit seiner großen Erfahrung in digitaler Vermittlung entwickelte er gemeinsam mit dem MARCHIVUM die Vision einer konsequent digitalen, multimedialen Inszenierung der Stadtgeschichte. Damit beschreitet das MARCHIVUM neue Wege, die in der deutschen Archivlandschaft bislang einzigartig sein dürften.

Grundlegend für diese Entscheidung waren dabei folgende Überlegungen:

(1) Die digitale Technik verbindet in völlig neuer Weise Bilder und Texte miteinander und führt damit zu neuen Präsentationsformen. Anders als in der analogen Welt ist beispielsweise ein Bilderrahmen nicht mehr nur auf ein Bild, d.h. eine Darstellung, beschränkt; stattdessen kann er in digitaler Form gleichzeitig oder auch chan-

Abb. 2:
Digitale Bilderwand in der Stadtgeschichtlichen Ausstellung, Bereich 20. Jahrhundert.

Harald Stockert

gierend eine Vielzahl an Bildern anzeigen. Statt in sich ruhend wird er gewissermaßen aktiv und kann weitaus stärker auf die Vermittlung ausgerichtet werden als dies bisher möglich war. Und noch mehr: Mit Hilfe der Vernetzung der unterschiedlichen Medien wie Texte, Bilder, Filme, Töne oder Licht ist es möglich, über die einfache Zurschaustellung hinaus Inszenierungen zu entwickeln und damit multimedial zu wirken. Diese Form der musealen Darstellung nähert sich stärker als bisher der Wahrnehmungswelt der Besucherinnen und Besucher an, die ja ebenfalls multisensorisch und damit multimedial ist. Die Stadtgeschichte von Mannheim soll durch diese Multimedialität greifbar und vor allem erlebbar werden, indem möglichst viele Sinne angesprochen werden.

(2) Die Digitalisierung hat den Stellenwert von Bildern aufgrund ihrer Reproduzierbarkeit, ihrer einfachen Verbreitung und damit ihrer Allgegenwärtigkeit drastisch erhöht. Die Wahrnehmung hat sich im Vergleich zu früheren Jahrzehnten deutlich geändert, die Gesellschaft wie auch das Individuum definieren ihre Gegenwart in erster Linie anhand von Bildern, wohingegen Texte in den Hintergrund treten. Diese „Hegemonie des Visuellen" (so der Bildhistoriker Gerhard Paul) gilt auch für den Blick in die Vergangenheit.[3] Geschichte wird in der breiten Gesellschaft inzwischen vor allem piktoral wahrgenommen, es dominieren ikonographische Bilder, die sich viel stärker und leichter als früher ins kollektive Gedächtnis einprägen. Historikerinnen und Historiker haben dem in ihrer Vermittlungsarbeit Rechnung zu tragen. Diesem Auftrag ist das Team in der Entwicklung der Stadtgeschichtlichen Ausstellung gefolgt. Zur Darstellung von Ereignissen, Strukturen und auch Personen aus der Geschichte Mannheims wird stark mit Bildern gearbeitet, wobei diese immer auch zu kontextualisieren sind. Anlass und Intention des jeweiligen Urhebers müssen bei der Erstellung eines Bildes oder Filmes ebenso Berücksichtigung finden wie dessen Standortgebundenheit und die Zeitumstände. Das Hinterfragen von bildlichen Informationen zur Geschichte wird damit zu einem zentralen Lehr- und Lernziel der Ausstellung, was auch die piktorale Wahrnehmung der Gegenwart schärfen soll.

(3) Diese Überlegungen leiten über zur Zielgruppe der Stadtgeschichtlichen Ausstellung. Primäre Adressaten sind selbstverständlich alle, die an Mannheim und seiner Geschichte interessiert sind. Natürlich fokussiert sich eine Ausstellung in der Regel auf Einheimische, indem sie an Bekanntes anknüpft, sei es im hiesigen Fall an die Quadratestruktur, das Schloss oder den Wasserturm. Gleichwohl muss sie auch Externen einen leichten Zugang ermöglichen. Eine besondere Gruppe, die mit der Ausstellung im MARCHIVUM zudem angesprochen werden soll, sind Kinder, Jugendliche und junge Erwachsene. Ihnen die Geschichte ihrer Heimatstadt zu vermitteln, ihnen das Besondere wie auch Alltägliche vorzustellen und letztlich eine lokale Verbundenheit und Identität zu stiften, ist ein zentrales Ziel. Hier setzen die inhaltliche Ausrichtung, aber auch die technische Umsetzung und das ausstellungspädagogische Begleitprogramm mit speziellen Angeboten an. Junge Generationen sind *digital natives*, als solche bildorientiert und mit technischen Systemen vertraut und befreundet. Eine multimediale Ausstellung wird sie weitaus mehr ansprechen als etwa analoge Exponate in Vitrinen.

(4) Hier knüpft ein weiterer Aspekt an: Die multimediale Ausstellung soll nicht nur präsentieren, sondern auch interaktiv sein. Das heißt, die Besucherinnen und Besucher bekommen die Möglichkeit, selbst zu agieren. Digitale Erlebnisstationen sollen zum Mitmachen anregen und die Möglichkeit eröffnen, selbst in die Geschichte einzutauchen. Spielerische Elemente sind dabei ebenso vorgesehen wie immersive, das heißt sehr intensive und eindringliche Erlebnisse, die möglichst viele

Abb. 3:
Die Zielgruppe: Jugendliche im MARCHIVUM.

„Typisch Mannheim!" – Die neue stadtgeschichtliche Ausstellung im MARCHIVUM

Sinne ansprechen. Sogenannte *„serious games"* (ernsthafte Spiele) sind mittlerweile im Trend und finden längst im bildungspädagogischen Bereich ihre Anwendung, um spielerisch sinnhafte Inhalte zu vermitteln. Darüber hinaus wird durch die Erzählform des *„story telling"*, d.h. durch lebendig und spannend dargestellte Geschichte(n) die Aufmerksamkeit der Besuchenden erhöht, die dabei durchaus auch emotional angesprochen werden können. Ziel ist es, Wissen über die Geschichte der Stadt Mannheim und damit auch über deren Gegenwart zu vermitteln.

(5) Trotz seines neuen Namens ist das MARCHIVUM weiterhin im Kern das Archiv der Stadt Mannheim. Dieses verwahrt einen riesigen Schatz an historischen Unterlagen, die als Text- und Bilddokumente unterschiedlichster Art in frühere Zeiten zurückführen. Eine digitale Ausstellung bietet nun die Möglichkeit, weitaus mehr Quellen zu zeigen als dies in analoger Form möglich wäre. Oder auf einen Nenner gebracht: Der Bildschirm ist als digitale Vitrine fast unbegrenzt. So können eine Vielzahl historischer Dokumente, Bilder oder auch Filme gezeigt werden, die zudem das Publikum zum Recherchieren und damit zur Eigeninitiative einladen. Fernerhin kann die Ausstellung ohne größere Aufwände erweitert werden. Mehr noch,

aufgrund ihrer digitalen Modularität ist es durch den Austausch von Bildern und Texten möglich, sie inhaltlich neu zu bespielen und auch ganz neue Themenbereiche zu setzen. Die Hardware wird damit zur Bühne für immer wieder neue Konzepte – eine zeitgemäße Form musealer Darstellung mit Nachhaltigkeit. Die digitale Ausstellung ist damit eine ideale Möglichkeit für ein Archiv, seinen umfangreichen „Schatz der Möglichkeiten" (so Ulrich Nieß im Eröffnungsvortrag vom 4.11.2021) zu präsentieren.

Diese Überlegungen führten dazu, konsequent auf eine rein digitale Ausstellung zu setzen. Dies galt umso mehr, da diese Form auch der DNA des MARCHIVUM entspricht, das sich immer als ein Vorreiter im Bereich der archivischen Informationstechnologie und der Digitalisierung verstanden hat.[4]

Die Realisierung

Bereits zu einem frühen Zeitpunkt zeigte sich, dass für eine tiefere Ausarbeitung und anschließende Umsetzung des Konzepts externe Unterstützung notwendig war. Hierfür konnte mit der ARGE Tatwerk und Finke Media eine junge, innovative Unternehmensgemeinschaft aus Berlin gewonnen werden, die ihrerseits mit verschiedenen Freelancern und Start-Ups unter anderem aus Berlin,

Abb. 4:
Das Auf und Ab in der Stadtgeschichte Mannheims spiegelt sich deutlich in der Entwicklung der Bevölkerung wider.

Harald Stockert

Dresden, Köln und Paris kooperiert.[5] In gemeinsamen Workshops wurde zunächst das inhaltliche Profil der Ausstellung geschärft. Einvernehmen bestand von Anfang darüber, die Geschichte der Stadt in chronologischer Reihenfolge, aufgeteilt nach Jahrhunderten, zu erzählen. Um jedoch eine reine Aneinanderreihung historischer Episoden zu vermeiden, wurde ein roter Faden gesucht, um anhand dessen die Stadtgeschichte zu erzählen. Entsprechend stand die Frage im Raum: Was ist besonders an der historischen Entwicklung Mannheims? Was prägte die Stadt in Vergangenheit und Gegenwart, was unterscheidet sie von anderen Kommunen, was ist ihr historisches Profil? Auf diese Fragen gibt es sicherlich verschiedene Antwortmöglichkeiten, die jedoch alle über singuläre Ereignisse und einzelne Epochen hinausführen. In einem längeren Diskurs einigte sich das Team schließlich auf „Einschnitte und Bewegung" als Hauptnarrativ der Ausstellung. Ausschlaggebend waren folgende Überlegungen:

Wie bei nur wenigen anderen Städten ist die Geschichte der Stadt Mannheim von besonderen Blütezeiten wie auch drastischen Einschnitten geprägt. Mehrere „goldene Zeitalter" (z.B. Mitte 18. Jahrhundert, Ende 19. Jahrhundert) stehen Phasen der tiefen Depression und nicht zuletzt der Zerstörung der Stadt gegenüber (1648, 1689, Ende 18. Jahrhundert, Zeitalter der Weltkriege). Grafisch würde diese Entwicklung einer Fieberkurve mit außergewöhnlich starken Ausschlägen nach oben wie unten entsprechen.

„Bewegung" ist ein Grundelement in der Mannheimer Geschichte – und das in mehrfacher Hinsicht. Als Zuwanderungsstadt gegründet, ist Mannheim über die Jahrhunderte hinweg Ziel von Menschen, die hierherkommen, aber auch – mit Blick auf die Einschnitte – ein Ort, den viele wiederum verlassen (müssen). Migration ist demnach eine Konstante der Stadtgeschichte, die in der Ausstellung dargestellt wird. Darüber hinaus ist Mannheim auch eine Stadt geistiger Bewegung – sei es seit dem 18. Jahrhundert als Wissenschaftszentrum oder als Ort, an dem viele Erfindungen gemacht wurden, dies gerade auch im Bereich der Mobilität (z.B. Fahrrad, Auto).

Aufbauend auf dieses Narrativ wurden in einem zweiten Arbeitsgang „Leitthemen" für die einzel-

Abb. 5:
Orientierungsplan durch die Ausstellung.

nen Jahrhunderte definiert. Während im 17. Jahrhundert der Fokus der Geographie und der Stadtplanung gilt, stehen im 18. Jahrhundert Politik, Kultur und Wissenschaften im Mittelpunkt. Als Leitthemen des 19. Jahrhunderts wurden „Wirtschaft und Gesellschaft" gesetzt, für das 20./21. Jahrhundert „Politik und Gesellschaft". Diese Schwerpunkte wurden von den Kuratorinnen und Kuratoren als Arbeitshilfen in der Ausgestaltung der einzelnen Stationen zu Grunde gelegt, um dem Publikum ein gezieltes, jedoch auch vielschichtiges Eintauchen in die Geschichte der Stadt zu ermöglichen.

Eng verzahnt mit der Entwicklung der Inhalte wurden die Realisationsmöglichkeiten erörtert, neue Digitaltechniken und interaktive Präsentationsformen geprüft. Die Diskussionen waren dabei durchaus kontrovers, aber ertragreich. Dies galt besonders bei der Entwicklung einer gemeinsamen Text-Bildsprache und nicht zuletzt der Aus-

„Typisch Mannheim!" – Die neue stadtgeschichtliche Ausstellung im MARCHIVUM

wahl der Farbgebung der Ausstellung, die sowohl den Inhalten wie den räumlichen Gegebenheiten gerecht zu werden hat. Dabei zeigte sich, dass die Ausstellungsflächen in der bisherigen Form nur bedingt den Anforderungen genügten und Umbauarbeiten etwa bei der Klima- und Netzwerktechnik und dem Schallschutz unumgänglich waren. Mit Hilfe neuer Wände wurden zusätzliche Raumabschnitte gebildet, um die Ausstellung besser zu gliedern und die Wegeführung zu verbessern. Diese Arbeiten wurden 2020/2021 unter der bewährten Aufsicht des Architekturbüros Schmucker und Partner sowie der GBG – Mannheimer Wohnungsbaugesellschaft mbH durchgeführt.

Parallel dazu setzte das Team des MARCHIVUM zusammen mit den Ausstellungsmachern die inhaltliche Arbeit sowie deren technische Umsetzung fort. Die Corona-Pandemie mit ihren Begleiterscheinungen Homeofficepflicht und digitalem Arbeiten stellte hierbei eine zusätzliche Herausforderung dar, waren alle doch bisher gewöhnt, in gemeinsamer Präsenz Ideen zu entwickeln und zu kommunizieren. Dennoch gelang es, die Ausstellung kontinuierlich fortzuentwickeln. Als im Sommer 2021 endlich zahlreiche Pakete voller Beamer und Monitore das MARCHIVUM erreichten, konnte das Projekt auf die Zielgerade einschwenken. Freilich waren für den Aufbau und die Installation

noch viel Schweiß und Energie notwendig, auch Überstunden und Wochenendarbeit. Parallel dazu intensivierte das MARCHIVUM seine Öffentlichkeitsarbeit. Pressetermine zu einzelnen Stationen sollten ebenso Neugier wecken wie großformatige Plakataushänge im Stadtgebiet, Presseberichte und eine Social-Media-Kampagne. Und so wartete eine historisch interessierte Öffentlichkeit gespannt auf die Ausstellung, die dann mit großem Erfolg und begleitet von der medialen Berichterstattung in der ersten Novemberwoche 2021 eröffnet wurde.

Das Ergebnis

Etwa zwei Dutzend multimediale Stationen erwarten die Besucherinnen und Besucher in der Ausstellung. In ihnen werden, ausgehend vom skizzierten Narrativ „Einschnitte und Bewegung", die wichtigsten Ereignisse, Themen und Personen der Mannheimer Stadtgeschichte in unterschiedlichster Weise präsentiert. Das Publikum kann sehen, hören, erleben, fühlen, agieren, auch recherchieren und erfährt so mit Spaß und Spannung Interessantes und Wissenswertes aus der Stadtgeschichte.

Als spektakuläres Intro steht am Anfang der Ausstellung ein multimedial animiertes Stadtmodell. Mit moderner Projektionstechnik wird das aus Corian gefertigte, mehr als sechs Quadratmeter

Abb. 6:
Das multimediale Stadtmodell zu Beginn der Ausstellung.

Harald Stockert

Abb. 7:
Im „LAB" wird die
Geschichte der Künste
und Wissenschaften im
18. Jahrhundert präsen-
tiert.

umfassende, aktuelle Modell der Stadt zum Leben erweckt und auf eine Zeitreise in die Vergangenheit geschickt. Alte Festungswälle türmen sich auf und verschwinden, sich ändernde Flussverläufe graben sich durch die Szenerie, Licht und Schatten zeichnen das Wechselspiel von Stadtentwicklung und -zerstörung nach. Ergänzt wird die Animation durch großflächige Bildprojektionen an den Wänden des Raumes, dramaturgisch unterlegt mit spezifischen Geräuschen wie Kanonendonner, Vogelgezwitscher, dem Stöhnen einer Dampflok, dem Knattern des ersten Benz-Autos sowie den Stimmen von Sprecherin und Sprecher. In einem immersiven, ca. fünf Minuten dauernden Raumerlebnis erhält das Publikum so einen ersten Einblick in die über 400-jährige Geschichte der Stadt Mannheim bis hin zur Gegenwart.

Die weiteren Abschnitte der Ausstellung sind nach Jahrhunderten gegliedert. Hier gibt es jeweils neben einer einführenden Überblickstafel weitere Erlebnis- wie auch Vertiefungsstationen. Das 17. Jahrhundert thematisiert in einer digitalen Themenwand in Filmclips unter anderem die Gründung der Zuwanderungsstadt Mannheim, das Leben einer multinationalen wie -konfessionellen Gesellschaft aber auch die dramatische Zerstörung 1689. Dabei fließt nicht nur Altbekanntes in die Präsentation ein, sondern auch neueste Forschungsergebnisse zum Alltagsleben der Menschen, sei es der Nahrungsmittelversorgung, dem

Wohnungsbau bis hin zum Zitronenhandel um 1670.[6]

Gemeinhin gilt das 18. Jahrhundert als das „erste goldene Zeitalter" Mannheims. Der Wiederaufbau der Stadt, die Errichtung des Schlosses und die außergewöhnliche kulturelle Blüte sind eng verbunden mit den Namen der Kurfürsten Johann Wilhelm, Karl Philipp und Karl Theodor. Und alle drei kommen in der Ausstellung persönlich zu Wort. Hierfür wurden historische Porträts der Kurfürsten digital animiert, die sich nun ein veritables rhetorisches Battle liefern über die Frage, wer denn nun die größten Verdienste um die Stadt Mannheim habe – eine ganz besondere, augenzwinkernde Darstellung der Stadtgeschichte. Auch andere Aspekte des 18. Jahrhunderts werden präsentiert: Mit Hilfe nachgebildeter historischer Objekte im 3D-Druck wie einem Fernrohr, einem Mikroskop oder einer Viola d'amore erhalten Besucherinnen und Besucher die Möglichkeit, an einem Medientisch die Blütezeit Mannheims rund um die Akademie der Wissenschaften und des Nationaltheaters nachzulesen. Hier wie auch in den anderen Räumen gibt es zudem digitale Vertiefungsstationen, die mit weitergehenden Informationen zur jeweiligen Epoche aufwarten.

Der interaktive Höhepunkt in der Ausstellung ist zweifelsohne der sogenannte „Benz-Raum". Mannheim ist bekanntlich der Geburtsort des Automobils und so erscheint es naheliegend, das

„Typisch Mannheim!" – Die neue stadtgeschichtliche Ausstellung im MARCHIVUM

Abb. 8:
Das interaktive
Benzmobil.

Publikum auf eine Reise in jene Jahrzehnte um 1900 mitzunehmen, als das Automobil seinen Siegeszug antrat und Mannheim sich zur modernen Großstadt entwickelte. Entsprechend steht im „Benz-Raum" ein Nachbau des ersten Automobils bereit. Der Fahrersitz lädt zum Einstieg ein. Von hier aus kann man losfahren und das historische Mannheim erkunden. Der Wagen befindet sich inmitten einer hufeisenförmigen Leinwand, auf welche die historischen Straßenzüge projiziert werden. Fahrerin und Beifahrer erhalten somit ein atemberaubendes Raumerlebnis – mit einer Höchstgeschwindigkeit von 16 km/h. Mittels Lenkstab sowie Gashebel steuert man durch die digitale Kulisse, muss versuchen, Hindernisse zu umfahren, auf der Straße zu bleiben (was nicht so leicht ist). Dabei darf das Tanken nicht vergessen werden, den Sprit gibt es in der Apotheke am Straßenrand. Ergänzend dazu erhalten die Fahrenden anhand von historischen Bildern und Filmclips sowie Kurztexten informative Einblicke über das Zeitgeschehen.

Nach erfolgreich absolvierter Fahrt und möglicherweise auf wackeligen Beinen können Besucherinnen und Besucher im nächsten Raum tiefer in das 19. Jahrhundert eintauchen. Ein Raum voller Bildschirme mit Interaktionsmöglichkeiten zeigt, wie damals maßgebliche Grundlagen für die Stadt

und die moderne Gesellschaft gelegt wurden, mit wirtschaftlicher Expansion, der Industrialisierung, der langsamen Öffnung der Gesellschaft mit mehr Teilhabe für vorher Ausgeschlossene (Arbeiterschaft, Frauen, Minderheiten) sowie einer neuen kulturellen Blüte und der Entwicklung Mannheims zur Großstadt. Auch der Wasserturm darf dabei nicht fehlen; ihm ist eine eigene Station gewidmet, die zeigt, wie ein eigentlich technisches Gebäude sich zum Lieblingskind der Bevölkerung und Herzensanliegen einer Stadt entwickelte.

Dieses zweite „goldene Zeitalter" Mannheims endete jäh mit dem Ersten Weltkrieg, der in einer eigenen Szenerie mit einem Film dargestellt wird. Durch ihn gelangen die Besucherinnen und Besucher in das 20./21. Jahrhundert. Hier standen Kuratorinnen und Kuratoren vor der Herausforderung, eine ungemein komplexe und vor allem wechselhafte Zeit darzustellen, die sich bei weitem nicht auf die Schlagworte Weltkriege, Weimar, Nationalsozialismus und Nachkriegszeit reduzieren lässt. Darüber hinaus galt es Redundanzen zum NS-Dokumentationszentrum, das für das Obergeschoss des MARCHIVUM entwickelt wird, zu vermeiden. Vor diesem Hintergrund fiel die Entscheidung, für das 20. Jahrhundert die Rollen umzudrehen und Geschichte nicht einfach zu präsentieren,

Harald Stockert

sondern dem Publikum die Möglichkeit zu bieten, selbst zu agieren und zu recherchieren: Die Idee einer „Collection Wall" war geboren. Besucherinnen und Besucher können mit Hilfe mehrerer Bedienkonsolen in ein Bildarchiv zur Geschichte Mannheims im 20./21. Jahrhundert eintauchen und sich Fotografien, aber auch Plakate großflächig an einer Wand anzeigen und erklären lassen. Eine Suche nach Jahreszahlen ist dabei ebenso möglich wie nach Themen (Politik, Wirtschaft, Gesellschaft, Kultur etc.) aber auch nach Assoziationen (z.B. arm-reich, alt-neu, Mann-Frau). Fast 500 Bilder sind hier derzeit abrufbar, der Bestand wird dabei immer wieder erweitert und auch aktualisiert. Dieser multiperspektivische Ansatz bricht lineare Erzählweisen auf und eröffnet den Besuchenden die Möglichkeit, eigene Narrative aufzubauen. Sie bekommen nicht die Geschichte des 20. Jahrhunderts präsentiert, sondern erkunden selbstständig Inhalte, die ihren individuellen Interessen entsprechen. Und die Reaktion der Besuchenden, die diese Station gerne nutzen und über die Bilder und Themen angeregt diskutieren, gibt dem Konzept recht.

Mannheim ist natürlich mehr als nur Quadrate, Schloss und Wasserturm. Mannheim ist, um ein Zitat des früheren Oberbürgermeisters Hans Reschke aufzugreifen, eine „Stadt der Stadtteile". Diesem Aspekt wird in einer eigenen Station Rechnung getragen: Über eine großflächige, interaktive und begehbare Stadtkarte können Videos ausgelöst werden, in denen heutige Bewohnerinnen und Bewohner über ihren Stadtteil und auch über sich selbst berichten. Diese Station führt damit am Ende der Ausstellung zurück in die Gegenwart und gibt einen Eindruck von der Vielfalt der Stadtteile und ihrer Menschen.

Dieser Überblick mag an dieser Stelle reichen. Die Ausstellung bietet noch zahlreiche weitere Stationen, die es zu entdecken lohnt. Um Ansprüchen der Barrierefreiheit gerecht zu werden und sinneingeschränkte Menschen ebenfalls anzusprechen, gibt es neben einigen haptischen 3D-Modellen (z.B. Stadtgrundriss, Porträts) auch die Möglichkeit, einen interaktiven Mediaguide mit einer Tonspur, Gebärdensprache sowie Leichter Sprache zu benutzen. Hier sind Erweiterungen vorgesehen. Bereits jetzt können Menschen, die das Benzmobil nicht besteigen können, mit Hilfe eines Joysticks virtuell durch das alte Mannheim fahren. Die konsequent digitale Form der Ausstellung eröffnet außerdem die Möglichkeit, per Knopfdruck die Sprache, d.h. von Deutsch nach Englisch, zu wechseln. Weitere Sprachspuren sind vorgesehen.

Resümee
Die Resonanz des Publikums und die durchgängig positive Berichterstattung in den Medien haben gezeigt, dass der Ansatz einer konsequent multimedialen Ausstellung richtig ist. Rückmeldun-

Abb. 9:
Digital stößt auf Interesse: Zahlreiche Besucherinnen und Besucher im Multimediaraum 19. Jahrhundert.

„Typisch Mannheim!" – Die neue stadtgeschichtliche Ausstellung im MARCHIVUM

gen, seien sie persönlich, im Besucherbuch oder über die sozialen Medien, schwanken zwischen äußerst wohlwollend und euphorisch. Kritik gibt es allenfalls an Details (wie beispielsweise an den am Eröffnungswochenende teilweise noch nicht vollständig funktionierenden Stationen), das Konzept der Ausstellung, die Inhalte und die Art der Präsentation der Mannheimer Stadtgeschichte finden aber großes Lob. Und selbst die anfänglich gehegten Befürchtungen, die ältere Generation würde sich mit einer derart modernen und von Technik dominierten Darstellung schwertun, haben sich nicht bewahrheitet – im Gegenteil: gerade von dieser Seite gab es außergewöhnlich viel Zuspruch. Eine steigende Zahl von Nachfragen nach Führungen bestätigen die positive öffentliche Wahrnehmung. Auch aus dem Bereich der Schulen, für die ein spezielles Führungsprogramm entwickelt wurde, kommen sehr vielversprechende Rückmeldungen.

Mit der Ausstellung zur Stadtgeschichte ist es gelungen, das Profil des MARCHIVUM als „Haus der Geschichte" zu erweitern. Der nächste Schritt zum „Haus der Erinnerung" wird die Eröffnung des NS-Dokumentationszentrums im ersten Obergeschoss sein, für das ebenfalls ein multimediales Konzept ausgearbeitet wurde.

Das für die Stadtgeschichtliche Ausstellung gewählte Kernthema „Einschnitte und Bewegung" weist auf die Entwicklung Mannheims hin, das sich durch das Wechselspiel der Geschichte häufig in dramatischen Situationen wiederfand und sich daraufhin immer wieder neu erfinden musste. Neugierde, Offenheit für das Fremde und Innovationsbereitschaft gehört zur DNA der Mannheimerinnen und Mannheimer. Und so ist es nur folgerichtig und dem Markenkern der Stadt entsprechend, dass mit einer Ausstellung zur Stadtgeschichte Mannheims völlig neue Wege beschritten wurden – „Typisch Mannheim!" eben.

Anmerkungen

1 Dieser Aufsatz soll einen Einblick in die neue Stadtgeschichtliche Ausstellung „Typisch Mannheim!" geben. Ich bedanke mich an dieser Stelle beim Ausstellungsteam, bestehend aus Sarah Anil, Dr. Anja Gillen, Dr. Andreas Schenk, Dr. Susanne Schlösser, Elke Schneider, Ina Stenger, Dr. Thomas Throckmorton, der Projektmanagerin Silvia Köhler sowie dem Leiter des MARCHIVUM, Prof. Dr. Ulrich Nieß. Auch allen anderen Kolleginnen und Kollegen des MARCHIVUM, den befreundeten Institutionen Reiss-Engelhorn-Museen, dem Mannheimer Altertumsverein sowie dem TECHNOSEUM sei an dieser Stelle ausdrücklich gedankt.

2 So der Wortlaut im Beschluss vom 10.7.2014. Beschlussvorlage V336/2014.

3 Vgl. Rezension von Ingo Arend zu: Gerhard Paul: Das visuelle Zeitalter. Punkt und Pixel. Göttingen 2016, online unter: https://www.deutschlandfunkkultur.de/gerhard-paul-das-visuelle-zeitalter-von-bildakten-und-100.html (Abruf 9.3.2022)

4 Ulrich Nieß / Harald Stockert: Auf dem Weg zum digitalen Allrounder: Digitalisierung im Stadtarchiv Mannheim, in: Archivar. Zeitschrift für Archivwesen 68 (2015), S. 242–245.

5 An dieser Stelle sei dem Team der ARGE Tatwerk und FinkeMedia um Stefan Blaas, Daniel Finke, Dr. Christian Dirks, David Roth, und Margarete Warzecha gedankt.

6 Vgl. Susanne Schlösser: 1649–1689. „…ehrliche Leut von allen Nationen" Migration im Zuge der zweiten Stadtgründung, in: Philipp Gassert, Ulrich Nieß, Harald Stockert (Hg.): Zusammenleben in Vielfalt. Zuwanderung nach Mannheim von 1607 bis heute. Ubstadt-Weiher 2021, S. 30–49.

Thomas Throckmorton

Zettelschwärmer
Ein Crowdsourcingprojekt zu den Theaterzetteln des Mannheimer Nationaltheaters

Schon seit einigen Jahren beschäftigt sich die Archivwelt intensiv mit dem Thema Crowdsourcing. Ganz allgemein bedeutet der Begriff das Auslagern von Aufgaben an eine große Anzahl von Personen im Internet. Im Archiv heißt Crowdsourcing, dass Freiwillige online zusätzliche Erschließungsaufgaben übernehmen. Oft handelt es sich dabei um sog. Tiefenerschließungen, bei denen etwa bei genealogischen Quellen Namensregister angelegt oder Fotos genau beschrieben werden,[1] doch die Vielfalt der möglichen Quellentypen, Aufgaben und Zielgruppen ist sehr groß.[2] Für Archive ist Crowdsourcing vor allem aus zwei Perspektiven wertvoll: Zum einen kann Archivgut in einer Tiefe verzeichnet oder verschlagwortet werden, die im Arbeitsalltag nicht erreicht werden kann. Zum anderen ist Crowdsourcing eine attraktive Form der Bürgerbeteiligung, die das Archiv stärker an die Gesellschaft bindet und den Bürger*innen die Möglichkeit eröffnet, an der Pflege ihres historischen Erbes mitzuwirken. Ein gut geplantes Crowdsourcingprojekt kann ein Archiv somit fachlich und gesellschaftlich stärken – und mitunter extrem erfolgreich sein: die 2011 vom Stadtarchiv Amsterdam gegründete niederländische Crowdsourcingplattform *VeleHanden* hat mittlerweile insgesamt über 21.000 Teilnehmende.[3]

Im Februar 2022 hat das MARCHIVUM nun auch sein eigenes Crowdcourcingprojekt gestartet. Die Idee dazu gab es schon seit Längerem, ist es doch eine konsequente Fortführung der Linie des Hauses, das traditionell Wert auf die Einbindung von

Abb. 1
Frau Dr. Irmgard Siede, Reiss-Engelhorn-Museen, und Herr Dr. Thomas Throckmorton, MARCHIVUM, präsentieren gemeinsam in den Reiss-Engelhorn-Museen einen Theaterzettel aus dem Jahr 1861 vor dem Regal mit den einzelnen Bänden.
Foto: © Reiss-Engelhorn-Museen

Zettelschwärmer – Ein Crowdsourcingprojekt zu den Theaterzetteln des Mannheimer Nationaltheaters

Ehrenamtlichen legt und die digitale Transformation gezielt vorangetrieben hat. Beides zusammen ergibt gewissermaßen die „digitalen Ehrenamtlichen", die sich nicht mehr vor Ort, sondern online einbringen.

Die Theaterzettel des Nationaltheaters Mannheim

Recht früh gab es auch schon die Idee, dass ein etwaiges Crowdsourcingprojekt die Theaterzettel des Nationaltheaters als Gegenstand haben sollte. Theaterzettel sind Handzettel, die seit der Frühen Neuzeit existieren und tagesaktuelle Informationen zu anstehenden Theateraufführungen boten, etwa zum aufgeführten Stück, Vorstellungsbeginn, Eintritt, Regie und vielem mehr.[4] Die Theaterzettel des Mannheimer Nationaltheaters sind glücklicherweise hervorragend überliefert: In etwa 300 Bänden dokumentieren schätzungsweise über 100.000 jahrgangsweise gebundene Theaterzettel die Repertoiregeschichte des Hauses von 1779 bis 1982. Sie gehören zur theatergeschichtlichen Sammlung der Reiss-Engelhorn-Museen, die auch zahlreiche andere Stücke und Objekte zur Geschichte des Nationaltheaters Mannheim umfasst.

In einem gemeinsamen Kooperationsprojekt zwischen den rem, dem MAV und dem MARCHIVUM hat das MARCHIVUM im Jahr 2016 die Digitalisierung sämtlicher Bände ermöglicht, sich an den Kosten beteiligt und dafür im Gegenzug die Nutzungsrechte an den Digitalisaten erhalten. Der digitalen Strategie des MARCHIVUM folgend wurden diese in öffentlichen Datenbanken wie FindStar oder der DDB (Deutsche Digitale Bibliothek) eingestellt.[5] Wer in den Zetteln recherchieren möchte, muss aber noch immer mühsam die einzelnen PDF-Dateien durchblättern. Andere kulturgutbewahrende Einrichtungen haben bereits Datenbanken zu den Theaterzetteln bestimmter Schauspielhäuser erstellt, in denen verschiedene Kategorien gezielt durchsucht werden können.[6] Genau diese hat sich das MARCHIVUM zum Vorbild genommen.

Das Projekt Zettelschwärmer

Den konkreten Anstoß zum Projekt gaben schließlich die Einschränkungen im Zusammenhang mit der COVID-19-Pandemie, als Ehrenamtliche über einen langen Zeitraum hinweg nicht mehr im MARCHIVUM vor Ort arbeiten konnten. Zunächst ging es darum, für die Ehrenamtlichen eine Möglichkeit zu finden, das Haus auch von zuhause aus zu unterstützen. Diese Überlegungen wurden schließlich zugunsten des Crowdsourcingansatzes aufgegeben.

Wenn man als Archiv Crowdsourcing machen möchte, muss man sich zunächst darüber im Klaren sein: Es ist nicht umsonst zu haben. Es genügt nicht, einfach Daten zur Verfügung zu stellen und auf die Crowd zu warten – vielmehr sind im Vorfeld strategische, konzeptionelle, technische und organisatorische Fragen zu klären, wie sie bspw. in einem Kriterienkatalog des Landesarchivs Baden-Württemberg zusammengefasst sind.[7]

Auf strategischer Ebene stellt sich dabei zunächst die Frage: Warum Theaterzettel? Zuvorderst sind sie eine spannende Quelle, deren Erschließung Spaß macht, denn gerade über die älteren Zettel stößt man auf heute kaum bekannte Stücke, die zur detektivischen Recherche anregen. Sie sind eine Einladung an die Freiwilligen, über die bloße Erfassung benötigter Informationen hinauszugehen. Zugleich sind sie bei aller Variation klar strukturiert mit immer wiederkehrenden Angaben und – von den frühesten Jahrgängen abgesehen – gedruckt. Das ist wichtig, damit sie ohne große Hilfestellung von möglichst vielen Menschen problemlos nach einheitlichen Regeln verzeichnet werden können. Darüber hinaus spielen aber auch das Nationaltheater und sein Status in der Stadtgesellschaft eine wichtige Rolle: Das Haus ist fester Teil der städtischen Kultur mit überregionaler Ausstrahlung und bei den Mannheimer*innen beliebt. Damit ist eine gute Basis für die Crowd aus Freiwilligen vorhanden, die obendrein Personen umfasst, die zwar kulturaffin sind, aber nicht unbedingt einen starken Bezug zum Archiv aufweisen.

Es wurde schon erwähnt, dass möglichst viele Leute in der Lage sein müssen, die Zettel nach einheitlichen Regeln zu verzeichnen, was direkt zur konzeptionellen Ebene führt: Das konkrete Ergebnis des Projektes soll eine Datenbank sein, die nach verschiedenen Kategorien durchsucht werden kann. Deshalb ist Einheitlichkeit wichtig: Es muss eine fest definierte Zahl zu erfassender

Thomas Throckmorton

Felder geben, die wiederum nach klaren Vorgaben auszufüllen sind. Auch wenn es für die Wissenschaft wünschenswert wäre, alle Informationen aus allen Zetteln zu erfassen, müssen dabei die Bedürfnisse der Crowd berücksichtigt werden. Aus diesem Grund wurde bewusst auf die Aufnahme bestimmter Informationen, etwa zum Ensemble oder Bühnenbild, verzichtet, um Frustration durch überlange Bearbeitungszeiten zu vermeiden. Damit die Informationen nach einheitlichem Muster erfasst werden, wurde eine Verzeichnungsrichtlinie entwickelt.

Alle strategischen und konzeptionellen Überlegungen sind aber wertlos, wenn sie nicht technisch umgesetzt werden können. Im Kern geht es dabei immer darum, wie den Freiwilligen ermöglicht wird, online zu verzeichnen. Je nach Quellentyp, Auftrag und Ausstattung gibt es verschiedene Lösungen.[8] Das MARCHIVUM entschied sich für eine kostenaufwendige, aber professionelle Lösung und beauftragte die Agentur GOT Intermedia als bewährten Dienstleister des Hauses damit, eine eigene browserbasierte Eingabemaske zur Erfassung der Zettel zu entwickeln, die in mehreren Schleifen inklusive Probeverzeichnung durch einen Testnutzer optimiert wurde. Zusätzlich wurde ein Administratorbereich zur Verwaltung der Theaterzettel und Nutzer eingerichtet.

Damit ein Crowdsourcingprojekt erfolgreich sein kann, muss es nicht nur gut geplant und technisch realisiert werden, sondern benötigt auch Aufmerksamkeit, denn ohne Crowd kein Crowdsourcing. Aus diesem Grund wurde eine für das Archivwesen verhältnismäßig groß angelegte Werbekampagne gestartet, die neben der obligatorischen Pressemitteilung und dem Druck von Flyern auch die Schaltung einer Anzeige im Theatermagazin und den Dreh eines Werbeclips umfasste, der nicht nur online verbreitet, sondern auch beim Rhein-Neckar Fernsehen ausgestrahlt wurde. Für diese Kampagne konnte das MARCHIVUM zwar auch auf eigene Kanäle und Strukturen wie den Newsletter oder den Freundeskreis MARCHIVUM setzen, profitierte aber in hohem Maße von der partnerschaftlichen Unterstützung anderer Institutionen. So warb etwa auch der MAV in seinem Newsletter für das Projekt, während andere Einrichtungen wie die UB Mannheim Flyer auslegten. Hervorzuheben ist die Zusammenarbeit mit dem Nationaltheater Mannheim und seinen Mitarbeiter*innen sowie den Freunden und Förderern des NTM, die nicht nur Kanäle für Werbemaßnahmen bereitgestellt, sondern mit großem Einsatz die Produktion des Werbeclips unterstützt haben. Da in Zeiten von Videoplattformen die Ansprüche an die Qualität von Videoclips gestiegen sind und möglichst viele Menschen angesprochen werden sollten, wurde

Abb. 2
Die Eingabemaske zur Erfassung der Theaterzettel, in der die einzelnen Felder ausgefüllt werden.
Foto: MARCHIVUM

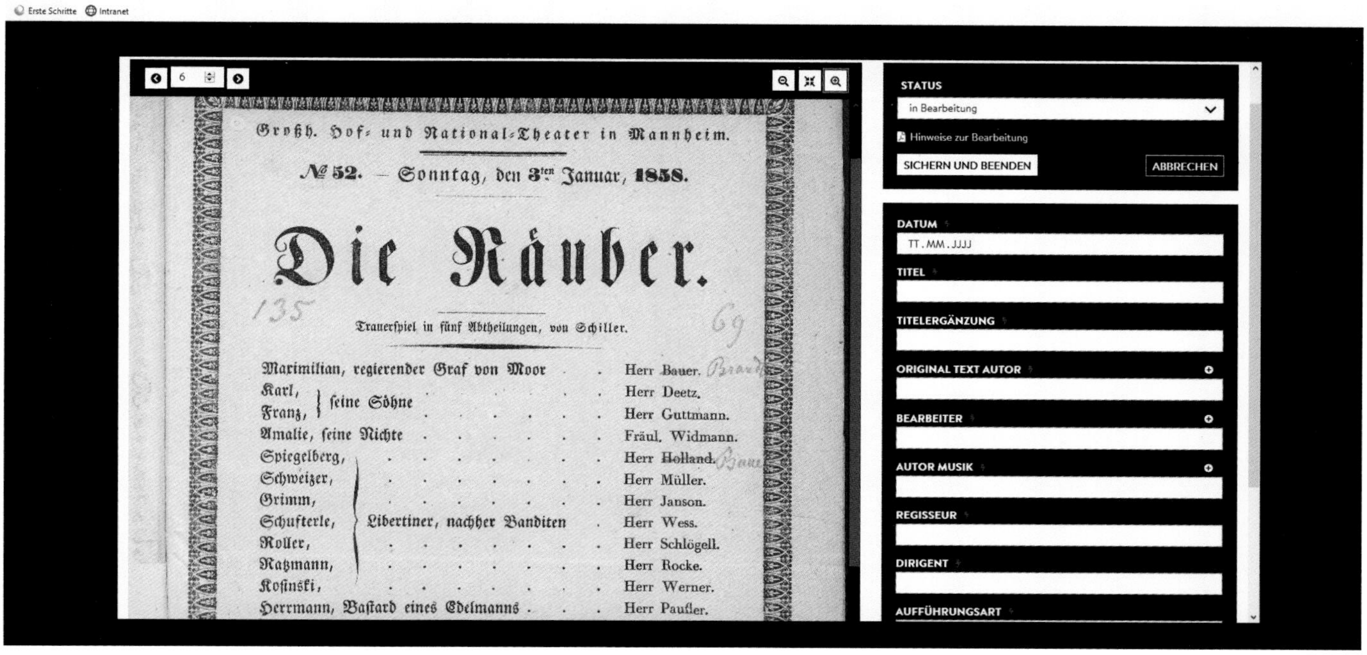

Zettelschwärmer – Ein Crowdsourcingprojekt zu den Theaterzetteln des Mannheimer Nationaltheaters

mit der Filmagentur skope eigens ein professioneller Partner beauftragt, der das MARCHIVUM bei der Konzeption des Drehbuchs unterstützte und den Film produzierte. Das Nationaltheater Mannheim stellte den Filmemachern mit einem alten Requisitenlager, der sog. „Wunderkammer", nicht nur einen wunderbar-skurrilen Drehort zur Verfügung, sondern warb im Ensemble um Freiwillige für den Film. Der Schauspieler László Branko Breiding fand die Idee des Projektes so sympathisch, dass er bereit war, vor der Kamera für den Film bereitzustehen. Allen Beteiligten sei an dieser Stelle für die Unterstützung der Werbemaßnahmen ganz herzlich gedankt! Schließlich wurde der Projektname Zettelschwärmer entwickelt, der neugierig machen soll und für die Crowd steht, die im Schwarm erschließt und für Theaterzettel schwärmt. In der Gesamtheit zielten alle Maßnahmen darauf ab, den Freiwilligen auf einer unprätentiös-lockeren Art zu begegnen, Freude an der Aufgabe zu vermitteln und sich von verstaubten Stereotypen, mit denen Archive mitunter zu kämpfen haben, zu distanzieren.

Ein nicht zu unterschätzender Aspekt bei Crowdsourcingprojekten ist die Organisation im Linienbetrieb – die Freiwilligen müssen betreut und die

Ergebnisse zumindest stichprobenartig einer Qualitätskontrolle unterzogen werden. Diese Aufgabe teilen sich drei Kolleg*innen im MARCHIVUM, um die Mehrbelastung für den Einzelnen beherrschbar zu halten. Die Qualitätskontrolle findet dabei auf mehreren Ebenen statt: Zunächst gibt es für die Freiwilligen die Möglichkeit, sich mit Fragen direkt an das Team zu wenden. Sind sie zudem bei einem Eintrag in der Erfassungsmaske unsicher, können sie diesen markieren, damit er bei der späteren Prüfung nicht übersehen wird. Zusätzlich sollen bei Neubenutzer*innen nach wenigen Wochen die ersten Einträge auf Fehler überprüft werden, um im Zweifel frühzeitig Hinweise geben zu können. Wenn ein Band abgeschlossen ist, erfolgt schließlich eine stichprobenartige Endkontrolle, die vor allem darauf abzielt, ob die Richtlinien eingehalten worden sind. Zu diesem Zweck kann das Administratorteam alle Einträge als Tabelle anzeigen lassen. Eine lückenlose Kontrolle inklusive Abgleich mit den einzelnen Zetteln wird dagegen nicht angestrebt und ist vom Aufwand nicht zu bewältigen. Bei Hinweisen auf eine große Fehlerdichte ist stattdessen geplant, den Band neu erfassen zu lassen und dann einen Abgleich zu machen – man spricht hier vom sog. *double-keying*.

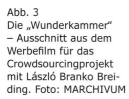

Abb. 3
Die „Wunderkammer"
– Ausschnitt aus dem
Werbefilm für das
Crowdsourcingprojekt
mit László Branko Breiding. Foto: MARCHIVUM

Thomas Throckmorton

Perspektiven

Das Projekt läuft seit Februar 2022 und bis zum Redaktionsschluss haben sich fast 40 Freiwillige gemeldet, was für ein archivisches Crowdsourcingprojekt sehr zufriedenstellend ist. Nach der ersten Anmeldungswelle in der Anfangszeit verzeichnen die Zettelschwärmer nach wie vor einen langsamen, aber kontinuierlichen Zuwachs – davon ausgehend ist das Ziel, bis zum Sommer insgesamt 50 Zettelschwärmer*innen geworben zu haben. Da es nur wenige Überschneidungen mit den Ehrenamtlichen gibt, die im MARCHIVUM vor Ort tätig sind, kann das Projekt in Bezug auf das Ziel der Bürgerbeteiligung als voller Erfolg gewertet werden, engagieren sich doch nun deutlich mehr Personen als jemals zuvor für das Haus. Aus persönlichen Mitteilungen der Teilnehmenden lässt sich außerdem schließen, dass auch Gruppen erreicht wurden, die bisher keinen Bezug zum MARCHIVUM hatten. Was die Ergebnisse anbetrifft, gilt es bis zur Datenbank noch einen weiten Weg zurückzulegen, denn die Erschließung der Bände (als Freizeitbeschäftigung!) erfordert Zeit und Geduld. Allerdings wurde kurz vor Fertigstellung dieses Beitrags Anfang April bereits der erste Theaterzettelband abgeschlossen.

„Crowdsourcing ist ein Prozess,"[9] d.h. das MARCHIVUM entwickelt sich gemeinsam mit dem Projekt und den Freiwilligen weiter. Hinsichtlich des konkreten Zeitaufwands und der Arbeitsabläufe bei der Qualitätskontrolle lernt das Administratorteam laufend dazu und passt bei Bedarf die Bearbeitungshinweise und die Eingabemaske an. Für die Zukunft wird die Herausforderung sein, die Beziehung zu den Freiwilligen zu pflegen, um aus der Zettelschwärmerei ein langfristig erfolgreiches Projekt zu machen – der Grundstein dafür ist gelegt und das MARCHIVUM freut sich auf einen spannenden gemeinsamen Weg mit seinen Zettelschwärmer*innen.

Interessierte können sich unter https://www.marchivum.de/de/zettelschwaermer registrieren.

Literatur und Webressourcen

https://www.archivportal-d.de/item/KVQMU73DBVJB2H7CR6I2YTSSHFSOS6H3 (04.04.2022).

https://digital.blb-karlsruhe.de/blb/theaterzettel/topic/view/2949538 (30.03.2022).

https://www.landesarchiv-bw.de/de/themen/mitmachprojekte/60586 (30.03.2022).

https://velehanden.nl/ (29.03.2022).

Graf, Nicole: Sie wussten mehr! Vielen Dank! „Offenes" Crowdsourcing im Bildarchiv der ETH-Bibliothek. In: Bienert, Andreas u.a. (Hrsg.): Konferenzband EVA Berlin 2016. Elektronische Medien & Kunst, Kultur und Historie: 23. Berliner Veranstaltung der internationalen EVA-Serie Electronic Media and Visual Arts, Heidelberg: arthistoricum.net, 2017, S. 163–168, https://doi.org/10.11588/arthistoricum.256.338 (30.03.2022).

Howell, Esther-Julia: Überlegungen zu einem Crowdsourcing-Konzept des Landesarchivs Baden-Württemberg. Leicht überarbeitete Fassung des Vortrags gehalten bei der Tagung „Offene Archive 2.1", Stuttgart, 4. April 2014, https://archive20.hypotheses.org/files/2014/06/Vortragstext_Crowdsourcing_f%C3%BCr-Blog_Hw_2104-05.pdf (30.03.2022).

Huber, Christian J. u.a.: Crowdsourcing in Archiven. Ein Werkstattbericht. In: Der Archivar 2/2020, S. 145–149.

Huber, Christian J.: Crowdsourcing – Viele Hände und lernfreudige Maschinen, 15.10.2019, https://vsa-aas.ch/crowdsourcing-viele-haende_lernfreudige-maschinen/ (29.03.2022).

Korte, Hermann: Theaterzettel. Eine (noch kaum) wiederentdeckte Quelle der Theatergeschichte. In: Ders. u.a. (Hrsg.): Medien der Theatergeschichte des 18. und 19. Jahrhunderts, Heidelberg 2015, S. 93–126.

Anmerkungen

1   Stellvertretend sei lediglich auf die verschiedenen Mitmachprojekte des Landesarchivs Baden-Württemberg verwiesen: https://www.landesarchiv-bw.de/de/themen/mitmachprojekte/60586 (30.03.2022).

2   Huber, Kansy und Lüpold definieren Crowdsourcingprojekte aus vier Perspektiven anhand des Quellenkorpus, des Crowdsourcingauftrags, der Crowdsourcingaktivität sowie der Zielgruppen und Ziele, vgl. Huber (2020), S. 147.

3   Stand März 2022, https://velehanden.nl/ (29.03.2022); vgl. zu dem Projekt den Blogbeitrag von Huber (2019).

4   Vgl. für einen Überblick zu Theaterzetteln Korte (2015).

Zettelschwärmer – Ein Crowdsourcingprojekt zu den Theaterzetteln des Mannheimer Nationaltheaters

5   Vgl. z.B. den Band von 1781 im Archivportal-D: unter der URL-Adresse https://www.archivportal-d.de/item/KVQMU73DBVJB2H-7CR6I2YTSSHFSOS6H3 (04.04.2022).

6   Vgl. stellvertretend die Datenbank der Badischen Landesbibliothek Karlsruhe: https://digital.blb-karlsruhe.de/blb/theaterzettel/topic/view/2949538 (30.03.2022).

7   Vgl. Howell (2014).

8   Das Bildarchiv der Bibliothek der ETH Zürich hat etwa bei einem Crowdsourcingprojekt in ihrer Online-Bilddatenbank eine Kommentarfunktion geöffnet, wo Hinweise zu Motiv und Datierung gegeben werden konnten, vgl. Graf (2017).

9   Huber (2020), S. 147.

Louisa van der Does

„Ein Arzt wurde nicht hinzugezogen..."
Leben und Sterben von Mannheimer ZwangsarbeiterInnen 1939 – 1945

Allgemeines

Von sämtlichen Verbrechen gegen die Menschlichkeit, die das NS-Regime während seines zwölfjährigen Bestehens verübte, ist die Zwangsarbeit dasjenige, das die meisten Menschen betraf: Schätzungsweise zwanzig Millionen Männer, Frauen und Kinder waren gezwungen, während des Zweiten Weltkrieges für das Deutsche Reich zu arbeiten. Sie stammten aus einem Dutzend verschiedener Länder, und waren im Kernland, aber auch in den besetzten Gebieten im Einsatz. Die Arbeitsbereiche waren vielfältig – Bau, Industrie, Landwirtschaft und Hauswirtschaft zählen jedoch zu den wichtigsten. Etliche der so bezeichneten „Fremdarbeiter" kamen auch zu Tode, aufgrund oder im Zusammenhang mit ihrer unfreiwilligen Tätigkeit. Wieviele es waren, ist bis heute nicht exakt nachvollziehbar. Die Zwangsarbeit war während der Kriegsjahre Alltag in Deutschland; ein allgegenwärtiges Phänomen und für jedermann deutlich sichtbar.

Dieses Phänomen hat jedoch kaum Spuren hinterlassen, die heute noch sichtbar wären. Die Betroffenen hatten nur selten die Möglichkeit, aus der Heimat persönliche Gegenstände mitzubringen. Ihre Unterbringung bestand aus Provisorien, die die Zeit nicht überdauert haben. Hinzu kommen als tilgender Effekt die Zerstörung im Luftkrieg und der Wiederaufbau. Erinnerung und Orte wurden ausgelöscht. Trotzdem, und ohne dass wir uns dessen bewusst sind, befinden wir uns selbst heute noch oft in unmittelbarer Nähe zum Thema NS-Zwangsarbeit. Ganz zwangsläufig bewegen wir uns im Alltag auf seinen Spuren. Obwohl das Thema für das Leben so vieler Menschen bestimmend war, ist es aber doch weit weniger in unserer Erinnerung lebendig als andere Gewalttaten des NS-Staats, die zahlenmäßig sehr viel kleinere Opfergruppen betrafen, Gruppen, die im Zuge der Vergangenheitsbewältigung noch weiter verkleinert und ausdifferenziert werden.

Abb. 1
Fremdarbeiter Bunkerbau Feudenheim 1941,
Foto: MARCHIVUM,
AB000270-028

Leben und Sterben von Mannheimer ZwangsarbeiterInnen 1939 – 1945

Hintergründe

Tatsächlich war der Umfang der Zwangsverschleppung und -ausbeutung gigantisch. Um ihn zu erfassen, müssen zunächst zwei Prämissen akzeptiert werden, die in der Kriegssituation gegeben waren. Zum einen erlebte Deutschland in den fraglichen Jahren einen ausgeprägten Mangel an Arbeitskraft. Er war bedingt durch den Einsatz an der Front, wo Arbeitskräfte gebunden waren, und von wo viele Männer nicht zurückkehren sollten. Sie hinterließen eine Lücke in den kriegswichtigen Unternehmen und in den Agrarbetrieben, die die Ernährung der Bevölkerung zu gewährleisten hatten. Die deutschen Frauen stellten ein Potential an Arbeitskraft dar, das aus Rücksicht auf die im Nationalsozialismus gängigen Vorstellungen von Geschlechterrollen nicht voll ausgeschöpft wurde[1]. Als Ersatz waren für die NS-Führung also nur noch „importierte" Arbeitskräfte denkbar, um den Kollaps von Wirtschaft und Landwirtschaft aufzuhalten. Welche Auswirkungen dies auf das Leben der Menschen haben sollte, aus denen sich das millionenstarke Arbeiterheer zusammensetzte, wurde nicht reflektiert. Es handelte sich um rein politisches Kalkül, wie die Weiterführung des Krieges ermöglicht werden könne.

Zum anderen hatten die „Fremdarbeiter" im NS-Staat nicht denselben Stellenwert wie deutsche Arbeiter. In diesem Sinne stellt die NS-Rassenideologie eine weitere historische Prämisse für den Einsatz von Zwangsarbeitern dar. Sie sprach jeglichen ethischen Skrupeln, sich ausländischer Arbeitskräfte zu bedienen, die Legitimation ab. „Fremdblütige" auszubeuten, wurde nicht nur als moralisch unbedenklich, sondern geradezu als rassenpolitisch wünschenswerter Nebeneffekt ausgelegt. Widerstand aus der deutschen Bevölkerung war dabei kaum zu erwarten, nachdem diese schon seit Jahren durch Antislawismus sowie Blut-und-Boden-Ideen ideologisch vorbereitet worden war. In gewisser Weise war NS-Ideologen die Vorstellung, diese ja angeblich fremden und feindseligen Menschen ins Land zu holen, zwar suspekt. Besonders die Angst vor politischer Unterwanderung durch Spione und die befürchtete biologische Verschmelzung der verschiedenen Bevölkerungsteile schienen dazu Anlass zu geben. Die mehr pragmatischen Überlegungen sollten dann allerdings solche Vorbehalte kompensieren.

Die NS-Führung setzte also auf die arbeitspolitische Strategie, Menschen aus den besetzten Gebieten in West- und Osteuropa und aus den verbündeten und neutralen Staaten nach Deutschland zu holen. Während zunächst versucht wurde, dies durch Werbung zu erreichen, reagierte man auf den ausbleibenden Erfolg mit Zwangsmaßnahmen. Dazu gehörte die Konskription, also die unfreiwillige Aushebung nach Jahrgängen[2]. Die Rekrutierung nahmen die lokalen Arbeitsämter vor, auch staatliche Organisationen wie etwa der *Service du Travail Obligatoire* in Vichy-Frankreich. Der Letztere hatte auch die Möglichkeit, gegen die Bereitstellung eines bestimmten Quantums an Arbeitern die Heimkehr französischer Kriegsgefangener zu erwirken, wobei der Austausch in keinem zahlenmäßig gerechten Verhältnis stattfand[3]. Im Osten ließ man zunehmend auch Deportationen und regelrechte Menschenjagden stattfinden, um neuer Arbeiter für das Deutsche Reich habhaft zu werden.

Täter, Opfer

Die Haupttäter waren Angehörige der NS-Elite und hatten hierarchisch geordnet weitere Personen, Gruppen, Verbände und Institutionen unter

Abb. 2
Zwangsarbeiter bei Aufräumarbeiten 1943, Foto: MARCHIVUM, AB04262-039

Louisa van der Does

sich, die der Bezeichnung „Täter" entsprechen. Die Zentrale Organisation der NS-Zwangsarbeit war Sache des SS-Wirtschafts- und Verwaltungshauptamtes, des Rüstungs- und des Reichsarbeitsministeriums. Die Befugnisse von Letzterem gingen ab 1942 dann in der Person Fritz Sauckels auf, dem Generalbevollmächtigten für den Arbeitseinsatz. Erfasst und auf Einsatzorte verteilt wurden die Arbeiter durch die Arbeitsämter, die Deutsche Arbeitsfront, und verschiedene staatliche Arbeitsorganisationen, wie zum Beispiel die Baugruppe Todt des Rüstungsministeriums. Die SS „verlieh" darüber hinaus an zahlreiche Groß- und Kleinunternehmen Zwangsarbeiter. Die Gebühr für einen Arbeiter betrug dabei vier bis sechs RM pro Person und Tag[4]. Die Unternehmen, die von dieser Möglichkeit Gebrauch machten, gliederten sich als Nutznießer in das System Zwangsarbeit ein. Abstand davon zu nehmen, bedeutete, über kurz oder lang dem Konkurrenzdruck billiger und schneller produzierender Unternehmen zu erliegen.

Die Opfer der NS-Zwangsarbeit machten gegen Ende des Krieges etwa ein Viertel der gesamtdeutschen Arbeitskräfte aus[5]. Sie können grob drei Gruppen zugeordnet werden: Es waren Kriegsgefangene, KZ-Häftlinge und Zivilisten. Dabei waren die Zivilisten teils in sogenannten Nacht- und Nebelaktionen, teils aber auch in aller Öffentlichkeit aus den besetzten Gebieten verschleppt worden. Andere hatten sich zu Kriegsbeginn freiwillig für den Einsatz im Deutschen Reich gemeldet. Über die damit verbundenen Bedingungen waren sie jedoch nicht hinlänglich aufgeklärt worden.

Auch ein großer Teil der Kriegsgefangenen wurde zu zivilen Arbeitern erklärt, sodass schützende Bestimmungen des Völkerrechts für sie keine Gültigkeit mehr haben sollten. Das geschah beispielsweise mit den italienischen Militärinternierten nach dem Sturz Mussolinis 1943, woraufhin sich in dieser Gruppe eine besonders hohe Mortalität einstellte[6].

Der weitaus größte Teil der sogenannten „Fremdarbeiter" stammte aus Ländern unter sowjetischen Einfluss, aber auch die Zahl der westeuropäischen Arbeiter war beträchtlich. Der Frauenanteil an der Zwangsarbeit betrug auf Seiten der Sowjetbürger die Hälfte, bei den polnischen ein Drittel und bei den anderen Nationalitäten variierte er zwischen 5 und 20 Prozent[7]. Die meisten Menschen in der Zwangsarbeit waren im Alter zwischen 18 und 30 Jahren, sie konnten aber auch erheblich älter oder jünger sein. Teilweise wurden etwa Angehörige und sogar ganze Familien mit deportiert. Es gab auch minderjährige Arbeiter,

Abb.3
Zwangsarbeiter beschäftigende Mannheimer Firmen, Eigene Darstellung

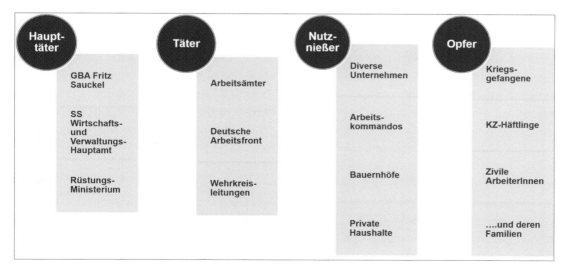

Abb.4
Täter und Opfer der NS-Zwangsarbeit, Eigene Darstellung

Leben und Sterben von Mannheimer ZwangsarbeiterInnen 1939 – 1945

Abb.5
Arbeitsbuch, Französisches Kind aus St. Dié als Zwangsarbeiter bei Bopp & Reuther 1944, Foto: David Kessler, MARCHIVUM, AB02119-I-004

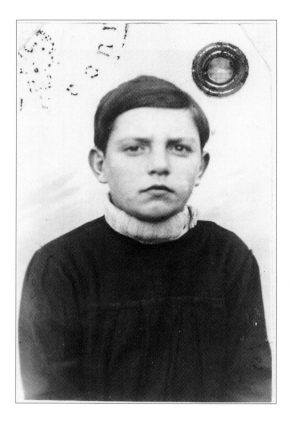

Ernährungsamtes für den gesamten Kriegszeitraum die 30.000 als Näherungswert zu ermitteln[8].

Auch die genaue Zusammensetzung der Gruppe der Zwangsarbeiter zum jeweiligen Zeitpunkt ist nicht zufriedenstellend bestimmbar. Bekannt ist lediglich, dass in den 30.000 zahlreiche aus dem Wehrkreis XII überstellte Kriegsgefangene inbegriffen sind, also Häftlinge der Stalags in Hessen, Pfalz und Elsaß. Dazu gehören außerdem ab Herbst 1944 die etwa 1.000 Häftlinge des KZs in der Friedrichschule in Mannheim-Sandhofen und die 100 – 200 Häftlinge des Außenkommandos Hinzert auf dem Fliegerhorst Sandhofen. Es gab auch zahlreiche Zivilisten aus Ost und West, wie zum Beispiel die Opfer der Vogesen-Deportation von 1944. Ausländermeldedaten und standesamtliche Unterlagen geben über die Todesfälle Aufschluss, die sich in der Gruppe der zivilen Arbeiter ereigneten. 1.360 dieser unfreiwilligen Hilfskräfte überlebten die Zeit in Mannheim nicht.

Situation der Zwangsarbeiter

Über die Situation der Zwangsarbeiter vor Ort können kaum Aussagen von Allgemeingültigkeit getroffen werden. Zahlreiche Faktoren spielten hier eine Rolle, vor allem die Bewertung nach rassistischen Kriterien. Vor allem die als „Ostarbeiter" bezeichneten Sowjetbürger und die polnischen Arbeiter waren Opfer von Schikane in lebensbedrohendem Ausmaß. Sie wurden mit Aufnähern an ihrer Kleidung diskriminiert und für jedermann erkennbar gemacht. Geringere Lebensmittelrationen wurden mit der Behauptung gerechtfertigt, dass der Lebensstandard im Osten ohnehin niedriger sei als in Deutschland und dort lebende Volksgruppen sich dem längst durch besondere Genügsamkeit angepasst hätten[9]. Den Lohn dieser Menschen besteuerte man mit der sogenannten „Ostarbeiterabgabe". Nach Abzug von Abgaben für Kost und Logis bestand der tägliche Lohn in Pfennigbeträgen. Nicht selten wurde er überhaupt nicht ausbezahlt, sondern im Rahmen des „Ostarbeitersparens" einbehalten, dies auch, um Fluchtversuche zu unterbinden.

Briefe, die osteuropäische Arbeiter in die Heimat schrieben, wurden zunächst zensiert, schließlich ganz verboten. Das hatte den Hintergrund, dass sich die Zustände auf den Arbeitsstätten in

besonders im Fall der sowjetischen Verschleppten, die für die NS-Ideologen in der rassistischen Rangordnung ganz unten standen. Hier mussten Kinder bereits ab einem Alter von zehn Jahren Zwangsarbeit leisten. Es gab aber auch minderjährige Arbeiter anderer Nationalität.

Die Mannheimer Opfer der Zwangsarbeit sind quantitativ schwer greifbar. In dem Bemühen, sie zu zählen, kann man sich an erhaltenen Listen der verschiedenen Lager und Betriebe orientieren. Diese Dokumente sind jedoch auf unterschiedliche Weise interpretierbar. Schwankungen in der Belegstärke können auf Todesfälle, Umverlegungen oder einen generellen „Schichtwechsel" hindeuten. Die Problematik besteht darin, dass einzelne Personen längst nicht immer identifiziert werden können. Fotos, die dabei hilfreich wären, sind für gewöhnlich nicht verfügbar. Manche Listen nennen sogar nur Zahlen und Nationalitäten, jedoch keine Namen. Andere kranken an der fehlenden Sorgfalt, mit der sie geführt wurden. Mehrfache Nennungen, falsch geschriebene oder eingedeutschte Namen erschweren den Versuch, einen Überblick zu gewinnen. Trotzdem war es möglich, anhand von Listen des Verkehrs- und des

Louisa van der Does

Deutschland nicht herumsprechen sollten, was die Rekrutierung weiterer Arbeiter im Osten erschwert und die Menschen dort ermutigt hätte, sich zu den Partisanen zu flüchten. Die Situation in Deutschland verschärfte sich noch durch die sogenannten Polen- bzw. Ostarbeitererlasse (1940 / 1942). Dies waren Bestimmungen zum Umgang mit den Arbeitern. Sie kriminalisierten freundschaftliche oder gar sexuelle Beziehungen zu Deutschen. Gleiches galt nicht für die als „arisch" empfundenen Westarbeiter, obwohl auch hier ein entsprechender Umgang nicht gern gesehen war.

Die Ernährung der Zwangsarbeiter war in der Regel mangelhaft und lag weit unter den Sätzen, die für die deutsche Bevölkerung in Form von Essensmarken festgesetzt waren. Doch auch in

```
Kochanweisung für Arbeiter aus den Ostgebieten!
--------------------------------------------------

Morgensuppen:                Mengenberechnung für je 100 Personen.
                             ======================================
Gemüseschrotsuppe
=================

    Zutaten: 50 Ltr. Brühe (Gemüse- oder Kartoffelbrühe)
             4,5 kg  Roggenschrot
               5 kg  Suppengemüse
              20 kg  Kartoffeln
             Salz, Pfeffer, fr. oder getr. Kräuter, Tomatenmark.
    Zubereitung:
    Der Roggenschrot wird trocken geröstet und mit dem fein ge-
    schnittenen Suppengemüse gegart. Kartoffeln in Würfel geschnit-
    ten und gesondert gedämpft und zu der Roggenschrotsuppe gege-
    ben. Abschmecken mit Salz, fr. oder getr. Kräutern, Schnittlauch,
    Petersilie usw.. Wenn möglich auch mit Fleischwürze oder Hefe-
    Extrakt.

                    -.-.-.-.-.-.-

Rote Beetensuppe mit Vollkornschrot
===================================

    Zutaten: 50 Ltr. Knochen- oder Wurstbrühe, Gemüse-Kartoffel-
                     brühe oder Wasser
            12,5 kg  Rote Beeten
             4,5 kg  Roggenschrot
               1 kg  Zwiebeln
              20 kg  Kartoffeln
             Salz, Essig, Zucker, Petersilie, Dill
               5 kg  Weisskohl
             2,5 kg  Suppengemüse
    Zubereitung:
    Kartoffeln waschen und schälen und in kleine Würfel schneiden,
    Weißkohl und Suppengemüse putzen, waschen und schneiden. Sup-
    pengemüse und Weißkohl 10 - 15 Minuten kochen, Kartoffeln und
    Roggenschrot dazugeben. Die roh geriebenen roten Rüben hinzu-
    fügen, dann mit Salz, Essig, Zucker abschmecken. Fein gehackte
    Zwiebeln und Kräuter zum Schluss zugeben. Die roten Rüben können
    auch, in Stücke geschnitten, mitgekocht werden.

                    -.-.-.-.-.-.-

Suppe von Roggenvollkornschrot
==============================

    Zutaten: 50 Ltr. Brühe oder Wasser
               5 kg  Roggenvollkornschrot

    Zubereitung:
    Roggenvollkornschrot am besten abends vorher einweichen. Brühe
    kochen und die eingeweichte Masse einlaufen lassen. Etwa 15 -
    20 Minuten aufkochen lassen. Man kann als Geschmack etwas Toma-
    tenmark, Lorbeerblätter und Kümmel andünsten und zugeben. Ab-
    schmecken mit Salz und dtsch. Pfeffer.
    Roh gehacktes Gemüse, gleich welcher Art, ergibt eine wesent-
    liche Aufbesserung.

                    -.-.-.-.-.-.-
```

Abb.6
Kochanweisung für Arbeiter aus den Ostgebieten, Akte Stadtwerke, Zug.-/1954, Nr. 65, MARCHIVUM AB02119-I-010

Leben und Sterben von Mannheimer ZwangsarbeiterInnen 1939–1945

dieser Hinsicht lassen sich keine pauschalen Aussagen treffen. Die Ernährungssituation war eng an die Arbeitsstelle und den Unterbringungsort gekoppelt. Sie konnte auf einem Hof oder in einer Familie sehr viel besser sein als in einem durch die SS verwalteten und bewachten Fremdarbeiterlager, geschweige denn im KZ. Dasselbe galt auch für Freiheiten wie den Ausgang in die Stadt. Derartiges war für KZ-Häftlinge undenkbar, für zivile Zwangsarbeiter aber unter Umständen durchaus möglich. Hierdurch eröffnete sich ihnen dann auch die Möglichkeit, an den Türen um Essen zu bitten, zusätzlich Arbeit anzunehmen, oder auf dem Schwarzmarkt die nötigen Nahrungsmittel einzutauschen.

Berichte über das Franzosenlager in der Diesterwegschule geben Aufschluss über eine derartige, etwas freiere Situation. Die Männer, die dort untergebracht waren, hatten Gelegenheit zu Ausflügen in die Stadt; sie konnten die Straßenbahn nutzen und Landsmännern in anderen Unterkünften Besuche abstatten. Sie hatten auch Zugang zu Kinos, dem Strandbad und verschiede-

nen Gaststätten, in denen ihnen das sogenannte Stammessen angeboten wurde. Es handelte sich beim „Stamm" um fleischlose Mahlzeiten, die man ohne Lebensmittelmarken erhalten konnte. Bezugskarten dafür durften nur Arbeiter bekommen, die nicht in Lagerverpflegung standen, weil das Ernährungsamt eine Doppelversorgung dieser Arbeiter ausschließen wollte. In der Lokalpresse wurde außerdem gegen Ausländer Stimmung gemacht, die angeblich dem deutschen Arbeiter die Stammgerichte wegessen und diesen zwingen würden, seine kostbaren Lebensmittelmarken einzusetzen[10].

Es gab auch in den Quadraten einen informellen Treffpunkt, die *Amicale*, in der französische Arbeiter gelegentlich zusammenkamen. Unglücklicherweise ist die genaue Lage dieses Ortes nicht mehr zu rekonstruieren. Er befand sich in der Nähe des Ufa-Palastes (N 7, 3), vermutlich auch in den Räumlichkeiten eines Kinos. In seinem Kriegstagebuch erwähnt es der ehemalige Vogesendeportierte Hubert Andersen, der im Lager Diesterwegschule untergebracht war: „Samstag 11.11.:

Abb.7
Auszug aus Bestimmung des Ernährungsamtes über die Bezugsberechtigung für das Stammgericht, MARCHIVUM, Bestand Ernährungs- und Wirtschaftsamt 2/1958 Nr. 00523

Abb.8 links unten
Diesterwegschule, Foto: Eigenes Werk

Abb.9 rechts unten
Bezugsscheine für das Stammgericht, MARCHIVUM, Stadt Mannheim. Ernährungs- und Wirtschaftsamt 2/1958 Nr. 00523

a) Ausländische Zivilarbeiter die nicht in Gemeinschaftsverpflegung stehen und demgemäss im Besitze von Karten für ausländische Zivilarbeiter sind (sog.AZ/Karten auf gelbem Papier können jeden Tag nur ein Stammessen bestellen.Sie müssen dabei die AZ/Karte vorlegen,auf der der Gastwirt oder die Bedienung zum Beweis für die Abgabe eines Stammessens das Datum aufzuschreiben hat. Von der Kartenperiode 61 ab sind auf der Rückseite der genannten Karten 4 x 7 Felder aufgedruckt,von denen bei der Bestellung eines Stammessens eines zu entwerten ist.

Louisa van der Does

[..] begegnen zwei französischen Kriegsgefangenen, die uns zur Amicale einladen. Nachmittags gehen wir hin. Das ist ein Fleckchen Frankreich in Deutschland – guter Empfang."[11] Die westeuropäischen Arbeitskräfte hatten also Möglichkeiten, sich die Freizeit zu gestalten. Dass aber auch ihre Lebenssituation nicht beneidenswert war, belegen die Erinnerungen aus dem Lager.

Selbstredend war die Unterbringung der Arbeiter am schlimmsten im streng überwachten und unterversorgten KZ, aber auch die größeren Ausländerlager waren oftmals nur Ansammlungen von notdürftigen Baracken. Zu den größten Lagern gehörte das Gemeinschaftslager in der Düsseldorferstraße im Industriegebiet Rheinau. Auch das Heinrich-Lanz-Lager am Paul-Billet-Platz in Almenhof, am heutigen Standort der Maria-Hilf-Kirche, muss im Lauf der Jahre tausende von Arbeitern beherbergt haben. Die Baracken waren nur teilweise geheizt und oft gab es im Winter kein fließendes Wasser. Solchen Bedingungen gemäß waren die hygienischen Zustände. Ungeziefer war ein ständiger Begleiter der Insassen und Krankheiten griffen um sich. Nach der Besichtigung eines Lagers der Weinheimer Firma Freudenberg 1942 äußerte die Unternehmergattin Sibille Freudenberg: „Da liegen sie auf Stroh, haben keine Schränke, nur ein paar Decken, also keine abgeteilte Liegestatt, die Fenster sind vergittert, das ist schon alles furchtbar."[12] Einzeln bei Privatleuten untergebrachte Arbeiter konnten in dieser Hinsicht mehr Glück haben. Sie hatten dann allerdings keinen Kontakt zu ihren Leidensgenossen, und blieben isoliert unter den sie umgebenden Menschen. Dazu trugen die Sprachbarriere, aber auch die offiziellen Bestimmungen und Vorurteile rassistischen Inhaltes bei. In psychologischer Hinsicht dürfte diese Situation sehr belastend gewesen sein.

Belastend und hart waren oft auch die Umstände der Zwangsarbeit an sich. In Abhängigkeit von Einsatzort, Aufgabe und Arbeitgeber rangierten sie zwischen Erträglichem und Lebensgefährlichem. Das schlimmste Schicksal war auch hier das der KZ-Häftlinge, da sie die längsten Schichten arbeiten mussten und dem SS-Wachpersonal unterstanden. In kleineren Betrieben und privaten Haushalten konnten die Dinge je nach Neigung des Inhabers oder der Hausfrau entspannter

Abb.10
Fremdarbeiter Bunkerbau Feudenheim 1941,
Foto: MARCHIVUM,
AB000270-107

gehandhabt werden. Das Reglement musste hier nicht so streng eingehalten werden, weil es keine Aufsicht gab. Ungeachtet diesen Gefälles kam es häufig zu Arbeitsunfällen, auch zu solchen mit tödlichem Ausgang. Die Arbeit fand zu oft unter unsicheren Bedingungen statt, wie zum Beispiel beim Bau der Autobahnbrücke bei Sandhofen. Am 12. Dezember 1940 stürzte diese ein[13] und mehr als 40 Arbeiter kamen ums Leben, deren Körper rheinabwärts an Land getrieben wurden. Grund für solche Vorfälle war die Gleichgültigkeit von Vorarbeitern, Bauleitern und Firmenchefs gegenüber den Zwangsarbeitern, die ihnen letztlich als ersetzbare Ressource galten, weshalb kein ausreichender Schutz am Arbeitsplatz gewährleistet wurde.

Die Tatsache, dass dieses allgemein sichtbare Verbrechen an den ausländischen Arbeitern verübt werden konnte, ohne dass es zu einer nennenswerten Reaktion durch die Bevölkerung kam, ist in der Retrospektive erschütternd. Denn tatsächlich gab es von Seiten der Deutschen keinen Protest, und Hilfe wurde nur ganz sporadisch geleistet. Nicht entschuldigen, aber erklären helfen können folgende Feststellungen: Die Menschen vor Ort litten selbst unter den verschärften Lebensbedingungen während des Krieges. Sie waren mit ihren eigenen Problemen beschäftigt und verschlossen sich darum den Nöten der Menschen aus der Fremde. Und sie waren auf die Arbeitsleistung der ausländischen Produktionskräfte und Landhilfen schlicht angewiesen. Hinzu kam in den Kriegsjahren, dass jeder, der auch nur

Leben und Sterben von Mannheimer ZwangsarbeiterInnen 1939–1945

bei kleinen Gesten der Menschlichkeit gegenüber einem Fremdarbeiter beobachtet wurde, schwere Strafen zu erwarten hatte. Und nicht zuletzt waren die Menschen durch jahrelange propagandistische Beeinflussung selbst oft der Meinung, es mit quasi kriminellen „Volksfeinden" zu tun zu haben, denen man ganz zu Recht mit Hass und Verachtung begegnete.

Todesopfer

Wie bereits festgestellt wurde, kamen zwischen 1939 und 1945 1.360 „Fremdarbeiter" in Mannheim zu Tode. Die weitaus meisten von ihnen waren russischer, polnischer oder französischer Nationalität. Dies bildet recht genau die allgemeine Verteilung der „Fremdarbeiter" auf die verschiedenen Nationalitäten ab, es darf also gefolgert werden, dass die Nationalität in Mannheim, anders als an anderen Orten, keinen bedeutenden Einfluss auf die Mortalität hatte. Für ein Viertel der Todesopfer ist keinerlei Todesursache in den Sterbeurkunden eingetragen worden. Dies belegt einerseits, dass sie vom Standesbeamten kaum als

vollwertige Menschen betrachtet wurden, und legt andererseits nahe, dass sicherlich viele „Betriebsunfälle" oder Todesfälle durch Vernachlässigung und Unterversorgung vorgekommen sind, über deren Hergang die Verantwortlichen tunlichst keine genaueren Angaben machen wollten. Allein 16 Prozent der Zwangsarbeiter starben an Tuberkulose oder andern Lungenerkrankungen.

Mit Hinblick auf die Altersstruktur der betrachteten Gruppe kann dies nur eine Folge von schlecht beheizten Quartieren und mangelnder Ausstattung mit Winterkleidung gewesen sein: Die Mannheimer Todesopfer der Zwangsarbeit waren zum großen Teil im Alter zwischen 20 und 40 Jahren (geboren 1900–1920), also innerhalb eines Spektrums, in dem es die statistisch wenigsten Gesundheitsrisiken und Vorerkrankungen gegeben haben dürfte. Dabei ist zu berücksichtigen, dass für 116 Personen die Angabe eines Geburtsdatums fehlt. Auch ungefähre und geschätzte Angaben dürften einen age heaping-Effekt bedingen, dass dies die generelle Tendenz verfälscht, ist jedoch nicht anzunehmen. Neben der materiellen Grundversorgung muss auch die medizinische Versorgung in Überlegungen zu den Ursachen der Mortalität mit einbezogen werden. „Ein Arzt wurde nicht hinzugezogen" – diese Anmerkung findet sich in den Unterlagen zahlreicher verstorbener Fremdarbeiter und ihrer Angehörigen. Sie hilft zu erklären, warum es in den Lagern eine so hohe Sterblichkeitsziffer gab.

Vor allem aber legen solche und ähnliche Vermerke ein Zeugnis von der Menschenverachtung ab, die den ausgebeuteten Ausländern entgegengebracht wurde. Oftmals nahm man sie als austauschbares Gut wahr, dessen Pflege sich nur bedingt lohnte. Dieses Bewusstsein muss für die Betroffenen besonders bedrückend gewesen sein, und war sicherlich einer der Gründe für die 17 Suizide, die für diese Gruppe dokumentiert sind. Weitere 22 Menschen wurden erschossen oder hingerichtet, meist im Kontext von Fluchtversuchen oder Sabotagevorwürfen. Etwa 15 Prozent der Mannheimer Todesopfer starben bei Luftangriffen, was zum Teil einzelnen Bombeneinschlägen auf die großen Ausländerlager geschuldet war. Zum Teil lag der hohe Anteil von Ausländern an den Opfern des Luftkriegs aber auch daran, dass

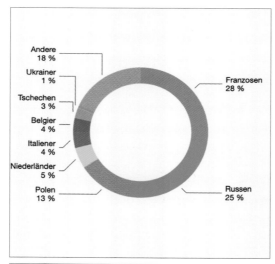

Abb. 11
Mannheimer Todesopfer nach Nationalität, Eigene Darstellung

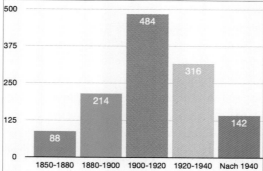

Abb. 12
Mannheimer Todesopfer nach Geburtsdatum, Eigene Darstellung

Louisa van der Does

Abb.13 links
Bau des Schutzbunkers
der Brandwache mit
Zwangsarbeitern,
Foto: Siegfried Knecht,
MARCHIVUM, AB02119-
VIII(A)-007

Abb.14 rechts
Fertiger Brandwachen-
bunker, Foto: Siegfried
Knecht, MARCHIVUM,
AB02119-VIII(A)-009

Abb.15 links
Zwangsarbeiter beim
Bunkerbau, auch sicht-
bar: Schienen mit Lore,
Foto: Siegfried Knecht,
MARCHIVUM, AB02119-
VIII(A)-010

Abb.16 rechts
Zwangsarbeiter beim
Bunkerbau mit Wach-
mannschaften, sicht-
bar: Bewaffnung,
Foto: Siegfried Knecht,
MARCHIVUM, AB02119-
VIII(A)-013

sie bei Fliegeralarm in der Regel nicht die Bunker und Schutzräume aufsuchen duften, die sie nicht selten selber errichtet hatten. Diese Räume blieben prinzipiell deutschen Militärs und der deutschen Zivilbevölkerung vorbehalten[14]. Für Zwangsarbeiter gab es nur die Option, in Unterständen auf dem Fabrikgelände, in Kellern oder Splitterschutzgräben Zuflucht zu suchen. Die Zahl der Toten – es starben in Mannheim mindestens 200 Zwangsarbeiter bei den Luftangriffen – beweist eindrucksvoll, wie ungenügend diese Schutzmaßnahmen waren.

Den Granaten schutzlos ausgeliefert: Jaroslav Racek aus Halenkov, Tschechien

Zu den Opfern des Luftkrieges gehörte zum Beispiel der 24-jährige Tscheche Jaroslav Racek. Er stammte aus Halenkov, einer kleinen Gemeinde in der mähri-

schen Walachei. Sein Vater Josef Racek hatte bis zu seinem Lebensende dort gewohnt, die verwitwete Mutter Marie Racek lebte während des Weltkrieges noch immer dort. Jaroslav selbst hatte den entlegenen Ort verlassen um nach Prag zu ziehen, in den Stadtteil Kobilis/ Dablice im Bezirk 8 nördlich der Moldau. Nach dem Attentat auf Reichsprotektor Reinhardt Heydrich 1942 sollte dieser Stadtteil vor allem berüchtigt werden für die dort stattfindenden Vergeltungsmaßnahmen und Massenerschießungen. Doch da war Jaroslav bereits nicht mehr da – er war tschechischer „Fremdarbeiter" im sogenannten Altreich. Wann er gegangen war, und ob er es unter Zwang getan hatte, wissen wir nicht. Eine freiwillige Meldung erscheint jedoch naheliegend, weil zu Anfang des Krieges Zwangsrekrutierungen eher noch nicht die Regel waren. Die Rückkehr tsche-

Leben und Sterben von Mannheimer ZwangsarbeiterInnen 1939–1945

chischer Arbeiter in die Heimat wurde aber schon zu diesem Zeitpunkt bewusst durch die deutschen Behörden erschwert[15].

Zunächst, von April bis September 1940, arbeitete er in der Glashütte Friedrichshain in Felixsee, Ost-Brandenburg. Diese Angaben zu seinem Aufenthalt enthält das Belegschaftsbuch der Glashütte[16]. Aber was und unter welchen Bedingungen er dort zu tun hatte, ist heute nicht mehr zu ermitteln. Als er dann zweieinhalb Jahre später in Ladenburg lebte, wurde Jaroslav als „Maschinenschlosser" in den Unterlagen geführt. Dies wird vermutlich sein

Jaroslav starb am 20. April 1943 in Mannheim als Opfer des Luftkriegs. Da Benckiser auch hier Produktionsstätten hatte, ist anzunehmen, das Jaroslav inzwischen hier eingesetzt wurde, obwohl sich keine eindeutigen Belege dafür finden. Auf einer Sterbeliste aus dem Suchverfahren über Ausländer der Oberstaatsanwaltschaft Mannheim nach Kriegsende ist seine Todesursache sehr pauschal als „Betriebsunfall" bezeichnet[17]. In Wahrheit wurde er durch die Detonation einer Fliegergranate am ganzen Körper durch Splitter verletzt, und die Halsschlagader tödlich verwundet. Als Ursache der Verletzung kommt eigentlich nur der Großangriff der Royal Airforce auf Mannheim vom 16. auf den 17. April infrage. Das bedeutet, dass Jaroslav bis zu seinem Tod noch drei bis vier Tage an seinen Verletzungen zu leiden hatte.

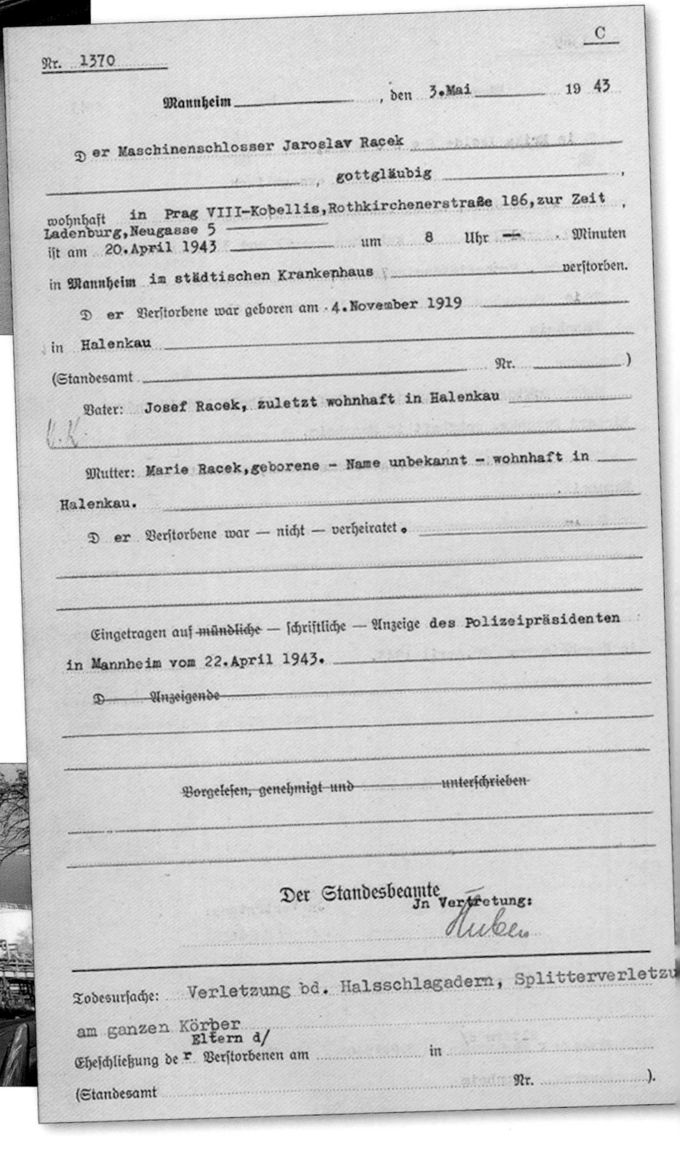

Abb.17
Neugasse 5 in Ladenburg,
Foto: Eigenes Werk

Abb.18
Sterbeurkunde Jaroslav Racek 1943,
MARCHIVUM,
Nr.1370/1943 Standesamt Mannheim-Stadt

Abb.19
Ehemaliges Firmengelände Reckitt Benckiser Deutschland GmbH bei Ladenburg,
Foto: Eigenes Werk

erlernter Beruf gewesen sein, es kann aber auch lediglich bedeuten, dass er als ungelernter Arbeiter in diesem Bereich eingesetzt wurde. Er war in einem Lager im alten Ortskern, Neugasse 5 gemeldet. Sein Arbeitgeber war der Chemikalienhersteller Benckiser, der in großem Umfang Zwangsarbeiter beschäftigte und 1941 bei Ladenburg ein neues Werk errichtet hatte.

Louisa van der Does

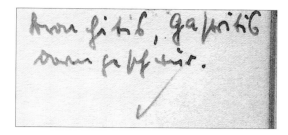

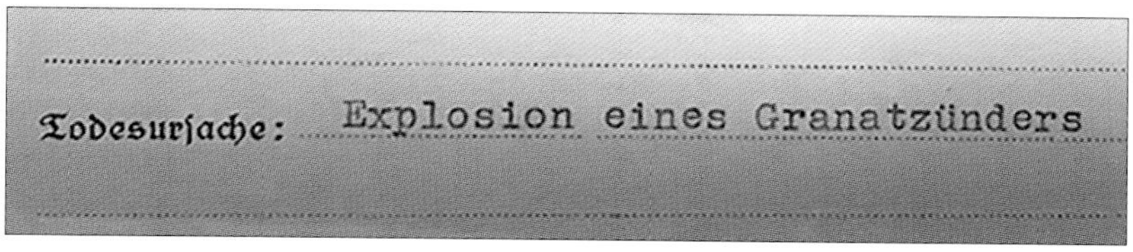

Todesursache: Explosion eines Granatzünders

Er starb im Städtischen Krankenhaus, und kam zwei Tage später in die Anatomie. Wie dort festgestellt wurde, hatte der 24-Jährige bereits an Gastritis, Bronchitis und einem Darmgeschwür gelitten – ein Zeugnis der Behandlung, die er während seiner Zeit in Deutschland erfahren hatte. Jaroslavs Leiche wurde am 29. April 1943 eingeäschert. Man überführte seine Urne im Mai nach Prag, auf den Friedhof im Stadtteil Dablice. Das dies noch während des Krieges geschehen konnte, ist sehr ungewöhnlich und wirft Fragen auf. Wer zum Beispiel die Überführung veranlasste, ist unklar. Jaroslav hatte keine Frau oder sonstige Verwandte in Prag. Eventuell hatten Freunde sich darum bemüht, ihn heim zu holen. Er wurde auf dem kubistischen Friedhof Prag-Dablice bestattet, einem tschechischen Kulturdenkmal, wo neben Jaroslav auch zahlreiche Widerstandskämpfer und Opfer der NS-Besatzung ihre letzte Ruhestätte erhielten.

Kinder

Die nach Deutschland verschleppten oder erst hier geborenen Kinder von Zwangsarbeitern bilden eine Opfergruppe, die nur selten Aufmerksamkeit erfährt und doch für die Stadt Mannheim mit über hundert Toten zu Buche schlägt. Diese hohe Zahl kann verwundern, doch von den nach Deutschland deportierten Frauen war schließlich der überwiegende Teil im gebärfähigen Alter, und etliche kamen bereits schwanger hier an. Außerdem darf nicht vergessen werden, dass vor allem die Ostarbeiterinnen sexuellen Übergriffen durch ihren Arbeitgeber oder andere Männer letztlich schutzlos ausgeliefert waren. Sie hatten dann auch die Folgen solcher Übergriffe zu tragen. Bis 1942 war es üblich, Arbeiterinnen, die schwanger wurden, zurück in die Heimat zu schicken. Als mit dem Fortschreiten des Krieges Arbeitskräfte zusehends knapper wurden, war es damit vorbei. Freiwillige und unfreiwillige Schwangerschaftsabbrüche wurden häufiger, zum Teil wurden die Frauen sogar absichtlich zu Tätigkeiten abgestellt, die ihre Schwangerschaft gefährdeten[18].

Um die Geburt „fremdvölkischer" Kinder zu verhindern, wurden Aborte noch bis zum siebenten Schwangerschaftsmonat durchgeführt. Dabei waren osteuropäische Frauen in Krankenhäusern, in denen sie mit deutschen Frauen in Kontakt

Abb.20
Auszug aus Obduktionsbericht Jaroslav Racek 1943, MARCHIVUM, Obduktionsbücher 1943, Zug.10/2018, Nr. 28

Abb.21
Auszug aus Sterbefallbeilage Jaroslav Racek 1943, MARCHIVUM, Nr.1370/1943 Standesamt Mannheim-Stadt

Abb.22
Arbeitsbuch, ‚Ostarbeiterin' bei Bopp & Reuther 1944, Foto: David Kessler, MARCHIVUM, AB02119-I-001

Abb.23
Arbeitsbuch, ‚Ostarbeiterin' bei Bopp & Reuther 1944, Foto: David Kessler, MARCHIVUM, AB02119-I-002

Abb.24
Arbeitsbuch, ‚Ostarbeiterin' bei Bopp & Reuther 1944, Foto: David Kessler, MARCHIVUM, AB02119-I-003

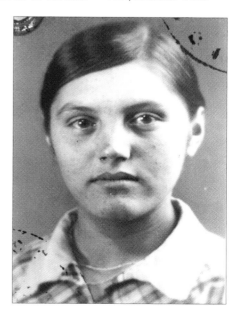

Leben und Sterben von Mannheimer ZwangsarbeiterInnen 1939 – 1945

kommen könnten, äußerst ungern gesehen, auch wenn man sich nicht scheute, sie als „Lehrmaterial" für das auszubildende Personal zu missbrauchen[19]. Ebensowenig waren Kinder von Zwangsarbeiterinnen, die trotz staatlicher Intervention zur Welt kamen, in den Krippen erwünscht, die für deutsche Kinder zur Verfügung standen. Der Arbeitskraft ihrer Mütter wollte man sich aber weiterhin bedienen. Sie erhielten lediglich einige Wochen „Mindestschutz" vor und nach der Geburt. Aus diesem Grund sollten die Kinder anderweitig betreut werden. Im Juli 1943 kam der Beschluss des Reichsführers der SS, sogenannte Ausländerkinder-Pflegestätten einzurichten. Hinter diesem Wortungetüm – und das war durch die SS nachdrücklich beabsichtigt – verbarg sich nichts anderes als Todeslager für Babys.

Diese Lager waren zugleich Entbindungsheim, Abtreibungsklinik und Verwahranstalt für die Kinder. Da die Frauen nach der Entbindung zu ihrer Arbeit zurückkehren mussten, lebten sie von ihren Kindern getrennt. Nur ein je nach Heim mehr oder weniger regelmäßiger Besuch war gestattet, sofern er sich für die Mütter überhaupt bewerkstelligen ließ. Von ihrem minimalen Lohn waren sie gezwungen, die Verpflegung der Kinder zu bezahlen. Diese wurden durch Frauen betreut, die meist selbst Fremdarbeiterinnen waren. Sie besaßen in der Regel keinerlei entsprechende Ausbildung, sondern mussten die Babys nach bestem Wissen pflegen. Zu deren Ernährung stand ihnen für das erste Lebensjahr lediglich ein halber Liter Milch pro Kind und Tag zur Verfügung. Gelegentlich wurden auch andere, für kleine Kinder gänzlich ungeeignete Lebensmittel zugefüttert. Es fehlte in den Baracken noch an der nötigsten Ausstattung zur Babypflege. Die Kinder konnten und sollten, so die Intention der Machthaber, nicht überleben. Sie wurden vernachlässigt, an manchen Orten sogar aktiv getötet, wie aus den Interviews mit ehemaligen Ostarbeitern für die Sendung „Todeslager für Babys" hervorgeht, die 1999 im NDR ausgestrahlt wurde.

„Es wurden dort sehr viele Kinder ermordet. Ich habe die Leichen gesehen. Als meine Schwester tot war, bin ich heimlich in den Waschraum geschlichen. Da lagen massenhaft tote Kinder. Wenn kein Platz mehr da war, haben sie sie weggebracht. Ermordet, weggebracht, ermordet, weggebracht (Übers.)"[20], berichtete Krystyna Walas, die während des Weltkriegs als Kind von Zwangsarbeitern in Deutschland war, und im Entbindungsheim im Dulag Frankfurt-Kelsterbach den Tod ihrer jüngeren Schwester miterleben musste. Doch auch an vielen anderen Orten auf deutsch besetztem Gebiet fand der Mord an Babies statt. Ihre kleinen Leichname wurden außerhalb von Friedhöfen verscharrt, die Gräber durften nicht gekennzeichnet werden[21]. Erst in jüngster Zeit wird auch diesen wehrlosesten und unschuldigsten aller Opfer gedacht. An mehreren Standorten ehemaliger Pflegestätten hat man Mahnmäler für sie errichtet.

Einige wenige Kinder konnten vor diesem Schicksal gerettet werden. So nahmen einzelne Mütter ihre Kinder nach der Geburt einfach mit, bis dies den zuständigen Behörden zu Ohren kam und eine strengere Überwachung angeordnet wurde[22]. Andere Kinder, vor allem wenn sie einen deutschen Vater hatten, wurden durch das Amt für Rasse- und Siedlungswesen zur „Ein-

Abb.25
Ehemaliger Standort Ostarbeiterlager Obere Riedstraße, Foto: Eigenes Werk

Louisa van der Does

deutschung" ausgewählt, das heißt an deutsche Adoptiveltern oder Heime des Lebensborn e.V. übergeben. In ländlichen Gebieten, wo sich keine eigenen Einrichtungen lohnten, konnten Kinder von Zwangsarbeitern wohl vereinzelt einmal bei ihren Eltern bleiben oder in Pflegeeinrichtungen zusammen mit deutschen Kindern betreut werden, also gewissermaßen durchs Netz der Rassensegregation schlüpfen. Jedoch wurden reichsweit schätzungsweise 100.000 Säuglinge[23] vor allem russischer und polnischer Zwangsarbeiterinnen in rund 300 Lagern Todesopfer des Nationalsozialismus.

Auch in Mannheim hat es diese Ausländerkinder-Pflegestätten gegeben. Die Firma Heinrich Lanz betrieb in einer Baracke in der Lindenhofstraße ein solches Lager. Da die Unterlagen dieser und ähnlicher Einrichtungen zu Kriegsende vernichtet worden sein dürften, fehlt jede genauere Information. Nicht einmal die Adresse existiert heute noch, da der Straßenabschnitt mittlerweile zur Glücksteinallee gehört. Nur durch eine weitere Tragödie, den Bombeneinschlag in die Baracke während des Fliegerangriffs vom 10. August 1943, war es überhaupt möglich, diesen Ort als Ausländerkinder-Pflegestätte zu identifizieren. Mindestens vier Babies russischer Eltern starben infolge des Fliegerangriffs, der Verweis auf das „Säuglingsheim der Firma Heinrich Lanz, Lindenhofstraße 18 Baracke 3"[24] ist vielsagend. Eine weitere Ausländerkinder-Pflegestätte scheint im Ostarbeiterlager der Daimler-Benz in der Oberen Riedstraße existiert zu haben. An dessen ehemaligem Standort finden sich heute keine Spuren mehr. Dort ist ein Firmenparkplatz des Mercedes-Benz-Werks. Wie ehemalige französische Zwangsarbeiter berichteten, sind in dem Lager Kinder zur Welt gekommen, die bald nach der Geburt verschwanden[25].

Ob sie in ein größeres Lager, zum Beispiel das Daimler-Benz Kinderheim in Sindelfingen bei Stuttgart kamen, oder vor Ort zu Tode gepflegt wurden, ist unmöglich zu beantworten. Es kann lediglich ergänzt werden, dass es sich um ein geschlossenes Lager handelte, in dem katastrophale hygienische Zustände herrschten. In einem Interview für die 1994 erschienene Studie „Zwangsarbeit bei Daimler-Benz" berichtete eine ehemalige polnische Arbeiterin: „Die sanitären Bedingungen waren fatal, es gab zwar etwas graue Seife und einmal in

der Woche wurden wir zwangsweise zum Duschen geschickt, aber die allgemeinen Bedingungen [...] waren so, dass einfach keine normalen hygienischen Zustände dort sein konnten"[26]. Luftschutzmaßnahmen waren im Lager Obere Riedstraße gar keine vorhanden, so dass der Aufenthalt dort für Kinder und Erwachsene lebensgefährlich war. Doch auch in regulären Arbeiterlagern kamen Kinder ums Leben beziehungsweise schon tot auf die Welt. Es ist in den Sterbeurkunden oft beschönigend von „Körper"- oder „Lebensschwäche" die Rede, auch von „Ernährungsstörungen", ein Euphemismus für diejenigen Kinder, die an Mangelernährung zugrunde gingen. Andere wurden Opfer von Lungenentzündung, Magen-Darmerkrankungen, oder des Luftkriegs.

Schwanger in die Zwangsarbeit: Gesine Bos aus Uithoizen, Niederlande

Ein solches Kind war Raymond Marcel Bos. Er wurde am fünften August 1944 in Mannheim geboren. Seine Mutter war die ledige Krankenschwester Gesine Bos, sein Vater war unbekannt. Gesine Bos stammte aus den Niederlanden. Sie war 1919 im malerischen Dorf Uithoizen geboren, bekannt vor allem für das Wasserschlösschen Menkemaburg. Es liegt in der Provinz Groningen an der Nordspitze Hollands. Ihre Adresse dort war die Schoolstraat 155b. Gesine hatte eine sechs Jahre ältere Schwester, Harmina Hindrika. Ihre Eltern, der Zimmermann Ekbertus Bos und seine Frau Martje, lebten in den Kriegsjahren noch in Uithoizen[27].

Gesine kam, wohl bereits schwanger, im Januar 1944 als Zwangsarbeiterin nach Deutschland. Noch einen Tag vor dem Grenzübertritt war in Groningen-Stadt auf dem Bürgermeisteramt in aller Eile ein Pass für sie ausgestellt worden. Zu Ende des Jahres sollte in dieser Stadt die Zentrale der Arbeitsverwaltung Quartier beziehen und wahre Deportationswellen niederländischer Staatsbürger ins Reich auslösen. Gesine wurde dann in Käfertal im Gemeinschaftslager Alexandre Dumas angemeldet. Ihr Arbeitgeber war von nun an die BBC. Von ihrem Monatslohn hatte sie auch die Unterkunft im Lager zu bestreiten. Vier Wochen später schickte die BBC Gesine laut Ausländerkartei nach Viernheim. Dort war sie ab dem ersten März

Leben und Sterben von Mannheimer ZwangsarbeiterInnen 1939 – 1945

Abb.26
Ehemaliger Standort
Lager Pflanzgarten,
Schrebergartenanlage
Am Forst, Am Lampert-
heimer Weg 27, Viern-
heim. Foto: Eigenes
Werk

Abb.27
Ehemaliger Standort
Lager Stadion, TSV
Amicitia 06/09, Lorscher
Straße 84, Viernheim.
Foto: Eigenes Werk

im „Pflanzgarten", einem Gemeinschaftslager im Viernheimer Wald, wo sich heute die Schrebergartenanlage Am Forst befindet. Ursprünglich ein Reichsautobahnlager, in dem ausländische Arbeiter lebten, die den Autobahnabschnitt zwischen Viernheim und Frankenthal bauten[28], verlegten unter dem Eindruck des Luftkriegs auch andere Firmen ihre Arbeitskräfte dorthin.

Mitte Mai wurde Gesine im „Pflanzgarten" abgemeldet, und das Arbeitsverhältnis mit der BBC beendet. Sie blieb dann noch zwei Wochen in Viernheim, wahrscheinlich im Lager „Stadion" der Motorenwerke Mannheim. In der nach dem Krieg entstandenen Viernheimer Stadtchronik werden jedoch sowohl für das „Stadion" als auch für den „Pflanzgarten" nur männliche Arbeiter niederländischer Herkunft aufgeführt, keine weiblichen[29]. Trotzdem taucht Gesines Name auf entsprechenden Lagerlisten auf. Diese Unklarheiten sind ebenso wie Hinweise auf häufige Arbeitsplatzwechsel und Umzüge ganz typisch für die Dokumentation über den Verbleib von Zwangsarbeitern, die je nach Bedarf und Produktionsmöglichkeiten auch zwischen den Firmen herumgereicht wurden. Ende

Mai war sie jedenfalls wieder in Mannheim-Käfertal und lebte in der Wormserstraße 162, mutmaßlich einer Lagerunterkunft. Hier wurde im August dann ihr kleiner Sohn Raymond Marcel geboren. Wie es scheint, durfte Gesine ihr Kind trotz ihres Fremdarbeiterstatus bei sich behalten. Ihre rassische Bewertung als „Arbeitnehmerin germanischer Herkunft" spielte bei diesem Privileg sicher eine Rolle.

Ende Oktober 1944 waren Mutter und Kind noch immer in Käfertal gemeldet, inzwischen in Aufstieg 45 bei Rödler. Es handelte sich um eine Unterkunft bei Privatleuten. Ein letzter Umzug führte Gesine und Raymond noch an die Hausnummer 47 zu Frau Susanna Grösch[30]. Dort starb das Baby am achten Februar 1945 an Lungenentzündung und Masern. Den Tod zeigte Frau Grösch an. Sie gab an, beim Tode des Kindes zugegen gewesen zu sein. Einen Arzt hatte Raymond jedoch nicht gehabt. Obwohl Gesine sich als gelernte Krankenschwester sicher besser als andere Frauen um ein krankes Kind zu kümmern wusste, hatte es nicht überlebt. Raymond wurde auf dem Friedhof Käfertal beigesetzt. Er war nur ein halbes Jahr alt geworden. Wann und unter welchen Umständen Gesine Bos Mannheim verließ, ist unbekannt. Die Adresse in Aufstieg 47 war ihr letzter hier dokumentierter Wohnsitz. Eine letzte Spur von ihr findet sich in einem französischen Sterberegister. Sie scheint nie geheiratet, jedenfalls ihren Namen nicht geändert zu haben. Gesine Bos starb 2006, 87-jährig, in Pierre-Bénite in der Region Auvergne-Rhône-Alpes in Frankreich[31].

Abb. 28
Auszug aus Sterbeurkunde Raymond Marcel
Bos. MARCHIVUM,
Nr.25/1945 Standesamt
Mannheim-Käfertal

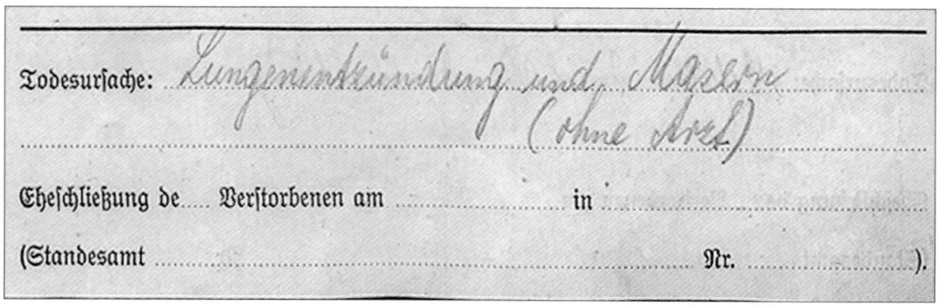

Todesursache: *Lungenentzündung und Masern*
(ohne Arzt)

Eheschließung de ___ Verstorbenen am ___ in ___

(Standesamt ___ Nr. ___).

Louisa van der Does

Endphase

In der sogenannten Endphase des Krieges, also in der Zeit zwischen März und Mai 1945, kam es reichsweit zu Massenmorden nicht nur an KZ-Häftlingen, sondern auch an Zwangsarbeitern. In den letzten Tagen des März ist ein solches „Endphase-Verbrechen" auch in Mannheim vorgekommen. Die hungernde Bevölkerung plünderte auf dem Seckenheimer Rangierbahnhof Güterwaggons, die Lebensmittel geladen hatten. Zwischen dem 27. und dem 29. März wurden hier durch Angehörige der Militärpolizei mindestens 18 Fremdarbeiter erschossen. Sechs davon waren Franzosen, die übrigen Russen und Ukrainer. Ein Seckenheimer Kind, das Zeuge der Ereignisse wurde, berichtete später: „Plötzlich kommen zwei in Ledermänteln daher, typisch Gestapo, einen Hut aufgehabt, Maschinenpistolen...Drei Meter entfernt ist ein Mann gekommen, den haben sie angesprochen, und man hat schon am Ton gemerkt, er war Franzose. Er hat gesagt, er würde für seinen Bauern Margarine holen. Und da hat ihn der eine abgeführt, der andere ist hinterher, der hat ihm die Pistole ins Genick gesetzt und abgedrückt. Der Franzose ist drei Meter von uns entfernt gelegen...Und da waren Hunderte von Deutschen, die geplündert haben."[32]

Die Leichen der Erschossenen ließ man einfach auf den Schienen liegen, bis sie Tage später durch ihre Landsleute entfernt und in der Leichenhalle des Rheinauer Friedhofs aufgebahrt wurden. Man bestattete sieben der Opfer Anfang April auf dem Friedhof. Andere Opfer wurden in einem Grab auf der Pfingstberger Sanddüne bestattet, das mit einem Kreuz gekennzeichnet war und noch bis in die 50er-Jahre existierte. Als einziges Überbleibsel dieses Grabs gibt es heute noch die Abschrift einer kyrillischen Grabinschrift, die dem Ukrainer Osafie Stecenko gewidmet war. Er gehörte zu den

Abb.29
Rangierbahnhof Mannheim-Seckenheim, Foto: MARCHIVUM, KF000745

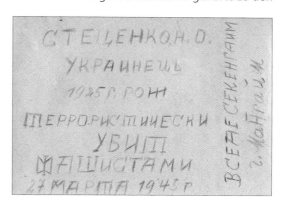

Abb.30
Auszug aus Sterbefallbeilage Osafie Stecenko, MARCHIVUM, Zug.15/2020 Nr.00435-003

Abb.31
Mahnmal am Tatort, Foto: Eigenes Werk

Leben und Sterben von Mannheimer ZwangsarbeiterInnen 1939–1945

Abb.32
Richtfest des Stahl-
werkbunkers, Zwangs-
arbeiter, Foto: Siegfried
Knecht, MARCHIVUM,
AB02119-VIII(A)-016

letzten unmittelbaren Opfern der Zwangsarbeit in Mannheim. Aber zahllose Menschen starben noch in den folgenden Monaten an den Krankheiten und Verletzungen, die sie sich während ihrer Leidenszeit zugezogen hatten, und für die in den Nachkriegswirren nicht immer adäquate Behandlungsmöglichkeiten vorhanden waren.

Nachkriegszeit

Wie auch bei anderen NS-Verbrechen lag die Ahndung der Zwangsarbeit sowie die Fürsorge für die Opfer in den Händen der Alliierten. Die Aburteilung der Hauptverantwortlichen war auch im Zusammenhang dieses Verbrechenskomplexes flüchtig, unbefriedigend und kontrovers diskutiert: So wurde der Generalbevollmächtigte für den Arbeitseinsatz Fritz Sauckel in Nürnberg zum Tode verurteilt, Rüstungsminister Albert Speer hingegen erhielt nur eine Haftstrafe, und viele Großindustrielle kamen bereits nach kurzer Zeit wieder auf freien Fuß. Für die Opfer der Verschleppung begann indes der langwierige Prozess der Repatriierung, die durch die UNRRA (United Nations Relief and Rehabilitation Administration) und ihre Nachfolgeorganisation IRO (International Refugee Organization) betrieben wurde. Viele mussten aber noch lange oder gar für immer als Displaced Persons in Deutschland bleiben. Vor allem aus den sowjetischen Ländern Deportierte konnten teils nicht zurück, da sie in der Heimat unter dem Generalverdacht der Kollaboration standen. Manche wehrten sich erfolgreich gegen die Rückführung in die Heimat. Anderen gelang die Emigration etwa in die USA. Wieder andere kehrten trotz der politischen Situation in die Heimat zurück, wo sie mit Zurückhaltung und Misstrauen empfangen wurden. Auch in Deutschland ums Leben gekommene Zwangsarbeiter wurden vielfach durch ihre Familien exhumiert und in die Heimat überführt.

In Mannheim befanden sich beim Eintreffen der amerikanischen Truppen noch etwa 6.000 Ost- und Westarbeiter. Die Zwangsarbeit wurde hier zu diesem frühen Zeitpunkt bereits dokumentiert, da die Besatzer die Unternehmen aufforderten, umgehend Rechenschaft abzulegen und Beschäftigtenlisten für die Kriegsjahre anzulegen[33]. In den folgenden Monaten gab es dann eine starke Fluktuation in den Lagern, da vor allem die Westarbeiter in die Heimat abwanderten, aber Flüchtlinge von außerhalb, etwa aus der Sowjetzone, in die Stadt strömten. Eine Umsiedelung in bessere Quartiere war für viele kurzfristig unmöglich wegen der starken Zerbombung der Stadt und der allgemeinen Wohnungsnot. Obwohl Menschen mit DP-Status bei der Zuteilung von Lebensmittelkarten bevorzugt behandelt wurden, blieb auch die Versorgungslage angespannt. Es gelang aber, für etwa die Hälfte der Menschen in den Lagern bei der Militärregierung wenigstens vorübergehend eine Anstellung zu finden[34].

Entschädigungen für die einstigen Arbeiter, die ja nicht unter das Bundesentschädigungsgesetz fielen, gab es in den folgenden Jahrzehnten nur durch einige deutsche Großunternehmen. Diese agierten meist unter dem Druck von Sammelklagen, oder aus Rücksicht auf wirtschaftliche Beziehungen, etwa in die USA. Es handelte sich dabei teils um zweckgebundene Stiftungen, teils um Einmalzahlungen an die Betroffenen. Mit solchen Zahlungen ging allerdings kein Unrechtseingeständnis einher. Sie wurden auch nicht an den individuellen Ansprüchen bemessen, sondern es handelte sich vielmehr um eine Art Gewinnabschöpfung der betreffenden Unternehmen. Diese resultierte in Fonds, aus denen entschädigt wurde – nach dem Prinzip solange-der-Vorrat-reicht. Ab dem neuen Jahrtausend, bis zum Jahr 2006, widmete sich dann die Stiftung „Erinnerung, Verantwortung und Zukunft" der Wiedergutmachung. Ihre Zahlungen an Betroffene bewegten sich im Wert etwa zwi-

Louisa van der Does

schen 500 und 7.000 Euro. Auch ihre Satzungen schloßen bestimmte Opfer der Zwangsarbeit von den Entschädigungsleistungen aus[35].

Schluss

Die NS-Zwangsarbeit war in der Gedenkkultur lange Zeit unterrepräsentiert. Erst in den letzten Jahrzehnten markieren einzelne Entwicklungen ein neues Interesse an der Beschäftigung mit dem Thema, wie die Gründung des Dokumentationszentrums NS-Zwangsarbeit in Berlin-Schöneweide 2006, die für 2024 geplante Konversion des ehemaligen Zwangsarbeiterlagers München-Neuaubing zum Museum oder die Errichtung des begehbaren Mahnmals in Dortmund 2020. Im Frühjahr 2021 entstand für die Opfer des Massakers am Güterbahnhof auch in Mannheim ein Mahnmal. Die Möglichkeit eines Gedenkortes in digitaler Form wird durch das MARCHIVUM in Form einer Opferdatenbank avisiert, die künftig der Allgemeinheit zugänglich sein soll.

Warum das Thema lange wenig Beachtung bekam, dafür kann es keine einfache Erklärung geben. Natürlich ist auch das stille Leiden von „versteckten" Opfergruppen neben den Schrecken des Holocaust verblasst. Doch es waren dies oft kleine Gruppen, keine 20 Millionen wie die Opfer der Zwangsarbeit. Heterogenität und das Fehlen einer Lobby könnten dabei als Hindernisse auf dem Weg zur Verankerung im Gedenken gewirkt haben. Denn natürlich waren die Zwangsarbeiter eine stark gemischte Gruppe aus unterschiedlichen Nationen, jeder mit einem völlig anderen persönlichem Hintergrund und Lebensweg. Und doch beweist die Bildung von DP-Vereinen und Interessenverbänden in der unmittelbaren Nachkriegszeit, es gab in den Ausländerlagern ein Zusammengehörigkeitsgefühl, das oft sehr stark und dauerhaft war. So fand etwa die von polnischen DPs in Mannheim herausgegebene Zeitung „Ostatnie Wiadomosci" – zu deutsch – „Neueste Nachrichten" – noch bis ins Jahr 1990 genügend Leser. Es existierten ja außerdem auch vereinte

Bemühungen von Überlebenden, ihre Leidenszeit zu dokumentieren und für die Nachwelt begreifbar zu machen. Unzählige haben vor laufender Kamera ihre Geschichte erzählt.

Trotzdem ist heute vielen Menschen die Bedeutung dieses Themas nicht bewusst, sogar und vielleicht gerade wenn es für die eigene Familien- Stadt- oder Firmengeschichte relevant wäre. Die wissenschaftliche Aufarbeitung, gestützt durch die Arbeit von Gedenkstätten und Unternehmensarchiven, kann einen Teil dazu beitragen, die NS-Zwangsarbeit verstärkt in den Fokus des kollektiven Gedächtnisses zu rücken. Die eigentlich Gedenkarbeit wird jedoch durch private Initiativen, pädagogische Programme und nicht zuletzt durch die Beschäftigung des Einzelnen mit dem Thema geleistet. Dies ist heute dank vielfältiger Recherchemöglichkeiten und einem zunehmend demokratischen Umgang mit Quellenmaterial besser möglich als je zuvor. Der vorliegende Beitrag versteht sich als Anregung, diese Möglichkeiten wahrzunehmen und zu nutzen. Perspektivisch sollte der NS-Zwangsarbeit neben Holocaust, NS-„Euthanasie" und ähnlichen Themenkomplexen ein wenigstens vergleichbarer Bekanntheitsgrad und Stellenwert zukommen. Die Anzahl der Betroffenen spricht für sich.

Abb.33
Richtfest des Stahlwerkbunkers, Zwangsarbeiter, sichtbar auch: fertiger Brandwachenbunker, Foto: Siegfried Knecht, MARCHIVUM, AB02119-VIII(A)-018

Anmerkungen

1   I. Schupetta: Frauen- und Ausländererwerbstätigkeit in Deutschland 1939–1945 (=127 Hochschulschriften), Köln 1983, S.349 f.

2   M. Spoerer: Zwangsarbeit unter dem Hakenkreuz: Ausländische Zivilarbeiter, Kriegsgefangene und Häftlinge im Dritten Reich und in Europa 1939–1945, Stuttgart – München 2001, S.37.

Leben und Sterben von Mannheimer ZwangsarbeiterInnen 1939 – 1945

3   Ebenda, S.64.

4   Ebenda, S.115.

5   Zwangsarbeit 1939 – 1945. Erinnerungen und Geschichte, https://www.zwangsarbeit-archiv.de/zwangsarbeit/zwangsarbeit/zwangsarbeit-hintergrund/index.html, 02.03.2022 15.31 Uhr.

6   Spoerer: Zwangsarbeit unter dem Hakenkreuz, S.227.

7   Zwangsarbeit 1939 – 1945. Erinnerungen und Geschichte, https://www.zwangsarbeit-archiv.de/zwangsarbeit/zwangsarbeit/zwangsarbeit-hintergrund/index.html, 02.03.2022 15.31 Uhr.

8   M. Caroli at al.: Geschichte der Stadt Mannheim Band 3: 1914 – 2007, Heidelberg – Ubstadt-Weiher – Basel 2009, S.377.

9   S. Stépien: Der alteingesessene Fremde. Ehemalige Zwangsarbeiter in Westdeutschland, Frankfurt am Main – New York 1989, S.36.

10   MARCHIVUM, Ernährungs- und Wirtschaftsamt 2/1958 Nr. 00523, nicht paginiert.

11   KZ-Gedenkstätte Mannheim-Sandhofen/Association des Déportés de Mannheim, Saint-Dié (Hrsg.): Die Männer von St. Dié – Erinnerungen aus Mannheim (=47 Reihe Geschichtswissenschaft), Herbolzheim 2000, S.197.

12   Zitiert nach P. Kaiser: Der Landkreis Mannheim im Nationalsozialismus (=9 Bausteine zur Kreisgeschichte), Heidelberg 2009, S. 276.

13   J. Scheerer: Versagen von Bauwerken, Berlin 2000, Band 1: Brücken, S. 66 ff.

14   Spoerer: Zwangsarbeit unter dem Hakenkreuz, S.143.

15   Ebenda, S. 41.

16   Auszüge aus dem Belegschaftsbuch der Glashütte Friedrichshain, 1940, 2.1.4 Sowjetische Besatzungszone in Deutschland/10005723/ITS Digital Archive, Arolsen Archives.

17   2.1.1 Amerikanische Besatzungszone in Deutschland / ITS 2.1.1.2 BW 022 3 DIV ZM/ ITS Digital Archive, Arolsen Archives.

18   Schupetta: Frauen- und Ausländererwerbstätigkeit in Deutschland, S.151.

19   Ebenda, S.302.

20   Aus dem Bericht von Andrea Röpke und Volker Steinhoff, Sendung vom 06.05.1999 21.15 Uhr in Das Erste – Panorama, https://daserste.ndr.de/panorama/archiv/1999/Todeslager-fuer-Babys-US-Anwaelte-beschuldigen-VW-des-Voelkermordes,erste7242.html, 08.03.2022 15:37 Uhr.

21   Stépien: Der alteingesessene Fremde, S.47.

22   Ebenda, S.45.

23   Krieg gegen Kinder. Zum Schicksal der Zwangsarbeiterkinder 1943 – 1945, http://www.birdstage.net/kgk/cgi-bin/pageview.cgi, 02.03.2022 16.55 Uhr.

24   MARCHIVUM, Bestand Ausländermeldekarten, AB_0312_1364; AB_0312_1467; AB_0312_1653; AB_0312_1391.

25   B. Hopmann, B. Bruninghaus, M. Spoerer, B. Weitz: Zwangsarbeit bei Daimler-Benz (=78 Beiheft Zeitschrift für Unternehmensgeschichte), Hrsg. Hans Pohl, Stuttgart 1994, S.181.

26   Ebenda, S.179.

27   Kriegszeitkartei A-Z, 1944, 2.2.2 Verschiedene Behörden und Firmen (Einzelpersonen-bezogene Unterlagen)/ DE ITS 2.2.2/ ITS Digital Archive, Arolsen Archives.

28   R.Vahrenkamp: Die Autobahn als Infrastruktur und der Autobahnbau 33 – 43 in Deutschland, Darmstadt 2007, S.69.

29   H. Mayer (Hrsg.): Chronik der Stadt Viernheim, Viernheim 1949, S. 238.

30   MARCHIVUM, Bestand Ausländermeldekarten, AK_0312_0870; AK_0287_0618; AK_0287_0617.

31   Gezina Bos in der Sammlung WEB: Frankreich, Sterberegister, 1970 – 2020, Urkunde Nr. 000000010.

32   Hans Hennesthal (1945 12 Jahre alt) in L. Jérôme: Tod in der Fremde. Zur Erinnerung an die Vogesen-Deportation nach Mannheim 1944/1945, Mannheim 2019, S. 15.

33   Stépien: Der alteingesessene Fremde, S.86.

34   Ebenda, S.87.

35   Spoerer: Zwangsarbeit unter dem Hakenkreuz, S. 250.

Gaëlle und Wilfried Rosendahl

Klimawandel, Eiszeit und Mannheim
Bedeutende Themen an einem einzigartigen Ort

Das Thema Eiszeit und Klimawandel ist in mehrfacher Hinsicht von großer Bedeutung für Mannheim. Es war der 1803 in Mannheim geborene Naturwissenschaftler Karl Friedrich Schimper (1803–1867), der 1837 für erdgeschichtliche Kaltphasen erstmals den Begriff „Eiszeit" prägte und es war auch Schimper, der mit seinem 1843 in Mannheim erschienenen Werk „Über die Witterungsphasen der Vorwelt" die Paläoklimaforschung begründete (Abb. 1).

Formation, Funde und Forschungen
Der geologische Untergrund Mannheims ist durch mehrere zehner Meter mächtige, eiszeitliche Kies-, Sand- und Tonablagerungen geprägt, welche in den letzten 2,6 Millionen Jahren entstanden sind. Zusammen mit den darin enthaltenen Knochenfunden, stellen diese eines der wichtigsten kontinentalen Klimaarchive Europas dar. Die obersten, dreißig Meter mächtigen Schichten im Oberrheingraben werden in der internationalen geologischen Gliederung für das Eiszeitalter als „Mannheim Formation" bezeichnet und umfassen einen Zeitraum von etwa 400.000 Jahren.

Eine zwanzigtausend Tierknochenfunde umfassende Sammlung aus diesen Schichten, die Sammlung Reis aus Deidesheim (Abb. 2), konnte 2016 über die Curt-Engelhorn-Stiftung für die Region dauerhaft gesichert werden. Mit dieser Sammlung gehören die Reiss-Engelhorn-Museen zu den zehn bedeutendsten Standorten für solche Eiszeitarchive in Europa.

Auch die moderne Analyse dieser Funde im Rahmen eines großen, von der Klaus Tschira Stiftung geförderten, mehrjährigen Projektes mit dem Titel „Eiszeitfenster Oberrheingraben", ist ein Alleinstel-

Abb. 1
Zur Würdigung seiner wissenschaftlichen Verdienste in Botanik, Geologie und der Eiszeiten- beziehungsweise Klimaforschung erfolgte am 30. September 2021 zu Ehren von Karl Friedrich Schimper die Niederlegung einer Bronzeplatte auf der Kurpfälzer Meile der Innovationen vor dem Mannheimer Schloss. (von links) Prof. Dr. Edgar Erdfelder, RA Roswitha Henz-Best, Markus Sprengler, Prof. Dr. Ernst Pernicka, Prof. Dr. Wilfried Rosendahl und Fritz-Jochen Weber. © Reiss-Engelhorn-Museen Mannheim, Foto: Maria Schumann

Klimawandel, Eiszeit und Mannheim – Bedeutende Themen an einem einzigartigen Ort

Abb. 2
Blick auf einen kleinen Teil der eiszeitlichen Knochen- und Schädelfunde der Sammlung Reis aus Deidesheim in den privaten Räumen der Familie Reis. 2016 wurde die zwanzigtausend Funde umfassende Sammlung an die Curt-Engelhorn-Stiftung übergeben. © Reiss-Engelhorn-Museen Mannheim, Foto: Wilfried Rosendahl

Abb. 3
Im Curt-Engelhorn-Zentrum Archäometrie an den Reiss-Engelhorn-Museen in Mannheim befindet sich einer der modernsten Massenspektrometer (Typ MICADAS) zur 14C-Datierung. Mit dieser Methode können die Alter von eiszeitlichen Knochenfunden, Eisbohrkernen oder Tropfsteinlagen ermittelt werden. © Reiss-Engelhorn-Museen Mannheim, Foto: Wilfried Rosendahl

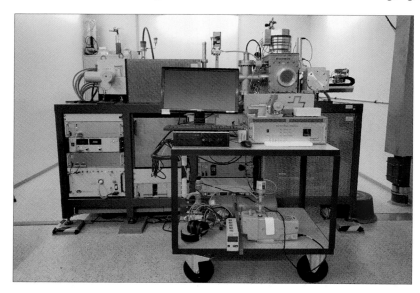

lungsmerkmal für Mannheim, denn mit dem Curt-Engelhorn-Zentrum für Archäometrie (CEZA) gibt es hier eines der weltweit führenden Institute für die Erforschung des vergangenen Klimas. Bedeutende Erkenntnisse für das Verständnis des globalen Klima- und Umweltwandels in Vergangenheit, Gegenwart und Zukunft werden hier gewonnen (Abb. 3). Dies zum Beispiel über die Forschung an grönländischen Eisbohrkernen oder in Beteiligung an der weltweiten Analyse der Erdatmosphäre. Auch befindet sich im CEZA mit dem sogenannten „Hohenheimer" Baumringkalender eines der weltweit wichtigsten kontinentalen Klimaarchive der letzten 14.000 Jahre.

Dies alles zeigt, dass Mannheim ein einzigartiger und authentischer Ort ist, um das Thema Klimawandel in all seinen Facetten vollumfänglich und generationsübergreifend zu diskutieren sowie in vielfältigen Formen jetzt und in Zukunft zu präsentieren und zu vermitteln. Letzteres zum Beispiel über die große Sonderausstellung „Eiszeit-Safari", welche trotz der Corona-Pandemie unter großem Besucherzuspruch bis 13. Februar 2022 im Museum Weltkulturen der Reiss-Engelhorn-Museen gezeigt wurde (Abb. 4). Auch die BUGA 2023 wäre eine Plattform, auf der sich Mannheim authentisch und einzigartig mit diesem Thema durch alle zeitlichen Dimensionen hindurch – Vergangenheit, Gegenwart, Zukunft – präsentieren könnte, wie es für keine andere Stadt in Deutschland möglich wäre.

Eine Eiszeitreise
Die Ausstellung „Eiszeit-Safari" wurde durch ein Wissenschaftler- und Kuratorenteam an den Reiss-

Gaëlle und Wilfried Rosendahl

reiche und generationsübergreifende Präsentation bisher gesehen.

Die Ausstellung „Eiszeit-Safari" erzählt Wissenswertes und Spannendes über die Welt der letzten Eiszeit in Europa aus einer neuen Perspektive: der eines Zeitreisenden von heute. Nicht nur die faszinierende Tierwelt, auch das Alltagsleben der damaligen Menschen wartet darauf, entdeckt zu werden. Mehr als siebzig lebensechte Tierrekonstruktionen, Skelette, Präparate und Mitmachstationen machen die Ausstellung zu einem besonderen Erlebnis für Groß und Klein. Über ein zusätzlich verfügbares Multimedia-Führungssystem – wahlweise für Kinder oder für Erwachsene – können den ausgestellten „Zeitzeugen" weitere Geheimnisse und Geschichten entlockt werden, um so noch tiefer in die Vergangenheit einzutauchen. Selbstverständlich gibt es als Begleitbuch einen passenden Eiszeit-Reiseführer und ein Kinderheft, so dass die Erinnerungen nach der Rückkehr in den modernen Alltag lebendig bleiben.

Wer die Ausstellung in Mannheim besucht hat, der wurde auf eine ungewöhnliche und spannende Reise mitgenommen, in eine Zeit, als Mammutherden und Wollnashörner die heutige Landschaft Mannheims besiedelten (Abb. 5), Höhlenlöwen zu den gefährlichsten Raubtieren gehörten und Riesenhirsche mit ihrem Geweih selbst Wölfe beeindruckten. Gemeint ist der Zeitabschnitt zwischen vierzigtausend und fünfzehntausend Jahren vor heute. Der Rhein ist ein verwildertes, mäandrierendes Flusssystem und zahlreiche große Tierherden, zum Beispiel Steppenbisons (Abb. 6) und Wildpferde durchstreifen die Oberrheinregion.

Abb.4
Über Funde aus Mannheim belegt; der Höhlenlöwe als Blickfang auf dem Plakat zur Ausstellung „Eiszeit-Safari" in den rem.
Foto © Marc Steinmetz, Plakatgestaltung rem, Tobias Mittag

Engelhorn-Museen konzipiert und erstmals 2016 auf der Festung Ehrenbreitstein im Landesmuseum Koblenz präsentiert. In den Folgejahren bis zur Ausstellungseröffnung in Mannheim im Frühjahr 2021 wurde die medial vielbeachtete Ausstellung am Naturhistorischen Museum in Braunschweig, im Naturkunde Museum in Kassel, im Neanderthal Museum in Mettmann, im Museumscenter & Kunsthalle in Leoben/Österreich, im Landesmuseum Wiesbaden und im Gustav-Lübcke-Museum in Hamm gezeigt. Mehr als sechshunderttausend Besucherinnen und Besucher haben die erlebnis-

Abb.5
Mammute und Wollhaarnashörner waren als große Pflanzenfresser prägende Faunenelemente in der kaltzeitlichen Landschaft.
Hier ein Blick in einen Ausstellungsbereich im Museum Weltkulturen.
© Reiss-Engelhorn-Museen Mannheim, Foto: Wilfried Rosendahl

Klimawandel, Eiszeit und Mannheim – Bedeutende Themen an einem einzigartigen Ort

Abb.6
Der imposante Steppen-
bison lebte während der
Mitte der letzten Kaltzeit
(Würm-/Weichsel-Eis-
zeit) in großen Herden
in der Oberrheinebene.
Skelett und lebensechte
Rekonstruktion in der
Ausstellung in Mann-
heim. © Reiss-Engel-
horn-Museen Mannheim,
Foto: Wilfried Rosendahl

Eiszeit, Warmzeit, Heißzeit

Viele der bei uns während der letzten Kaltzeit heimischen Tiere starben am Ende dieser Klimaphase vor etwa zwölftausend Jahren aus. Die heutige Warmzeit begann und die Landschaften und Lebensräume änderten sich. Andere Tierarten lebten im Oberrheingraben und bald besiedelten auch die Menschen mehr und mehr das Gebiet.

Seit rund 250 Jahren, mit Beginn der Industrialisierung, greift der Mensch durch CO_2-Emissionen immer stärker in das natürliche Klimageschehen ein. Aus den Prozessen eines natürlichen Klima-

wandels ist eine Klimakrise geworden. Hierzu gilt es sofort und nachhaltig zu handeln und den CO_2-Ausstoß drastisch zu minimieren. Nur so können Temperatur- und Meeresspiegelanstieg gestoppt werden. Die „Eiszeit-Safari" hat am Ende des Ausstellungsrundganges auch dieses wichtige Thema aufgegriffen. Noch ist es nicht zu spät, aber jetzt müssen wir alles tun, dass aus unserer Warmzeit nicht in wenigen Jahrzehnten eine Heißzeit wird. Es gilt ein Extremszenario „Kölner Dom am Palmenstrand" zu verhindern (Abb. 7). Zum Wohle von uns und den zukünftigen Generationen, in Mannheim und weltweit.

Literatur

G. und W. Rosendahl (Hrsg.): Eiszeit – Mensch. Natur. Klima, Oppenheim 2022, 264 S.

G. und W. Rosendahl: Eiszeit-Safari: Urzeitabenteuer für Kids, München 2016, 56 S.

G. Rosendahl, D. Döppes, S. N. Friedland und W. Rosendahl: Eiszeit-Safari: Reisebegleiter, München 2016, 224 S.

W. Rosendahl, R. Darga und D. Döppes: EisZeitReise Deutschland. 36 Entdeckungen vom Chiemsee bis Flensburg, Oppenheim 2022, 144 S.

K. F. Schimper: Die Eiszeit. Für Freunde abgedruckt am Geburtstag Galilei's, Flugblatt, Neuchatel 1837.

K. F. Schimper: Über die Witterungsphasen der Vorwelt, Mannheim 1843, 20 S.

Abb.7
Extremszenario einer
zukünftigen Klimakrise
bei deutlichem Temperatur- und Meeresspiegelanstieg: „Kölner Dom
Palmenstrand".
© Reiss-Engelhorn-
Museen Mannheim,
Foto: Katharina Kreger-
Schwerdt

Julia Dworatzek

Eine unscheinbare und doch populäre Zeitzeugin
Die „Mannheimer Puppenküche um 1900" in der
„Belle Epoque-Ausstellung" der Reiss-Engelhorn-Museen*

Die Corona-Pandemie und die viele Zeit des Mit-sich-alleine-Seins, die diese mit sich bringt, gibt vielen aktuell Gelegenheit für zahlreiche Rückblicke in das eigene Leben. Aber auch zu der einen oder anderen unerwarteten Begegnung kann sie führen: Während des Lockdowns zog es mich bei meinen Rundgängen im geschlossenen Museum immer wieder zu einer Puppenküche hin, die neben mondänen Ölgemälden bedeutender Mannheimer Frauen fast schon bescheiden und geduldig darauf wartet, dass man sie in Augenschein nimmt. Nachdem ich einige Male schon davor stehengeblieben bin, wird mir nun auch bewusst, warum diese so eine Anziehungskraft auf mich ausübt: Sie erinnert mich an die Puppenstube bei meinen Großeltern, mit der ich hin und wieder

gespielt hatte, wenn ich dort zu Besuch war. Eine Zimmerszene ähnlich wie diese, trapezförmig mit leicht nach außen gehenden Seitenwänden rechts und links:

Abb.1
Die „Mannheimer Puppenküche um 1900"
© Reiss-Engelhorn-Museen Mannheim,
Foto: Rebecca Kind

Abb.2
Julia Dworatzek im Alter von 3 Jahren mit der Puppenstube bei ihren Großeltern in Königsbach-Stein. © privat, Foto: Julia Dworatzek

Die „Mannheimer Puppenküche um 1900" in der „Belle Époque – Ausstellung" der Reiss-Engelhorn-Museen

Mein Großvater mütterlicherseits hatte sie für meine große Schwester angefertigt. Dass dies gar kein typisches Spielzeug unserer Kindergeneration (1970er- bis 1990er-Jahre) ist, haben wir nie wahrgenommen. In der Regel muss man ja bei Kindern, die auf Puppen treffen, nicht mehr viel erklären. Sie scheinen sofort zu wissen, wie man damit spielt und beginnen einfach mit ihrem Spiel.

Aber warum ist das eigentlich so?

Bedeutung des Spielens mit Puppen

Wenn man spontan typische Spielsachen für Kinder aufzählen müsste, wäre unter den meistgenannten garantiert die Puppe dabei. Gerade bei Mädchen ist sie noch immer mehr als begehrt[1], wenn nicht sogar das Spielzeug schlechthin.[2] Auch wenn mittlerweile Puppen nicht mehr ausschließlich beim weiblichen Geschlecht ein Thema sind,[3] verbindet man sie unterschwellig trotzdem noch mit der Gefühls- und Lebenswelt des Mutterseins, da nach wie vor Haushalt und Kindererziehung vermehrt in den Bereich der Mütter fallen.[4] Diese Beliebtheit hält bereits seit Jahrtausenden an, da das Spiel mit Puppen eine sehr lange Tradition hat[5], die dem alten Griechenland entstammt:

Auf circa 750 v. Chr. sind die ältesten Fundstücke datiert, welche man bei Ausgrabungen in Böotien zutage gebracht hat. Die prominenteste, antike Vertreterin hingegen stammt aus dem Prati in Rom[6], „[...] die ‚pupa' der ‚Crepereia Triphaena' [...] – entdeckt [...] am 10. Mai 1889 [...]."[7] Zeitgenössische Puppen dieser Dekade sind in der Mehrheit als Frauen definiert. Die Gesichter entnimmt man jenen bekannten Göttinnen, die für Heim, Fruchtbarkeit und das Muttersein stehen, wie zum Beispiel Aphrodite oder Hera. Bereits zu diesem Zeitpunkt ist ein pädagogischer Aspekt im Aushändigen dieser an Minderjährige bezweckt.[8] Die Zukunft als Braut, Ehefrau und Mutter ist beinahe Lebens traum eines jeden Mädchens und ihre Puppe das Werkzeug zur Vorbereitung auf all dies. Das Puppenspiel geschieht also unter einem deutlich religiöseren Aspekt als heute, da rituelle Figuren wie diese nicht nur aussehen wie die jeweilige

Gottheit, sondern tatsächlich so ehrfürchtig behandelt werden.

Zubehör wie Kleidung[9] und Mobiliar sind auch in der Antike beliebt und das nicht nur in einer besonderen Bevölkerungsschicht, wie Fundstücke von unterschiedlicher Qualität aus Ausgrabungen beweisen.[10]

Die Kinder bekommen von dem eigentlichen Ziel nichts mit, jedenfalls so weit nicht, dass es unangenehm für sie wäre.[11] Im Gegenteil: Sie lieben das Nachspielen der Eltern, im Rahmen einer den Kindern gerecht werdenden Ausführung dessen.[12] Es soll ja in erster Linie Freude bereiten, was sie da tun und sie bekommen auch die Gelegenheit zum eigenbestimmten Handeln, da sie nun die Mütter sind und ihr vermeintlicher Nachwuchs von ihnen als Haushaltungsvorstand das vorgelebt bekommt, was ihnen ihre eigenen Mütter vorleben.[13] Das Zu-Ende-gehen der Kindheit und die bevorstehende Vermählung ist in der Antike das Ende des Puppenspiels. Dass man, wie heutzutage als erwachsene Frau, die Puppe der Kinderzeit noch besitzt, war damals beinahe unmöglich.[14] Was zuvor noch „Hochzeit spielen" oder besser gesagt das Nachstellen des Festumzugs dessen ist, wird jetzt Realität.[15] Damit die Ehe gelingt und Frucht bringt, ist es unerlässlich, die Puppe(n) und alles was dazu gehört religiös zu opfern. Meist ist die Angerufene eine derselben Gottheiten, die gerne mit diesen Miniaturen dargestellt werden. Hier besteht allerdings schon eine Art Gleichberechtigung, denn der „Gatte in Spe" muss sich auf dieselbe Art und Weise von seinen Spielsachen verabschieden.[16]

Das männliche Pendant zum Puppenspiel ist das des Kaufmanns.[17] Diesem liegt der spätere Kauf-, Kolonialwaren- oder auch Tante-Emma-Laden zu Grunde, der im gemeinsamen Spiel von Jungen und Mädchen das Spiel mit einer Puppenstube als eine Art Einheit, vergleichbar mit der in einer Ehe, ergänzt. Aber bis dorthin ist es noch ein langer Weg, dass Mädchen und Jungen vorbehaltsfrei miteinander spielen dürfen.[18] Dies ist die Vorgeschichte, auf welche das eigentliche Thema dieses Artikels aufbaut. Wenden wir uns nun dem angekündigten Exponat zu:

Julia Dworatzek

> **Die „Mannheimer Puppenküche um 1900" – Zahlen, Daten, Fakten[19]**
>
> Offizielle Objektbezeichnung: „Mannheimer Puppenküche um 1900"
>
> Datierung: circa 1900
>
> Material: Holz, Metall, Farbmittel, Lack
>
> Maße: 85,80 x 41,50 x 45 cm
>
> Zustand: mittelmäßig, restauratorische Maßnahme durch Annette Kirsch, Restauratorin
> Reiss-Engelhorn-Museen a. D., im Jahre 2018
>
> Kurzbeschreibung: Puppenküche mit Bord an der Rückwand und aufgemaltem Fliesenboden
> in Blau / Altweiß

Provenienz

Die Geschichte des Besitzes der „Mannheimer Puppenküche um 1900", die ein „[...] Mannheimer Küchen-Interieur der Familie Breidenbach-Hüglin"[20] abbildet, lässt sich authentisch aus einer E-Mail des letzten, aus dieser Familie entstammenden Besitzers, Dr. med. Horst Baumann, wiedergeben: „Das Ehepaar Carl Breidenbach (1842 – 1897) und Margarete, geb. Lösch hatte 3 Töchter: Katharina (geb. 1868), Emilie, verheiratete Osiander (1874 – 1940), Frieda (geb. 1877) und Greta (1881 – 1974). Carl Breidenbach war Bijouterie-Fabrikant in Mannheim, seine Firma verarbeitete vor allem Schildpatt für Kämme und Dinge des täglichen gehobenen Lebens. Vergrößerungs-Lupen, Lorgnons und Falzbeine sind noch in unserem Besitz. Beerdigt wurde das Ehepaar auf dem Mannheimer Friedhof am Weg entlang der Mauer zum israelischen Friedhof hinter der Mauer des alten Friedhofs auf der li[nken] Seite vom Eingang gesehen. [Ein Bereich, in welchem sich die repräsentativen Familiengrabstätten namhafter Mannheimer Bürger befinden.] Das alte Breidenbachsche Grab wurde vom Enkel Rudolf Osiander zum Osiandrischen Familiengrab umfirmiert. Die Küche gehörte der jüngsten Tochter Greta, verheiratete Hüglin. Das Ehepaar Hüglin hatte keine Kinder, die Nichte Eugenie Osiander (1906 – 1993), verheiratete Baumann war das Patenkind und erhielt die Küche zum Geschenk und spielte als Kind damit. Die nächste Besitzerin war dann meine Schwester Lore Baumann, verheiratete Gutknecht (geb. 1929). [...] Es [...] gibt [leider] keine Bilder [von ihr] als Kind mit der Puppenküche, sie sagte, das sei damals wohl nicht üblich gewesen."[21] Von Lore Baumann[22] (heute über neunzig Jahre alt)[23]

geht die Puppenküche in den Besitz ihres eben zitierten Bruders, Dr. med. Horst Baumann, über. Ein wenig traurig wendet sich dieser 2018 an Dr. Irmgard Siede, Sammlungsleitung der Angewandten Kunst in der Kunst- und Kulturgeschichte (KuK) der Reiss-Engelhorn-Museen: „Nun spielt niemand mehr mit der Küche und es ist zu überlegen, ob sie noch irgendwo als Zeitdokument erhalten werden sollte."[24] Noch im selben Jahr stiftet er die Küche an den „Mannheimer Altertumsverein (MAV)", dessen Bestände die Reiss-Engelhorn-Museen zu einem großen Teil verwahren.[25]

Eine Provenienzgeschichte wie diese ist nicht unüblich für Puppenküchen und -stuben.

In der Regel kommen sie, nach jahrzehntelangem Hegen und Pflegen durch die Besitzerinnen, die inzwischen aus dem Kindheitsalter herausgewachsen sind, zu Sammlern und Museen, wenn kein weiterer Erbe mehr vorhanden ist oder die aktuellen Nachkommen keinen spielerischen oder zumindest ideellen Bezug mehr dazu herstellen können. Denn Puppenstuben und -küchen sind einst eigentlich als Tradition gedacht gewesen, dass sie jeweils in den Besitz der jüngeren Generation, mit entsprechender Anpassung an die aktuelle Mode, übergehen:

Puppenstuben und Puppenküchen

Fast zwei Jahrzehnte nach dem Zweiten Weltkrieg, in den 1960er-Jahren, beginnt sich die wissenschaftliche Betrachtung von Puppenstuben und ihren Unterformen unter anderem im kunsthistorischen Bereich zu entwickeln, die ebenfalls volkskundliche Aspekte und das Kunstgewerbe mit einschließt. Hieraus entsteht eine Stilgeschichte, aus welcher ablesbar wird, dass die Entwicklung dieser

Die „Mannheimer Puppenküche um 1900" in der „Belle Époque – Ausstellung" der Reiss-Engelhorn-Museen

in den unterschiedlichen Epochen sowohl die vorherrschenden Lebensumstände als auch die Mode der Ausstattung widerspiegelt, die sich lebensnah, nur in einem kleineren Maßstab wiedergibt. [26]

Die Puppenstube

Es gibt zweierlei Sorten von Puppenstuben: Die Puppenstube selbst und die Puppenküche. In beiden Fällen handelt es sich um die abgebildete Szenerie eines Raumes, welche in einer Art Requisitenbau ausgearbeitet ist.[27] Diese befasst sich fast immer mit jeweils einem der wichtigsten Bedürfnisse in einer heimischen Umgebung: Wohnen und Schlafen bei der Puppenstube, Kochen und Haushalt in der Puppenküche.[28] Diese beiden Medien öffnen sich bühnenartig nach vorne und ebenfalls nach oben.[29]

Eine Spielform, die ab dem ausgehenden 18. Jahrhundert entsteht. Aus dieser Zeit sind die ersten Bilder und Texte über die Einzelräume bekannt. Noch im 17. Jahrhundert sind komplette Puppenhäuser, auch „Dockenwerke" genannt, die repräsentativen Einrichtungsstücke von Erwachsenen und daher nicht zum Spielen geeignet. Wie genau es zu jenem Wandel kommt, also dieser besagten, neuen Benutzung als Spielzeug, ist bisher nicht endgültig geklärt. Es geht zum Teil darum, dass mit der Veränderung der Erziehung, während dem Zeitalter der Aufklärung, Kindern von dort an im Allgemeinen ein deutlich kindgerechterer Umgang zugestanden wird.[30]

Der andere Ansatz wäre, dass Wohnen und Arbeiten in dieser Zeit oft nicht mehr länger unter einem Dach stattfinden. Das Zuhause ist nun privater Natur. Rückführend auf den frühen Gebrauch von Puppen, wie in der Antike, werden auch hier die Kinder spielerisch an ihre zukünftigen Aufgaben herangeführt.[31]

Formen von Puppenküchen

Obwohl das Wort Puppenstube als Überbegriff benutzt wird, hat diese sich eigentlich genau umgekehrt, zuerst aus dem Medium der Puppenküche herausentwickelt. Dies zeigt sich in graphischer, sowohl auch in schriftlicher Dokumentation.[32] 1739 berichtet das „Frauenzimmerlexikon" erstmals von der Puppenküche als empfohlenes, pädagogisches Werkzeug.[33]

Kupferstiche kurz vor Beginn des 19. Jahrhunderts zeugen als erste von der Vereinzelung eines Zimmers, genauer gesagt der Küche, zum Zwecke des Nachspielens alltäglicher Abläufe durch Kinder.[34] Das Besondere an den ersten bildlichen Darstellungen von Puppenküchen ist die Tatsache, dass dort bereits die heute bekannte Ansicht in Form eines Trapezes zu sehen ist, wohingegen Räume in Puppenhäusern noch in der Grundfläche rechteckig sind. Dieser neue Zuschnitt bringt den Vorteil, dass hierdurch Bedienung und Zugänglichkeit am einfachsten sind, da sich teilweise ja zum Beispiel auch noch ein Miniaturofen darin befindet. Zudem erweisen sich die weit öffnenden Seiten als günstig für Stauraum aller Art, denn man wolle ja auch ungern etwas umwerfen, oder sich am eben erwähnten, real beheizten Ofen verbrennen, der ja entweder in einer der beiden Ecken steht, oder im Laufe der Zeit auch in das Zentrum der Küche wandert. Das Regalbrett an der Rückwand der „Mannheimer Puppenküche um 1900" entspricht genau jener beschriebenen Art von Aufbewahrung, auf welchem allerlei Küchenutensilien und Geschirr ihren Platz finden. Aufgrund dieser Anordnung und Zusammenstellung der Möblierung ist daraus zu schließen, dass es sich hierbei um eine zweite Ausstattungsvariante handelt, die ebenfalls im 19. Jahrhundert entstand: In jener befindet sich ein Beistellherd neben der Puppenküche, welcher beim vorliegenden Exemplar aber nicht mehr enthalten ist. Diese Art setzt sich im Nachhinein dann auch gegenüber der anderen durch.[35] Raumdetails, wie zum Beispiel Fenster, können bei Puppenküchen und -stuben auch vorhanden sein, müssen jedoch nicht zwingend.[36] Das zierliche Puppenformat, das uns heute bei dem Gedanken an eine Puppenküche in den Sinn kommt, ist nicht immer so gewesen. Die Küchen im 18. und 19. Jahrhundert sind teilweise so groß, dass richtige Puppen darin wie echte Kinder umsorgt werden können.[37] Die Normgröße der Puppen hängt dabei von Zeitalter und Mode ab, sowie auch deren Aussehen und Ausstattung.[38] Dies gilt nicht nur in Bezug auf die Puppen, denn alles, was den Erwachsenen in Sachen Alltagsgewohnheiten und Möblierung am Herzen liegt, wird in der Puppenküche in klein nachgeahmt.[39] Auffällig ist,

Julia Dworatzek

dass trotz des Umsorgens des liebsten Spielzeugs sich in den Puppenküchen, außer spartanischem Sitzmobiliar, das auf das Arbeiten ausgelegt ist, keine Gelegenheiten zum Essen befinden. So auch in der „Mannheimer Puppenküche um 1900", in welcher sich ein einfacher Tisch mit zwei Stühlen befindet, der maximal für die Nahrungsaufnahme durch das Personal dient. Da Miniaturküchen wie diese für Kinder aus den gehobenen Gesellschaftsschichten ab dem Bürgertum aufwärts gedacht sind, entsprechen sie vom Standard her auch den tatsächlichen Wohnverhältnissen.[40] Denn gegessen wird mit der Familie nun einmal im Esszimmer und nicht in der Küche.[41] Dargestellt ist dabei meistens das Optimum, das heißt, wie eine zeitgenössische Küche bestenfalls sein könnte.[42] Die Küche als eigenständiges Bewirtschaftungszimmer zum Erwärmen von Nahrung generell, hat seine frühesten Wurzeln im mitteleuropäischen Spätmittelalter.[43] Für die Weiterentwicklung gibt es allerdings keine einheitlichen, zeitlichen Abschnitte, da sie nur partiell geschieht. Einerseits in Stilfragen, andererseits im Sozialen. Damit existieren gleichzeitig die unterschiedlichsten Küchenformen und sind trotzdem alle auf der Höhe der Zeit, weil sie den jeweiligen Bedürfnissen angepasst sind.[44] Im Gegensatz zu den Puppenküchen wird bei Puppenstuben ein Wandel durchaus öfter durchgeführt. Bei Puppenküchen wird die Gestaltung des ursprünglichen Korpus bis auf Kleinigkeiten fast nie verändert. In der Regel werden lediglich nur neue Koch- und Essutensilien hinzugekauft.[45] Durch kleinere Stellen, an welchen an der „Mannheimer Puppenküche um 1900" die oberste Schicht der Wandfarbe abblättert, kann man eine darunterliegende, moosgrüne Farbschicht erkennen. Dies lässt darauf schließen, dass sich die Wandgestaltung der „Mannheimer Puppenküche um 1900" mindestens einmal verändert haben muss. Die Farbgebung des Fußbodens hingegen scheint original belassen zu sein, da an den abgewetzten Stellen nur das blanke Holz darunter zu erkennen ist.

Möblierung

Mit der zunehmenden Mechanisierung von Produktionsabläufen kommt zwischen der Mitte des 19.-[46] und dem Anfang des 20. Jahrhunderts eine

Reihenproduktion von Puppenstubenmöbeln in Fahrt, welche durch den Katalogvertrieb großer Warenhäuser eine immense Abnahme ermöglicht.[47] Das Küchenbuffet der „Mannheimer Puppenküche um 1900" ist mit jenem einer anderen Puppenküche vom Ende des 19. Jahrhunderts vergleichbar und könnte damit aus genau einer solchen Reihenproduktion entstammen. Da die beiden sich aber in kleineren Details unterscheiden, bestehen wiederum zwei Möglichkeiten: Einmal, dass eines der beiden Buffets eventuell ein privater Nachbau eines seriell gefertigten sein könnte, denn das Kopieren stellte sich, aufgrund der einfachen Formen, auch nicht wirklich schwer dar.[48]

Zum anderen entstehen zu dieser Zeit ebenfalls Nachbildungen der eigenen Küchenmöbel, die durch Spielzeugfabrikanten nach Kundenskizzen angefertigt werden.[49] Da die „Mannheimer Puppenküche um 1900" als Nachbildung der realen Küche der Familie Breidenbach aus Mannheim durch den letzten Besitzer verifiziert ist, ist es am wahrscheinlichsten, dass es sich bei den Möblierungselementen tatsächlich um solche Nachbauten handelt.[50] Dies zu belegen, ist leider, aufgrund des Nicht-Vorhandenseins von Fotografien der Originalküche, nicht mehr möglich.[51] Ab den 1850er-Jahren lösen Buffets Regalbretter und Haken in den realen Küchen ab. Die zuvor noch

Abb. 3
Abblätternde Stellen an den Seitenwänden zeugen von einer Veränderung der Wandfarbe.
© Reiss-Engelhorn-Museen Mannheim, Foto: Rebecca Kind

Die „Mannheimer Puppenküche um 1900" in der „Belle Époque – Ausstellung" der Reiss-Engelhorn-Museen

Abb. 4
Küchenbuffet der
„Mannheimer Puppen-
küche um 1900"
© Reiss-Engelhorn-
Museen Mannheim,
Foto: Rebecca Kind

offene Aufbewahrung von Koch- und Essutensilien wird nun durch Schranktüren nicht nur verdeckt, sondern vor staub- und dunstgeschützt.[52] In den unteren Schranktüren eines solches Buffets, wie man bei dem der „Mannheimer Puppenküche um 1900" sehr gut erkennen kann, sind runde Lüftungssiebe aus Metall eingebaut, die dafür sorgten, dass die darin aufbewahrten Lebensmittel nicht verdarben, da sich Küchen zu dieser Zeit oft im Souterrain des Hauses befinden, wo es keine Fenster gibt. Der Standort des Gedecks für Sonn- und Festtage ändert sich hingegen nicht, dieses wird weiterhin im Wohnbereich in Szene gesetzt. Bei der „Mannheimer Puppenküche um 1900" wird der Übergang sichtbar, da sowohl Regalbretter und Wandhaken als auch das Küchenbuffet dort parallel zueinander ihren Platz finden.[53] Mit dem Korpus unterscheiden sich Puppenstuben und Küchen nur in einem relativ kleinen Rahmen voneinander. Es kommt darauf an, ob es sich um einen Standardkorpus oder bereits von Anfang an um einen gestalterisch individualisierten handelt. Denn erst mit der Möblierung bei der Ersteinrichtung einer Puppenküche wird diese endgültig

zu etwas Einzigartigem.[54] Bei der „Mannheimer Puppenküche um 1900" zum Beispiel, ist der Fliesenboden der realen Küche der einstigen Besitzerfamilie nachempfunden.[55] Nicht nur durch die Weitergabe an die nächst Jüngere, sondern auch schon während der Dekade, wo ein und dasselbe Kind damit spielt, verändert sich das Gesicht der Puppenküche immer wieder einmal, weil selbstverständlich auch die junge Köchin, genau wie die Erwachsenen, auf dem neuesten Stand sein möchte.[56] Es ist ja schließlich ihr Eigentum, über das sie bestimmen kann und darf. Auch über alles, was sie darin kocht und wie dies dort zubereitet wird, egal ob echtes Lebensmittel oder spielerischer Stellvertreter dessen.[57] Renate Müller-Krumbach spricht hier von „...eine[r] wesentliche[n] Phase der Selbstverwirklichung und [...] eine[m] unverzichtbare[n] Erinnerungsfaktor."[58]

An den Küchen der Erwachsenen, da sie nicht ein Idealbild darstellen und in diesem Bereich der Wohnung, gerade in der Stadt, eher selten modische Aspekte beachtet werden, kann man nur schwer ablesen, wo diese stilistisch einzuordnen sind. Kleinbauteile, wie zum Beispiel Beine oder Schließelemente, können tatsächlich Anhaltspunkte sein.[59] Beim Puppenküchenequipment ist es deutlich einfacher, die Gegenstände zeitlich einzuordnen. Ab circa 1900 kommt im Zuge der seriellen Fertigung das bis heute noch gängige Kennzeichnungselement der Seriennummer auf. Für heutige Recherchen sind als Primärquelle die zeitgenössischen Kataloge der Hersteller sehr zu empfehlen.[60] Das Herstellungsjahr zu erfahren ist dabei besonders wichtig, da bis Mitte des 20. Jahrhunderts noch immer Nachbauten vergangener Epochenstile vorgenommen werden.[61]

Zu der „Mannheimer Puppenküche um 1900" gehört ein weitaus größeres Zubehör (61 Teile), als aktuell in der Ausstellung zu sehen ist. Dieses erstreckt sich zeitlich von der Jahrhundertwende über den Jugendstil, bis in die 1950er-Jahre hinein. Nicht zur ursprünglichen Ausstattung gehören in diesem Konvolut die beiden, sich auf dem Tisch befindlichen Gefäße aus dem Ersten Weltkrieg, mit der Aufschrift: „Milchtopf / Zuckerdose aus den Kriegsjahren 1916 / 1917"[62]. Keramikwaren wie diese und nicht zuletzt, die sich an der Rückwand befindlichen und für die Reinigung des Haushalts

Julia Dworatzek

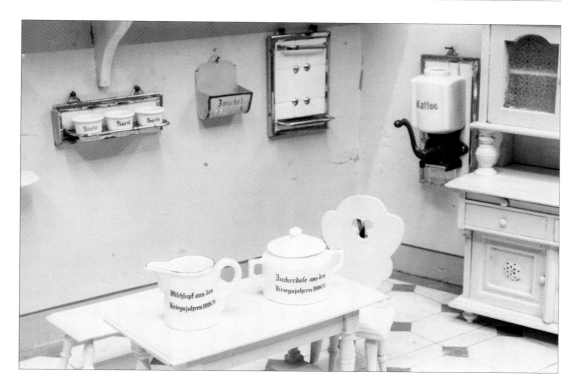

Abb. 5
Keramikgefäße zeigen, dass bis ins Detail Elemente richtiger Küchen in der Miniatur übernommen werden. © rem, Foto: Rebecca Kind

um die Jahrhundertwende gängigen Behältnisse für Soda, (Scheuer-)Sand und Seife können tatsächlich, wie die Ware in Normalgröße auch, über die lokalen Handwerksmeister bezogen werden, die ihre Ware auf Marktplätzen präsentieren. Bis in die 1950er-Jahre hinein ist dies ganz normale Praxis.[63]

Der Bezug zur Dauerausstellung „Belle Époque" und warum Dr. Horst Baumann die Reiss-Engelhorn-Museen für den Verbleib seiner „Mannheimer Puppenküche um 1900" ausgewählt hat, soll nun im Folgenden erläutert werden:

Warum die „Mannheimer Puppenküche um 1900" in der „Belle Époque Ausstellung" der Reiss-Engelhorn-Museen präsentiert ist

Wie viele größere Städte Deutschlands erlebt Mannheim ab den 1850er-Jahren einen gewaltigen wirtschaftlichen Aufschwung. Die Industrie nimmt rasant zu und führt zu mehreren Metamorphosen innerhalb des Stadtbildes.[64] Nicht zuletzt geschieht dies aufgrund des äußerst geschickten Standortes inmitten von Neckar und Rhein. Aber auch allgemeine Erneuerungen, wie zum Beispiel die Ausweitung des Bahnverkehrs, schieben den industriellen Ausbau voran. Die Schaffung einer

derartigen Infrastruktur setzt natürlich eine vorausschauende und zukunftsgewandte Politik der Stadtoberen voraus, die in Mannheim überdurchschnittlich gegeben ist.[65] Diese Entwicklung macht sich schnell im Sozialen bemerkbar[66] „Erfinder, Pioniere und Existenzgründer aus ganz Deutschland ließen sich mit ihren Familien in Mannheim nieder. Hier konnten sie ihre Ideen erfolgreich umsetzen und trugen so in den kommenden Jahren zu Wachstum und Wohlstand der Stadt bei."[67] Von einer Anzahl von fünfzigtausend Einwohnern im letzten Viertel des 19. Jahrhunderts steigt bis 1915 die Einwohnerzahl auf über zweihunderttausend an.[68] Die Schaffung einer Vielzahl neuer Arbeitsplätze, gepaart mit der wohl attraktivsten Entlohnung im badischen Einzugsgebiet, führt zur vermehrten Ansiedlung in der Quadratestadt. Hinzu kommen Eingliederungen von Teilorten, die diesen Höchststand an Neubürgern Mannheims möglich machen. Jene große Quote von 20 Prozent an Zuwanderung führt unweigerlich zu einer Herausforderung an Wohnraumbeschaffung. Trotz ordentlicher Gehälter sind die verfügbaren Wohnungen nicht für jeden erschwinglich.[69] Aus dieser Entwicklung heraus entstehen kurz vor Ende des 19. Jahrhunderts deshalb die heutigen Wohngebiete Lindenhof, Neckarstadt und

Die „Mannheimer Puppenküche um 1900" in der „Belle Époque – Ausstellung" der Reiss-Engelhorn-Museen

Schwetzingerstadt.[70] Auch das Berufspendlertum nimmt Fahrt auf. Selbst Arbeiter aus dem Umland und oft ohne Berufsausbildung können nun auf diese Weise in Lohn und Brot kommen. Aus eben erwähntem Pendeln resultieren ebenfalls Zuzüge. Diese direkten Nachbarn aus der Kurpfalz bleiben beim Thema Zuwanderung jedoch in der Minderheit.[71] In der Regel kommt die Mehrheit der neuen Bewohner aus einem weiteren Umkreis Südwestdeutschlands, davon fünfzig Prozent aus Hessen und dem Rheinland.[72] Die Familie Breidenbach, jene bereits erwähnte Vorfahren von Dr. med. Horst Baumann, lebt genau zu dieser Zeit in[73] der bereits bestehenden Villengegend der L-Quadrate[74], wo auch der Ausgangspunkt der „Mannheimer Puppenküche um 1900" ist. Gleichzeitig hat Karl Breidenbach mit seiner Bijouterie-Fabrik im Lindenhof eine ebenso standesgemäße Nachbarschaft. Einige Jahrzehnte später, mit dem Hausbau des Großvaters von Dr. Horst Baumann, Karl Baumann, seines Zeichens Custos des großherzoglichen Antiquariums, wird die Familie dann auch dort, in der Rennershofstraße, sesshaft.[75] Dieser Stadtteil ist hauptsächlich vom Beamtentum geprägt, sei es im Bereich der Reichsbahn oder im schulischen Umfeld.[76] Bei Innenstadt und Lindenhof handelt es sich also um Stadtviertel, in welchen das gehobene Bürgertum zu Hause ist. Jenes, bei dem der Brauch der Puppenstuben und -küchen weit verbreitet ist.

Wortwörtlich könnte man also von einer „schönen Epoche" für Mannheim und seine Bewohner sprechen. Nicht umsonst hat man im Französischen den Begriff „Belle Époque" für sie gewählt, da dies selbstverständlich nicht nur ein Mannheimer Phänomen ist. Diese „Zeit der Gründer", jenes besagten, immensen Wachstums, heißt auf Deutsch also nicht ohne Grund „Gründerzeit". Jedoch passt der französische Titel besser zu Mannheim, weshalb man sich auch für eben diesen Titel der Ausstellung entschieden hat. Der wirtschaftliche Anstieg führt ebenfalls zu einem Wachstum des Kulturbereichs. Dieser ist von nun an nicht mehr alleinige Sache blauen Blutes, sondern neu aufgestiegene Mäzene aus dem Großbürgertum und den Reihen der Industriellen heben sich langsam von den alten Strukturen ab und geben mehr und mehr den Ton an, sowie die finanziellen Fördermittel dafür.[77]

Die „Belle Époque" spiegelt also jenen industriellen, wie auch kulturellen Aufschwung wider, welcher mit dem Medium und der Reihenproduktion der „Mannheimer Puppenküche um 1900" im Miniaturformat seinen Ausdruck findet. Die „Gründerzeit" generell gilt als die Hochphase der Puppenstuben, deshalb ist die „Mannheimer Puppenstube um 1900" auch als Teil der Dauerausstellung „Belle Époque" im Museum Zeughaus der Reiss-Engelhorn-Museen ausgestellt. Nicht zuletzt, weil es damals in Mannheim häufig junge Menschen vor- oder während der Familienplanung, oder gar ganze Familien mit Kindern sind, die dort ein neues Zuhause finden[78] und somit die typische Käuferschicht dessen sind.

Über Jugendstil und die 1920er-Jahre hinaus dauern Höhepunkt und vor alledem die aufwändige Verarbeitung noch an. Mit dem Materialmangel nach dem Zweiten Weltkrieg werden Puppenstuben und Küchen deutlich einfacher. Diese Neuauflagen sind aber dann eher als eine Art Nostalgie zu verstehen, einem Wunsch nach der heilen Welt vor den Grauen des Krieges, da es sich dabei meist um Replikate älterer Modelle handelt.[79]

Bezug von Dr. med. Horst Baumann zum „Mannheimer Altertumsverein (MAV)"

Heinz Baumann, der Vater von Dr. Horst Baumann, ist zur Zeit des Wiederaufbaus nach dem Zweiten Weltkrieg Mitglied im „Mannheimer Altertumsverein". Da traditionsgemäß die Söhne mit heranwachsendem Alter in die Reihen der Väter eingeführt werden, geschieht dies ebenso bei Horst Baumann, nur auf eine vielleicht nicht so unbedingt alltägliche Art und Weise, wie er im Folgenden berichtet[80]: „Als ca. 1963 Dr. Erich Gropengießer an die neu gegründete prähistorische Abteilung des damaligen Reiß-Museums kam, stand er alleine bei der Aufarbeitung der Reste der Sammlung des ehemaligen Schloß-Museums (welches sein Vater Hermann Gropengießer vor dem Krieg leitete) da. Er klagte meinem Vater Heinz Baumann bei einem Vortrag des Altertumsvereins sein Leid und es wurde beschlossen, dass ich (damals Gymnasiast) ihm zur Hand gehen sollte. Wir haben dann jeden Mittwoch-Nachmittag im Gewölbekeller des Zeughaus die Überreste des Kriegs gesichtet. Da waren wild durcheinander in Kartons mit den Res-

Julia Dworatzek

ten der vor- und frühgeschichtlichen Sammlung, die Überreste der Sammlung Max und ein Teil der völkerkundlichen Sammlung gelagert. Wir brauchten 2 Jahre, bis wir einigermaßen die Sammlungen sortierten und Dr. Gropengießer eine weitere Hilfskraft (Herr Gall) bekam. Am Ende konnten wir die erste Ausstellung der Vor- und Frühgeschichte im Keller des Zeughaus eröffnen. [...]. Die römischen Denksteine, die teilweise mein Großvater Karl Baumann 1890 veröffentlichte, waren damals im Börsen-Keller E5 gelagert. Auch hier habe ich leider keine Bilder, wir sahen damals eigentlich nur die Not, nach dem Krieg die Sammlungsreste zu ordnen."[81] Dieses Erlebnis beherbergt zum großen Teil eine lebenslange Bindung zum „Mannheimer Altertumsverein", in welchem Dr. med. Horst Baumann bis heute Mitglied ist. Die ebenfalls enge Verbindung des Vereins zu den Reiss-Engelhorn-Museen, deren Sammlung unter anderem auf dessen Sammlung aufbaut und wovon Herr Baumann ja als junger Mann die kriegsbeschädigten Überreste zu sichern half, führt schließlich dazu, dass er seine „Mannheimer Puppenküche um 1900" im Mannheimer Altertumsverein für die Nachwelt am

besten aufgehoben weiß. In der Dauerausstellung „Belle Époque", im Museum Zeughaus, ist sie nun während der Öffnungszeiten jederzeit zu besichtigen.

Fazit:

Durch eine schwere Krise, die Zerstörung des Mannheimer Schlossmuseums im Jahre 1945, findet Dr. med. Horst Baumann den späteren Bestimmungsort seines Erbstückes in den Reiss-Engelhorn-Museen. Durch eine weitere Krise, die aktuelle Corona-Pandemie, wird die Geschichte dieses Erbstückes, der „Mannheimer Puppenküche um 1900", wiederentdeckt und aufgeschrieben. Sie zeigt, dass Museumsarbeit eine Arbeit von Menschen ist, die dafür brennen, die Geschichte der Menschheit zu bewahren, damit auch noch Generationen nach ihnen diese zugänglich bleibt.

Hierfür stehen jeden Tag die Mitarbeiter*innen der Reiss-Engelhorn-Museen und zugehörigen Stiftungen, sowie des Mannheimer Altertumsvereins und all ihre ehrenamtlichen Helfer*innen ein.

Quellen:

G. Benker: In alten Küchen – Einrichtung-Gerät-Kochkunst, München 1987.

R. Frenzel: Beim Spiel, Frankfurt a. M. 1980.

M. Fittà: Spiele und Spielzeug in der Antike – Unterhaltung und Vergnügen im Altertum, Stuttgart 1998.

Institut für Landeskunde und Regionalforschung der Universität Mannheim (Hrsg.): Rhein-Neckar-Raum an der Schwelle des Industrie-Zeitalters, Konferenzschrift, Südwestdeutsche Schriften 1, Heilbronn 1984.

A. Krock, in: H. Wiegand (Hrsg.), A. Wieczorek (Hrsg.), C. Lind (Hrsg.): Mannheims Belle Époque – Tanz und Taumel einer Epoche, Ausstellungskatalog der Reiss-Engelhorn-Museen, Halle (Saale) 2019.

W. Metzger: Skizzen zur „Bürgerlichen Wohnkultur", Ausstellungskatalog des Badischen Landesmuseums Karlsruhe, Gaggenau 1989.

R. Müller-Krumbach und H. Henze: Kleine heile Welt – Eine Kulturgeschichte der Puppenstube, Leipzig 1992.

Reiss-Engelhorn-Museen: E-Mail-Verlauf zwischen Dr. med. Horst Baumann und Julia Dworatzek, Mannheim 2021.

Reiss-Engelhorn-Museen: Sammlungsunterlagen zur „Mannheimer Puppenküche um 1900", Mannheim 2021.

G. Rosemann: Spielzeug der Antike, Ausstellungskatalog des Hessischen Puppenmuseums, Hanau 1993.

S. Schott: Der Lindenhof, Statistik und Erzählung, in: Beiträge zur Statistik der Stadt Mannheim, 1969, Sondernummer 8.

Anmerkungen

*   Bedanken möchte ich mich ganz herzlich für die wissenschaftliche Betreuung bei der Sammlungsleitung Angewandte Kunst der Kunst- und Kulturgeschichte (KuK) der Reiss-Engelhorn-Museen, Dr. Irmgard Siede, der Abteilungsleitung Ausstellungsmanagement, Eva-Maria Günther, und nicht zuletzt bei dem Stifter der „Mannheimer Puppenküche um 1900", Herrn Dr. med. Horst Baumann, für eine gute Zusammenarbeit, die sehr zu der Realisierung dieses Artikels beigetragen hat.

1   R. Frenzel: Beim Spiel, Frankfurt a. M. 1980, S. 45.

2   M. Fittà: Spiele und Spielzeug in der Antike – Unterhaltung und Vergnügen im Altertum, Stuttgart 1998, S. 54.

Die „Mannheimer Puppenküche um 1900" in der „Belle Époque – Ausstellung" der Reiss-Engelhorn-Museen

3   Frenzel, wie in Anm. 1, S. 45.

4   Fittà, wie in Anm. 2, S. 54.

5   Frenzel, wie in Anm. 1, S. 45.

6   Fittà, wie in Anm. 2, S. 57.

7   Ebenda, S. 57.

8   Ebenda, S. 58.

9   G. Rosemann: Spielzeug der Antike, Ausstellungskatalog des Hessischen Puppenmuseums, Hanau 1993, S. 11.

10 Fittà, wie in Anm. 2, S. 59.

11 R. Müller-Krumbach, H. Henze: Kleine heile Welt – Eine Kulturgeschichte der Puppenstube, Leipzig 1992, S. 07.

12 Fittà, wie in Anm. 2, S. 59.

13 Müller-Krumbach, wie Anm. 11, S. 07.

14 Rosemann, wie in Anm. 09, S. 11.

15 Frenzel, wie in Anm. 1, S. 13.

16 Rosemann, wie in Anm. 09, S. 11.

17 Frenzel, wie in Anm. 1, S. 13.

18 Müller-Krumbach, wie in Anm. 11, S. 11.

19 Reiss-Engelhorn-Museen: Sammlungsunterlagen zur „Mannheimer Puppenküche um 1900", Mannheim 2021.

20 Ebenda.

21 Reiss-Engelhorn-Museen: E-Mail-Verlauf zwischen Dr. med. Horst Baumann und Julia Dworatzek, Mannheim 2021.

22 Reiss-Engelhorn-Museen, wie in Anm. 19.

23 Reiss-Engelhorn-Museen, wie in Anm. 21.

24 Reiss-Engelhorn-Museen, wie in Anm. 19.

25 Ebenda.

26 Müller-Krumbach, wie in Anm. 11, S. 07.

27 Ebenda, S. 61.

28 Ebenda, S. 10.

29 Ebenda, S. 61.

30 Ebenda, S. 59.

31 W. Metzger: Skizzen zur „Bürgerlichen Wohnkultur", Ausstellungskatalog des Badischen Landesmuseums Karlsruhe, Gaggenau 1989, S. 22.

32 Müller-Krumbach, wie in Anm. 11, S. 10.

33 Ebenda, S. 61.

34 Ebenda, S. 10.

35 Ebenda, S. 11.

36 Ebenda, S. 63.

37 Ebenda, S. 10.

38 Ebenda, S. 181.

39 Metzger, wie in Anm. 31, S. 22.

40 Müller-Krumbach, wie in Anm. 11, S. 10/11.

41 G. Benker: In alten Küchen – Einrichtung-Gerät-Kochkunst, München 1987, S. 24.

42 Metzger, wie in Anm. 31, S. 23.

43 Benker, wie in Anm. 41, S. 24.

44 Ebenda, S. 10.

45 Müller-Krumbach, wie in Anm. 11, S. 11.

46 Ebenda, wie in Anm. 11, S. 12.

47 Metzger, wie in Anm. 31, S. 23.

48 Müller-Krumbach, wie in Anm. 11, S. 12.

49 Metzger, wie in Anm. 31, S. 23.

50 Reiss-Engelhorn-Museen, wie in Anm. 19.

51 Reiss-Engelhorn-Museen, wie in Anm. 21.

52 Benker, wie in Anm. 41, S. 28.

53 Ebenda, S. 28 & 30.

54 Müller-Krumbach, wie in Anm. 11, S. 12.

55 Reiss-Engelhorn-Museen, wie in Anm. 19.

56 Müller-Krumbach, wie in Anm. 11, S. 12.

57 Ebenda, S. 07.

58 Ebenda, S. 07.

59 Benker, wie in Anm. 41, S. 25.

60 Müller-Krumbach, wie in Anm. 11, S. 179.

61 Ebenda, wie in Anm. 11, S. 12.

62 Reiss-Engelhorn-Museen, wie in Anm. 19.

63 Müller-Krumbach, wie in Anm. 11, S. 64.

64 A. Krock, in: H. Wiegand (Hrsg.), A. Wieczorek (Hrsg.), C. Lind (Hrsg.): Mannheims Belle Époque – Tanz und Taumel einer Epoche, Ausstellungskatalog der Reiss-Engelhorn-Museen, Halle (Saale) 2019. S. 07.

65 Ebenda, wie in Anm. 64, S. 69.

66 Ebenda, S. 07.

67 Ebenda, S. 69.

68 Institut für Landeskunde und Regionalforschung der Universität Mannheim (Hrsg.): Rhein-Neckar-Raum an der Schwelle des Industrie-Zeitalters, Konferenzschrift, Südwestdeutsche Schriften 1, Heilbronn 1984, S. 29.

69 Krock, wie in Anm. 64, S. 19.

70 Ebenda, S. 20.

71 Institut für Landeskunde und Regionalforschung der Universität Mannheim, wie in Anm. 68, S. 31.

72 Ebenda, S. 39.

73 Reiss-Engelhorn-Museen, wie in Anm. 21.

74 Krock, wie in Anm. 64, S. 19.

75 Reiss-Engelhorn-Museen, wie in Anm. 21.

76 S. Schott: Der Lindenhof, Statistik und Erzählung, in: Beiträge zur Statistik der Stadt Mannheim, 1969, Sondernummer 8, S. 41.

77 Krock, wie in Anm. 64, S. 12.

78 Institut für Landeskunde und Regionalforschung der Universität Mannheim, wie in Anm. 68, S. 41.

79 Müller-Krumbach, wie in Anm. 11, S. 59.

80 Reiss-Engelhorn-Museen, wie in Anm. 21.

81 Ebenda.

Mahsa Öztürk

Mehr als ein Anhängsel
Ein Menit-Gegengewicht aus Rohhaut aus der Zeit Osorkons I.[1]

Viele Artefakte, die sich in den heutigen Museen auf der ganzen Welt befinden, wurden im Kunsthandel erworben. Oft werden in Museen diese kleinen Objekte nur im Vorbeigehen wahrgenommen, Interesse besteht eher an großen, berühmten Stücken. Dabei können unscheinbare Objekte häufig spannende Einblicke in jahrtausendealte Kulturen ermöglichen. Eines dieser unscheinbaren Stücke ist ein sogenanntes Menit-Gegengewicht[2] aus Rohhaut oder Leder. Das Objekt stammt aus dem Kunsthandel und wurde erstmalig 1995 von Ellen Doetsch-Amberger wissenschaftlich kommentiert.[3] Im Auftrag ihrer Familie wurde es im Jahr 2001 an das Rautenstrauch-Joest-Museum in Köln (Köln, RJM Kulturen der Welt, 61468) geschenkt und anschließend als Dauerleihgabe seit 2017 in den Reiss-Engelhorn-Museen unter der Leihnummer-Nummer L051/0350 ausgestellt. Es besitzt die Form eines Menit-Gegengewichtes, das ursprünglich ein klassisch ägyptischer Kultgegenstand war und in verschiedenen Ritualen des alten Ägyptens eine Rolle spielte. Ein *Menit* oder *Menat* ist eine Art Halskette, die aus mehreren wulstartig zusammengefassten Perlenschnüren besteht. Die frühesten Darstellungen stammen aus dem Mittleren Reich (ca. 2055–1650 v. Chr.).[4] So zeigt zum Beispiel ein Relief im Totentempel Sethos I. ein Menit in der Hand der Göttin Isis.[5] Das länglich löffelförmige Abschlussstück fungiert dabei als Gegengewicht und wurde meist aus Fayence, Keramik oder einem Metall wie zum Beispiel Bronze angefertigt. Die Herstellung aus Rohhaut ist selten und taucht nur am Ende des Neuen Reiches bis zur 22. Dynastie (ca. 945–746 v. Chr.) auf.[6]

Den Menit-Gegengewichten wird in der Forschung seit einigen Jahren vermehrt Aufmerksamkeit geschenkt. Sie tauchen in den meisten Untersuchungen im Zusammenhang mit den Särgen 3. Zwischenzeit (1069–656 v. Chr.) oder den Lederbändern auf. Diese seltene Objektgruppe bleibt in den meisten Fällen unpubliziert. Eine vollständige Monografie über das gesamte Korpus fehlt bis heute, dennoch gibt es einige Werke, die sich weitreichend mit dem Thema beschäftigt haben.[7]

Der älteste bekannte Beleg eines Menit-Gegengewichtes aus Rohhaut stammt von der Mumie des Nesamun, die in die Herrschaft von Ramses XI. (1099–1069 v. Chr.) datiert. Fälschlicherweise wurde es zunächst in die Zeit Ramses' VIII. (1129–1126 v. Chr.) datiert.[8] Die frühesten Belege reichen in die Zeit Osorkons I. (925/924–890 v. Chr.) Danach taucht diese Art von Objekten in den Mumienbeigaben nicht mehr auf. Dennoch könnten weitere aus der Zeit von Takeloth II. (850–825 v. Chr.) existieren, die entweder noch nicht gefunden oder im Zuge von Plünderungen abhandengekommen sind.[9] Sie gehören zu einem Korpus von Rohhautobjekten, die auf der Brust der Mumien hochrangiger Privatpersonen aus dem thebanischen Raum lagen. Diese Personen gehörten vor allem zum Tempelpersonal, darunter Hohepriester des Month und des Amun sowie dessen Sängerinnen.[10] Zum Korpus gehören die Lederbänder und ihre Laschen[11], die Menchet-Troddel und das Menit-Gegengewicht.[12] Jedes Artefakt besitzt unterschiedliche Motive, die auf die Vorderseite der Rohhaut gestempelt wurden. Auf den Lederlaschen der Lederbänder, die entweder trapez- oder schwalbenschwanzförmig sind, werden meist rituelle Szenen bei Kulthandlungen abgebildet. Diese zeigen immer zwei Personen, entweder einen König oder einen Hohepriester des Amun gegenüber einer Gottheit. Die Figur des Königs oder des Hohepriesters steht vor einer Gottheit, übergibt Salben oder vollzieht den Ritus der Salbung. Darüber und darunter befinden sich Inschriften.[13] Der Dekor auf den Menchet-Troddeln bis zur 21. Dynastie (ca. 1076–945 v. Chr.) beinhaltet die Inschrift mit den Namen und Titel eines Hohepriesters des Amun, die von einem rechteckigen Rahmen umgeben ist und deren unteres Ende tropfenförmige Perlen darstellt.[14] Ab der 22. Dynastie entfällt die Inschrift und wird von horizontalen Linien ersetzt. Auch die älteren

Mehr als ein Anhängsel – Ein Menit-Gegengewicht aus Rohhaut aus der Zeit Osorkons I.

Menit-Gegengewichte besaßen die Inschriften von Königen und den Namen und Titel eines Hohepriesters des Amun. Darunter waren die Hohepriester Mencheperre, Psusennes und Pinodjem II. vertreten. Ab der 22. Dynastie sind nur die Kartuschen des ägyptischen Königs Osorkon I. in der aktuellen Forschung bekannt.

Der Fundort des Menit-Gegengewichtes in den Reiss-Engelhorn-Museen ist nicht bekannt. Einen Hinweis können aber vergleichbare Objekte geben, die einen gesicherten Fundkontext besitzen. Laut aktuellem Forschungsstand stammen die Menit-Gegengewichte alle aus Bestattungen aus dem thebanischen Raum. Unter den Fundorten finden sich etwa die Grabanlagen in Bab el-Gasus, Scheich ab del-Qurna, Deir el-Bahari (DB/TT 320) und das Ramesseum. Die thebanischen Bestattungen in der 3. Zwischenzeit unterschieden sich in einigen Faktoren gegenüber denen früherer Zeit. Es wurden keine neuen, aufwendigen Grabanlagen mit Kultstellen erbaut, und auch die Grabausstattungen und -beigaben wurden deutlich bescheidener. Als letzte Ruhestätte nutzen die Verstorbenen Gräber aus früherer Zeit, die als Kollektivanlagen die Beisetzung von Angehörigen bestimmter Gruppen in großer Zahl ermöglichten. Die Standortwahl der Gräber mit dem Bezugspunkt des Königsgrabes fiel weg. Stattdessen war der sakrale Bereich ausschlaggebend. Die Anlagen befinden sich in sakralen Plätzen und sogar bei oder in Tempeln. Die meisten Menit-Gegengewichte fanden sich in Särgen aus Bab el-Gasus. Sie datieren in die 21. Dynastie und kommen als möglicher Fundort für das Mannheimer Menit-Gegengewicht, das in die 22. Dynastie datiert, nach aktuellem Forschungsstand nicht in Betracht. Von den Grabanlagen käme hauptsächlich das Ramesseum in Frage, da dort die meisten Menit-Gegengewichte mit der Inschrift von Osorkons I. gefunden worden sind.[15]

In der 22. Dynastie entwickelte sich in bestimmten Bereichen des Ramesseums eine große Nekropole.[16] Die ersten Gräber wurden im hinteren Teil des Tempels angelegt und gehörten zur hochrangigen Priesterschaft und deren Angehörigen. Leider gibt es aufgrund der knappen Grabungspublikationen wenige Hinweise, aus welchem Bereich des Rames-

seums die Menit-Gegengewichte stammen. Lediglich bei zwei Objekten ist die Lage in den hinteren Bereichen rekonstruierbar. Bei dem ersten Objekt handelt es sich um das Menit-Gegengewicht aus dem Fitzwilliam Museum in Cambridge mit der Inventarnummer E. 97.1896 von Nakhtefmut, welches sich im Sektor A''' im Grab 88 befand.[17] Hinter der Kartonnage lagen die Lederbänder mit Menchet-Troddel und Menit-Gegengewicht auf der Brust der Mumie. In der Nähe des Grabes wurde auch das Menit-Gegengewicht aus dem Petrie Museum London (UC 13045) gefunden.[18] Vermutlich stammt unser Objekt aus diesem oder dem umliegenden Sektor. Für eine genauere Eingrenzung bzw. Verortung müssten weitere Menit-Gegengewichte mit einem sicheren Fundkontext zu Rate gezogen werden – doch diese sind bisher nicht bekannt.

Eine wichtige Frage, die aufkommt, ist welche Bedeutung die Rohhautobjekte und speziell das Menit-Gegengewicht für die Verstorbenen hatten. Darüber wird in der Wissenschaft bis heute debattiert. Aus den verschiedenen Deutungsansätzen resultiert auch die uneinheitliche Terminologie. Die Rohhautobjekte müssen aufgrund ihres vergleichbaren Fundorts auf den Mumien ähnlich gedeutet werden. In der Forschung wird angenommen, dass die Rohhautobjekte eine primäre und eine sekundäre Bedeutung innehatten. Ihre primäre Bedeutung fand sich womöglich im Tempelkult. Dazu wurden die Rohhautobjekte wahrscheinlich für die Tempelvorräte hergestellt.[19] Beim täglichen Tempelritual von Abydos wird der Statue einer Gottheit in einer Szene ein gekreuztes Band und eine Troddel überreicht. Der dazugehörige Spruch lautet: „Spruch für das Geben der Schnur (sSpt) und der Troddel (mnht)".[20] René van Walsem sieht darin eine Verbindung zwischen den Lederbändern und der Menchet-Troddel.[21] Einige Abbildungen auf den Särgen der 3. Zwischenzeit zeigen, dass ein Menit dem mumienförmigen Osiris dargebracht wird.[22] Es ist anzunehmen, dass die Rohhautobjekte, ähnlich wie bei den Götterbildern, auf die Verstorbenen gelegt wurden.[23]

Die sekundäre Bedeutung lag im funerären Bereich. Es ist davon auszugehen, dass die Mumi-

Mahsa Öztürk

en, auf denen sich solche Objekte befanden, einen Bezug zu mumiengestaltigen Göttern herstellen sollten. Es existieren viele Darstellungen seit dem Mittleren Reich (ca. 1980 – 1680 v. Chr.), die die mumienförmigen Götter mit den Lederbändern und der Menchet-Troddel zeigen.[24] Diese Götter sind unter anderem Amun, Min, Ptah und Osiris. Caroline Ransom Williams ist der Überzeugung, dass vor allem Osiris als Vorbild für die Verstorbenen fungierte.[25] Die Rohhautobjekte galten als Elemente für die Osirisgestalt und die Verstorbenen nutzten sie, um sich auf diese Weise mit diesem wichtigsten Totengott zu identifizieren. Die Verstorbenen wollten dadurch selber zu Osiris werden. Hartwig Altenmüller ergänzt, dass die mumienförmige Gottesgestalt von Osiris häufig mit den Rohhautobjekten abgebildet wird.[26] Die Rohhautobjekte sollen demnach der Vergöttlichung des Verstorbenen dienen.

Die primäre Funktion, dass die Artefakte auf Götterbilder aufgelegt wurden, erscheint fraglich, wenn davon ausgegangen wird, dass die sekundäre Funktion darin bestand, den Leichnam mit einer mumienförmigen Gottheit zu verbinden. Beim täglichen Tempelritual von Abydos werden nämlich nicht ausschließlich mumienförmigen Gottheiten wie Osiris diese Objekte auferlegt.[27] Zusätzlich hatten die Rohhautobjekte, ähnlich wie Amulette, vermutlich eine Schutzfunktion.[28] Luigi Prada sieht eine Verbindung der vermehrten Nutzung der Rohhautobjekte mit dem Anstieg der Macht der Hohepriester in der 21. Dynastie. Seiner Meinung nach nahm diese in der 22. Dynastie langsam wieder ab, nachdem der königliche Einfluss wieder stärker wurde. Diese Hypothese ist teilweise plausibel, da in der Regierungszeit Osorkons I. viele Menit-Gegengewichte bezeugt sind. Wenn man sich auf diese Hypothese stützt, könnten die Rohhautobjekte als ein Symbol der Legitimation der Macht angesehen werden. Dies wird durch die Tatsache unterstützt, dass auf den Lederlaschen sowohl der König als auch der Hohepriester abgebildet sind und letztere sich dadurch auf dieselbe gesellschaftliche Ebene wie der König stellten.[29] Um noch genauere Aussagen über die Bedeutung dieser Objektgruppe zu machen, bedarf es weiterer Untersuchungen, die alle Menit-Gegengewichte der 3. Zwischenzeit

miteinbeziehen sollten, um belastbare Aussagen treffen zu können.

Das 8,5 cm lange und 3,4 cm breite Artefakt (Abb. 1) in den Reiss-Engelhorn-Museen lässt sich in einen langen, ovalförmigen oberen und einen kreisförmigen unteren Bereich unterteilen. Bis auf ein paar Beschädigungen am Rand ist es vollständig erhalten. Der Erhaltungszustand ist fragil, verhärtet, leicht beschädigt und verschmutzt. Es besitzt eine hellbeige feine Vorderseite mit einer Inschrift und dekorativen Elementen, deren Rand durch einen dünnen, rot eingefärbten Lederstreifen umschlossen ist. In der Fachliteratur wurde die feine Struktur fälschlicherweise als Pergament aufgefasst. Jedoch handelt es sich um enthaarte, getrocknete Haut ohne Gerbung, was als unbehandelte Rohhaut oder -leder bezeichnet wird. Die Innenseite ist demnach die helle naturbelassene Innenseite der Rohhaut.[30] Die hierzu verwendeten Häute stammen von Ziegen oder Gazellen, die neben Rindern und Schafen zu den bevorzugten Tierhäuten zur Rohhaut-Herstellung zählten.

Im oberen Bereich befindet sich der Rest eines Lederbandes, welches ursprünglich mit einer Imitation einer sogenannten Menchet-Troddel verbunden war. Die ursprüngliche Menchet-Troddel war meist aus Metall und diente als Gegengewicht sowie als Verschluss für den *Usesh*-Halskragen.[31] Die verschiedenen Formen aus Falken-, Geier- und Uräuskragen mit der Menchet-Troddel lagen entweder auf der Brust der Königsmumien oder wurden auf deren Särge gemalt.[32]

Die Rückseite ist mit derselben rötlichen Einfärbung bedeckt wie die Begrenzung der Vorderseite und das Lederband. Dessen Nuancen reichen von Korallenrot bis Schwarzrot. Durch die grauen Schmutzrückstände ist die grobe Faserstruktur der Haut gut erkennbar (Abb. 3 – 5). Durch die Färbung mit pflanzlichen Rohstoffen waren die entstandenen Farben Blau, Gelb, Schwarz und Rot, wobei die Farbe Rot bei der Lederfärbung am häufigsten Verwendung fand.[33] Diese wurde aus der ursprünglich aus Palästina stammenden Wurzel der *Rubia tinctorum L.*, einer Krapppflanze, gewonnen und kam später nach Ägypten.[34] Das verwendete Fixiermittel war Alaun. Der rote Farbstoff kam meist nach dem Aushärten der Haut und der Behandlung mit Öl auf die Narbenoberfläche. Ob bei den Menit-Gegen-

Mehr als ein Anhängsel – Ein Menit-Gegengewicht aus Rohhaut aus der Zeit Osorkons I.

Abb. 1
Vorderansicht des
Menit-Gegengewichtes
Köln, RJM Kulturen der
Welt, 61468 (REM L
051/0350).
Mannheim, Reiss-Engel-
horn-Museen, 03/2021
© Reiss-Engelhorn-
Museen Mannheim,
Foto: Mahsa Öztürk

Abb. 2
Digitale Umzeichnung
des Menit- Gegenge-
wichtes Köln, RJM Kul-
turen der Welt, 61468
(REM L 051/0350).
Mainz, 04/2021
Umzeichnung: Mahsa
Öztürk

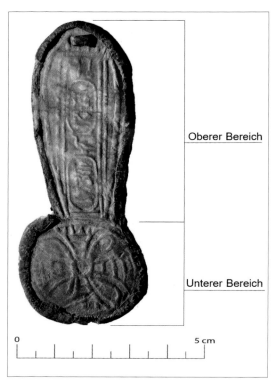

Oberer Bereich

Unterer Bereich

0   5 cm

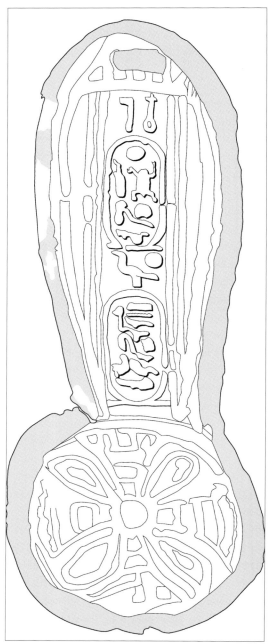

gewichten dieser Farbstoff zum Einsatz gekommen ist, kann aktuell mangels chemischer Analysen nicht bestimmt werden, ist aber aufgrund ihres häufigen Nutzens zu vermuten.

An bestimmten Stellen, wie etwa am Rand und auf der Rückseite, lassen sich vereinzelte dunkle harzartige Rückstände nachweisen. Diese dunkle Paste wurde als Leim benutzt, um die gestempelte Vorderseite mit der gefärbten Rückseite zu verbinden. Danach wurde der rote Lederstreifen um die Kanten herum gefaltet und ebenfalls beklebt.[35] An bestimmten beschädigten Stellen lassen sich auf der Oberfläche rezente Kleberückstände mit einem glänzenden Film erkennen. Hier wurden vermutlich schon bestehende Schäden in der Moderne korrigiert.[36]

Auf der hellen Vorderseite lassen sich verschiedene Dekorationselemente ausmachen, die mithilfe von Stempeln in das Leder gestanzt wurden. Diese Technik ist selten und bis auf einige Ausnahmen vermehrt aus der Ptolemärzeit (332–30 v. Chr.) bekannt.[37] Die vertikalen und horizontalen Linien umfassen die Inschrift in der Mitte des oberen länglichen Bildfeldes. Diese Rahmungen wurden von älter zu datierenden Menit-Gegengewichten aus beispielsweise Fayence adaptiert. Im unteren

runden Bereich befindet sich die eingestempelte Darstellung einer Rosette. Ausgehend von einem kleinen zentralen Kreis setzt sich die Rosette aus vier x-förmig gereihten Blütenblättern mit einer inneren Erhebung und den dazwischen liegenden vier kreuzförmig angeordneten, glockenförmigen Blüten zusammen. Die glockenförmigen Blüten besitzen die Form eines Menchet-Gegengewichtes, das wie bereits erwähnt durch ein Lederband mit dem Menit-Gegengewicht verbunden war.[38]

Die klassische ägyptische Rosette gliedert

Mahsa Öztürk

Abb. 3 – 5
rechte Seitenansicht, Rückansicht und linke Seitenansicht des Menit-Gegengewichtes Köln, RJM Kulturen der Welt, 61468 (REM L 051/0350). Mannheim, Reiss-Engelhorn-Museen 03/2021 © Reiss-Engelhorn-Museen Mannheim, Foto: Mahsa Öztürk

sich in zwei Hauptmuster: Die geometrischen und die floralen Rosetten. Die Blätter auf dem Menit-Gegengewicht besitzen einen runden Abschluss und gehören daher zu den floralen Rosetten, dem sog. „Gänseblümchen-Typ".[39] Als Vorbild könnten Blüten mit röhrenförmigen Zungenblüten gedient haben, die zur Familie der Korbblütler *(Asteraceae)* gehören. Diese sind in der ägyptischen Flora weit verbreitet – unter ihnen das *Osteospermum*, auch *afrikanisches Gänseblümchen* genannt.[40] Das kreuzförmige Rosettenmuster findet sein reales Vorbild in der glockenförmigen Blume *Campanula*. Diese Art von Rosettenmotiv wurde unter anderem auf Menit-Gegengewichten aus Fayence genutzt, die in das Neue Reich datieren.[41] Die Menit-Gegengewichte vor der 22. Dynastie weisen Abweichungen in der Gestaltung des Motives auf. Dabei bleibt die Anordnung der zwei Blütenarten gleich. Sie können sich jedoch in ihrer Größe und der Gestaltung der Dekorationselemente unterscheiden, wobei die Position und Ausrichtung der Blüten konstant bleiben.

Die Inschrift ist nicht mehr klar zu identifizieren. Aufgrund der Beschaffenheit aus organischem Material und der Verklebung der Kollagenfasern ist das Objekt hart und brüchig geworden. Durch den natürlichen Verfall veränderte sich die Oberfläche mit den Jahren. Erschwerend kommt hinzu, dass es aus dem Kunsthandel stammt und so möglicherweise weiter schädigenden Umständen ausgesetzt war. Dennoch lassen sich einige Hieroglyphen gut erkennen und durch die digitale Umzeichnung lesbar machen (Abb. 2). Diese bestehen aus zwei Kartuschen mit den dazugehörigen Titeln – aufgrund der gestempelten Herstellungsart in erhabenem Relief. Sie stehen in vertikaler Reihenfolge in einer Kolumne übereinander und wurden in der Leserichtung links nach rechts verfasst:
Es handelt sich hierbei um den Thron- und Eigennamen, zwei Namen aus der fünfteiligen Titulatur des ägyptischen Königs Osorkon I. Dieser herrschte ca. 35 Jahre lang in der 22. Dynastie um 925/924 – 890 v. Chr.[42] Dies bedeutet, dass die Bestattung innerhalb oder kurz nach dem

Mehr als ein Anhängsel – Ein Menit-Gegengewicht aus Rohhaut aus der Zeit Osorkons I.

Abb. 6
Kartuschen des Thron-
und Eigennamens Osor-
kon I. mit Transkription
und Übersetzung. Mahsa
Öztürk, 04/2021. Erstellt
mit JSesh Dokumentati-
on (online), Rosmorduc
Serge (2014)

Transkription	Übersetzung
nṯr nfr	Der gute Gott
(*Sḫm ḫpr Rꜥ stp n Rꜥ*)|	(Mächtig ist die Gestalt des Re, Erwählter des Re)|
sꜣ Rꜥ	Sohn des Re
(*Wsrkn mr.y Imn*)|	(Osorkon, geliebt von Amun)|

Ende der Regierungszeit erfolgt ist. Die meisten entdeckten Menit-Gegengewichte besitzen die beiden Königskartuschen dieses Herrschers. Alle gleichen sich im Herstellungsmaterial Rohhaut und der Rotfärbung. Sie unterscheiden sich kaum in ihrer Länge und Breite, dafür ist der Erhaltungszustand bei den meisten schlechter als bei dem Objekt aus den Reiss-Engelhorn-Museen.[43] Unterschiede existieren bezüglich der Herstellungsart, die bei einigen gröber erfolgt zu sein scheint. Dies kann vor allem an dem umrandenden äußeren Lederstreifen beobachtet werden, der teilweise nicht gleichmäßig angebracht zu sein scheint und

eine unterschiedliche Dicke besitzt. Das könnte daran liegen, dass nicht speziell verarbeitete Rohhautreste dafür genommen wurden. Ebenso treten leichte Änderungen bezüglich des Rosettenmusters auf. So ist sowohl eine Variation der Streifenanzahl auf der Glockenblumenprägung festzustellen, als auch das Fehlen von Erhebungen in den x-förmigen Blütenblättern.

Eine Besonderheit sind die zwei unterschiedlichen Schreibweisen des Eigennamens von Osorkon I., die auf den Menit-Gegengewichten nachgewiesen werden können.[44] Der Eigenname oder auch Geburtsname ist mit dem vorderen Titel „Sohn des Re" versehen. Dieser wird bei Osorkon I. mit und ohne die Schilfblatt-Hieroglyphe M17 nach Gardiner (Abb. 7, vgl. Version E2) geschrieben.[45] Dadurch können die Objekte in zwei Kategorien unterteilt werden.

Eine Feindatierung kann anhand der unterschiedlichen Schreibung jedoch nicht vorgenommen werden. Es existieren verschiedene Belege, die nachweisen, dass beide Schreibweisen in der gesamten Regierungszeit des Königs genutzt wurden, zum Beispiel die Mumienbinden aus Leinen von der Mumie des Chonsu-maacheru, die die Regierungsjahre 11, 12 und 23 Osorkons I. angeben,[46] sowie die des Nachtefmut aus dem Ramesseum mit den Regierungsjahren 3 und 33.[47] Das Millionenjahrhaus Ramses' II. (1279–1213 v. Chr.), der in der 19. Dynastie (ca. 1295–1186 v. Chr.) errichtete Totentempel des Königs, trägt den Namen Ramesseum und befindet

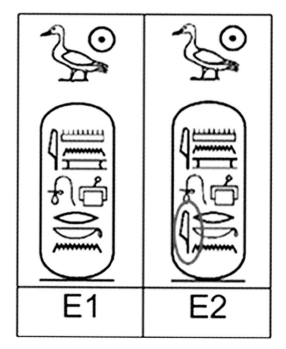

Abb. 7
Beide Schreibweisen
des Eigennamens
Osorkon I. Mahsa
Öztürk, 04/2021. Erstellt
mit JSesh Dokumentati-
on (online), Rosmorduc
Serge (2014)

Mahsa Öztürk

sich in Theben-West neben dem Totentempel von Amenophis II. (1427–1400 v. Chr.) und dem des Thutmosis IV. (1400–1390 v. Chr.) Weitere Zeugnisse, die die relative Chronologie wiedergeben, sind zum einen die Stele Inventarnummer JE 31882 aus dem Ägyptischen Museum in Kairo und die Nilstandsmarke im Karnak Tempel. Die Stele, auch als *stèle de l'apanage* bekannt, wurde im ersten Vorhof im Karnak-Tempel im heutigen Luxor gefunden.[48] In der zweiten bis dritten Zeile wird das 10. Regierungsjahr Osorkons I. genannt. Hier entspricht die Schreibung des Eigennamens der Version E2. Die zweite Nilstandsmarke, die sich am Kai des Karnak-Tempels befindet, nennt das 12. Regierungsjahr, dessen Schreibung E1 entspricht. Die Schreibung E2 ist bis zum 23. Regierungsjahr belegt. Der Eigenname E1 taucht sowohl in dem frühen 12. als auch dem späten 33. Regierungsjahr auf. Interessant sind hierbei die zwei unterschiedlichen Schreibungen des Namens Osorkon im Jahr 12., die sowohl mit als auch ohne die Schilfblatt-Hieroglyphe M17 geschrieben werden. Das Menit-Gegengewicht aus Mannheim kann demnach innerhalb der gesamten Regierungszeit Osorkons I. erstellt worden sein. Es ist aber davon auszugehen, dass aufgrund der Unterschiede zwischen den Vergleichsobjekten in den Bereichen Herstellungsart, Rosettenmuster und der Variation der Inschrift Hinweise auf unterschiedliche Produktionswerkstätten vorliegen. Zwei oder mehrere verschiedene (Tempel-) Werkstätten könnten demnach den Auftrag erhalten haben, diese Objekte herzustellen.[49]

2019 wurden im Asasif dreißig Särge entdeckt, die sich in einem guten Zustand befanden. Sie datieren in die 22. Dynastie. Diese Entdeckung sei hier erwähnt, da die Möglichkeit besteht, dass sich in diesen Särgen weitere Menit-Gegengewichte befinden, die in die Zeit Osorkons I. datieren. Im Hinblick auf zukünftige Untersuchungen ist das von größtem Interesse, da es neue Ansätze in der Herkunftsforschung bieten könnte. Für die Wissenschaft sind die Rohhautobjekte von großem Interesse. Wenn wir unser Menit-Gegengewicht als Beispiel nehmen, können wir anhand der aktuellen Forschung mutmaßen, dass die dazugehörige Menchet-Troddel keine Inschriften besaß, wie die Exemplare aus der 21. Dynastie,[50] sondern nur einen Dekor bestehend aus horizontalen Linien und einen Perlendekor mit Tropfenanhänger im unteren Bereich.[51] Weiterhin kann der Lederkorpus für die Datierung der Mumien, die Prosopographie der Hohepriester und ihrer Angehörigen von großer Bedeutung sein. So wurden die Särge der Mumien in der 21. und 22. Dynastie oft usurpiert und die Datierung des Sarges gilt nicht zwangsläufig für die darin befindliche Mumie. Wenn dieser die Rohhautobjekte und speziell das Menit-Gegengewicht aus Rohhaut enthielt, kann anhand der Inschrift die relative Chronologie der Mumie besser erfasst werden. Neuerdings bieten zum Beispiel CT-Scans Möglichkeiten, schonend Mumien und andere Artefakte zu untersuchen und gewinnbringende neue Ergebnisse zu erzielen. Das sogenannte *virtual unwrapping* ist angesichts weiterer Erforschung der Menit-Gegengewichte beziehungsweise deren Gesamtkomposition mit Lederbändern und Menchet-Troddel ein wichtiges, zukunftsorientiertes Arbeitsinstrument.[52] Im Zusammenhang mit den Sargfunden im Asasif könnte die Erforschung der Menit-Gegengewichte weiter vorangebracht werden. So könnte das Stück in den Reiss-Engelhorn-Museen einen Anreiz bieten, kleine unscheinbare Artefakte mit anderen Augen zu sehen und so deren Wert für die Forschung zu erkennen.

Literatur

H. Altenmüller: Lederbänder und Lederanhänger von der Mumie des Chonsumaacheru, in: W. Köpke (Hrsg.): Alt-Ägypten, Mitteilungen aus dem Museum für Völkerkunde Hamburg, Bonn 2001, Band 30, S. 73–112.

H. Altenmüller: Die Mumienbinden des Chonsu-maacheru, in: W. Köpke (Hrsg.): Alt-Ägypten, Mitteilungen aus dem Museum für Völkerkunde Hamburg, Bonn 2001, Band 30, S. 113–126.

D. A. Aston: Burial Assemblages of Dynasty 21–25: Chronology – Typology – Developments. Contributions to the chronology of the Eastern Mediterranean, Wien 2009, Band 21: Denkschriften der Gesamtakademie 56.

J. v. Beckerath: Handbuch der ägyptischen Königsnamen, in: Münchner Ägyptologische Studien, Mainz 1984, Band 49.

Mehr als ein Anhängsel – Ein Menit-Gegengewicht aus Rohhaut aus der Zeit Osorkons I.

J. v. Beckerath: Chronologie des pharaonischen Ägypten. Die Zeitbestimmung der ägyptischen Geschichte von der Vorzeit bis 332 v. Chr., in: Mitteilungen aus der Ägyptischen Sammlung Mainz 1997, Band 46.

H. Bonnet: Reallexikon der ägyptischen Religionsgeschichte, Berlin 2000, 3. Auflage, S. 450.

A. M. Calverly, A. H. Gardiner (Hrsg.): The temple of King Sethos I. at Abydos, London 1938, Band 3: The Osiris complex, S. vii, Tf. 40.

G. Daressy: Les cercueils des prêtres d'Ammon (deuxième trouvaille de Deir el Bahari), in: Annales du Service des Antiquités de l'Égypte, 1907, Heft 8, S. 3–38.

A. R. David: Religious ritual at Abydos (c. 1300 b. C.), Warminster 1973.

A. David: Wandering Rosettes, Qatna's key to a misunderstood motif, in: Journal of Ancient Egyptian Interconnections, 2014, Heft 6, S. 1–6.

E. Doetsch-Amberger: Ein Ledermenit aus der Zeit Osorkon I., in: Göttinger Miszellen, 1995, Heft 146, S. 23–27.

C. v. Driel-Murray: Leatherwork and skin products, in: P. T. Nicholson, I. Shaw (Hrsg.): Ancient Egyptian materials and technology, Cambridge 2000, S. 299–319.

R. Egner, E. Haslauer: Kunsthistorisches Museum Wien, Ägyptisch-Orientalische Sammlung, in: Corpus antiquitatum Aegyptiacarum, Mainz am Rhein 1994, Band 10: Särge der dritten Zwischenzeit.

E. Feucht: Halsschmuck, in: Lexikon der Ägyptologie, 1977, Band II: Erntefest – Hordjedef, Sp. 933–935.

Fitzwilliam Museum, Cambridge (Hrsg.): Death on the Nile. Uncovering the afterlife of ancient Egypt, Cambridge 2016.

A. H. Gardiner: Egyptian Grammar. Being an Introduction to the Study of Hieroglyphs, Oxford 1957, 3. Auflage.

R. Germer: Flora des pharaonischen Ägypten, in: Sonderschrift des Deutschen Archäologischen Instituts, Abteilung Kairo, Mainz 1985, Band 14.

R. Germer: Die Textilfärberei und die Verwendung gefärbter Textilien im alten Ägypten, in: Ägyptologische Abhandlungen, Wiesbaden 1992, Band 53.

E. Haslauer: Mumienamulette aus Leder in der Ägyptischen Sammlung des Kunsthistorischen Museums Wien, in: A. Spiekermann (Hrsg.): „Zur Zierde gereicht...", Festschrift Betina Schmitz zum 60. Geburtstag am 24. Juli 2008, Hildesheim 2008, S. 119–130.

K. Jansen-Winkeln: The chronology of the third intermediate Period. Dyns. 22–24, in: E. Hornung u. a. (Hrsg.): Ancient Egyptian chronology I, Handbuch der Orientalistik 83, Leiden 2006, Band 83, S. 234–241.

K. Jansen-Winkeln: Inschriften der Spätzeit, Wiesbaden 2016, Band II: Die 22.–24. Dynastie.

G. Jéquier: Les frises d'objets des sarcophages du moyen empire, in: Mémoires publiés par les membres de l'Institut Français d'Archéology Orientale, Kairo 1921, Band 47.

L. Keimer: Die Gartenpflanzen im alten Ägypten I, Hildesheim 1967, 2. Auflage.

C. Leblanc, M. Nelson: Répertoire onomastique des propriétaires des tombes de la troisième période intermédiaire du Ramesseum [I], in: Memnonia, 1997, Heft 8, S. 61–91.

A. Mariette: Abydos. Description des fouilles exécutées sur l'emplacement de cette ville. Tome 1–2, Hildesheim 1998, Nachdruck der Ausgabe Paris 1869—80.

W. Osburn: An account of an Egyptian mummy, presented to the Museum of the Leeds Philosophical and Literary Society, by the Late John Blayds, Leeds 1828.

W. M. F. Petrie: Scarabs and Cylinders with Names, in: British School of Archaeology in Egypt, London 1917, Band 29.

B. Porter, R. Moss: Topographical Bibliography of Ancient Egyptian Hieroglyphic Texts, Reliefs and Paintings, Oxford 1964, 2. Auflage, Band 1: The Theben Necropolis II: Royal Tombs and Smaller Cemeteries.

L. Prada: A contribution to the textual and iconographical study of embossments from Third Intermediate Period mummy braces, chiefly from the Bab el-Gasus Cache and now in the Cairo Museum, in: A. Amenta, H. Guichard (Hrsg.): Proceedings: First Vatican Coffin Conference 19–22 June 2013 I, Vatican 2016, S. 369–396.

L. Prada: Černý MSS. 17.125.1–17: Catalogue and Scans. Hand-copies of Embossments from Sets of Third Intermediate Period Mummy Braces. Chiefly from the Bab el-Gasus Cache and Now in the Egyptian Museum, Cairo. Made by Jaroslav Černý, Oxford 2016.

J. E. Quibell: The Ramesseum, London 1989.

C. Ransom Williams: The Egyptian Collection in the Museum of Art at Cleveland, Ohio, in: Journal of Egyptian Archaeology, 1918, Heft 5, S. 275–276.

G. Roeder: Die ägyptische Religion in Texten und Bildern, Zürich – Stuttgart 1960, Band 3: Kulte, Orakel und Naturverehrung im alten Ägypten.

T. Schneider: Lexikon der Pharaonen, Düsseldorf 2002.

Mahsa Öztürk

W. Spiegelberg: Ein neues Denkmal aus der Frühzeit der ägyptischen Kunst, in: Zeitschrift für ägyptische Sprache und Altertumskunde, 1897, Heft 35, S. 7–19.

E. Staehlin: Menit, in: Lexikon der Ägyptologie, 1982, Band IV: Megiddo – Pyramiden, Sp. 52–53.

J. H. Taylor: Mummy. The inside story, London 2004.

J. H. Taylor, D. Antoine (Hrsg.): Ancient lives, new discoveries. Eight mummies, eight stories, London 2014.

A. J. Veldmeijer: Sailors, musicians and monks. The leatherwork from Dra' Abu el Naga (Luxor, Egypt), Leiden 2017.

A. J. Veldmeijer: Leather, in: All Things Ancient Egypt. An Encyclopedia of the Ancient Egyptian World, Los Angeles 2019, Band 2: L–Z, S. 304–307.

R. v. Walsem: The coffin of Djedmonthuiufankh in the National Museum of Antiquities at Leiden, Leiden 1997, Band 1: Technical and iconographic/iconological aspects. Text.

Anmerkungen

1 Ich bedanke mich an dieser Stelle bei den Reiss-Engelhorn-Museen, der Museumsleitung und insbesondere bei Frau Dr. Gabriele Pieke für die Möglichkeit, das Objekt außerhalb der Vitrine dokumentieren und fotografieren zu können.

2 In der französischen Literatur werden die Menit-Gegengewichte *pendeloques* oder *bretelle* genannt. Im Englischen existieren vor allem die Begriffe *mummy-braces, leather pendants, parchment tablets* und *leather menit*. In der deutschen Fachliteratur werden die Bezeichnungen Mumienriemen, Mumienamulette, Lederanhänger und Ledermenit gebraucht.

3 E. Doetsch-Amberger: Ein Ledermenit aus der Zeit Osorkon I., in: Göttinger Miszellen, 1995, Heft 146, S. 23–27.

4 T. Schneider: Lexikon der Pharaonen, Düsseldorf 2002.

5 A. M. Calverly, A. H. Gardiner (Hrsg.): The temple of King Sethos I. at Abydos, London 1938, Band 3: The Osiris complex, S. vii, Taf. 40.

6 H. Bonnet: Reallexikon der ägyptischen Religionsgeschichte, Berlin 2000, 3. Auflage, S. 450, E. Staehlin: Menit, in: Lexikon der Ägyptologie, Wiesbaden 1982, Band IV: Megiddo – Pyramiden Sp. 52–53, A. J. Veldmeijer: Sailors, musicians and monks. The leatherwork from Dra' Abu el Naga (Luxor, Egypt), Leiden 2017, S. 71. Auch Driel-Murray nutzt den Begriff *Rohleder*, vgl. C. v. Driel-Murray: Leatherwork and skin products, in: P. T. Nicholson, I. Shaw (Hrsg.): Ancient Egyptian materials and technology, Cambridge 2000, S. 307.

7 Hier seien einige erwähnt: H. Altenmüller: Lederbänder und Lederanhänger von der Mumie des Chonsumaacheru, in: W. Köpke (Hrsg.): Alt-Ägypten, Mitteilungen aus dem Museum für Völkerkunde Hamburg, Bonn 2001, Band 30, S. 73–112, E. Haslauer: Mumienamulette aus Leder in der Ägyptischen Sammlung des Kunsthistorischen Museums Wien, in: A. Spiekermann (Hrsg.): „Zur Zierde gereicht...“, Festschrift Betina Schmitz zum 60. Geburtstag am 24. Juli 2008, Hildesheim 2008, S. 119–130, L. Prada: A contribution to the textual and iconographical study of embossments from Third Intermediate Period mummy braces, chiefly from the Bab el-Gasus Cache and now in the Cairo Museum, in: A. Amenta, H. Guichard (Hrsg.): Proceedings: First Vatican Coffin Conference 19–22 June 2013 I, Vatican 2016, S. 369–396, C. Ransom Williams: The Egyptian Collection in the Museum of Art at Cleveland, Ohio, in: Journal of Egyptian Archaeology, 1918, Heft 5, S. 275–276.

8 Altenmüller, wie in Anm. 7, S. 73, FN 1, 77, FN 8, 97, FN 38, Prada, wie in Anm. 7, S. 371, FN 13.

9 Der Fund aus Sektor J''' des Ramesseums, in dem der früheste Beleg einer Lederlasche gefunden worden ist, lässt diese Vermutung zu. Vgl. K. Jansen-Winkeln: Inschriften der Spätzeit, Wiesbaden 2016, Band II: Die 22.–24. Dynastie, S. 171, Nr. 14; C. Leblanc, M. Nelson: Répertoire onomastique des propriétaires des tombes de la troisième période intermédiaire du Ramesseum [I], in: Memnonia, 1997, Heft 8, S. 64–66.

10 Beispiele dafür von J. H. Taylor, D. Antoine (Hrsg.): Ancient lives, new discoveries. Eight mummies, eight stories, London 2014, G. Daressy: Les cercueils des prêtres d'Ammon (deuxième trouvaille de Deir el Bahari), in: Annales du Service des Antiquités de l'Égypte, 1907, Heft 8, S. 36, W. Osburn: An account of an Egyptian mummy, presented to the Museum of the Leeds Philosophical and Literary Society, by the Late John Blayds, Leeds 1828.

11 Weiterführende Literatur bei Altenmüller, wie in Anm. 7, S. 73–112 und Prada, wie in Anm. 7, S. 369–396.

12 Die hier verwendete Terminologie richtet sich nach Hartwig Altenmüller, ebenda, S. 76, 88. Allerdings wird statt *Pergamentetiketten* die Bezeichnung *Lederlaschen* verwendet, da der Begriff *Pergament* nicht dem Material betrifft.

13 Der Katalog von Jaroslav Černý enthält einige Lederlaschen mit dieser Darstellung. Vgl. L. Prada: Černý MSS. 17.125.1–17: Catalogue and Scans. Hand-copies of Embossments from Sets of Third Intermediate Period Mummy Braces. Chiefly from the Bab el-Gasus Cache and Now in the Egyptian Museum, Cairo. Made by Jaroslav Černý, Oxford 2016.

Mehr als ein Anhängsel – Ein Menit-Gegengewicht aus Rohhaut aus der Zeit Osorkons I.

14   Dies ist bereits bei der Mumie von Nesamun nachzuweisen. Vgl. Osburn, wie in Anm. 10, Taf. 2.

15   Beispiele hierfür sind: Fitzwilliam Museum E.97.1896, Petrie Museum UC 13045, UC 29849 und UC 29848. Auch Elfriede Haslauer vermutet, dass das Objekt aus Wien aus einer Bestattung im Bereich des Ramesseums stammen könnte, vgl. Haslauer, wie in Anm. 7, S. 121.

16   Diese Feststellung machte Karl Richard Lepsius bereits 1844 bei seiner Ausgrabung. Im Jahr 1896–1897 untersuchte James Edward Quibell zusammen mit William M. Flinders Petrie während einer Ausgrabung die mehr als 200 Gräber, die bis auf drei alle ausgegraben wurden. Vgl. J. E. Quibell: The Ramesseum, London 1989, Taf. 1.

17   Fitzwilliam Museum, Cambridge (Hrsg.): Death on the Nile. Uncovering the afterlife of ancient Egypt, Cambridge 2016, S. 207, B. Porter, R. Moss: Topographical Bibliography of Ancient Egyptian Hieroglyphic Texts, Reliefs and Paintings, Oxford 1964, 2. Auflage, Band 1: The Theben Necropolis II: Royal Tombs and Smaller Cemeteries, S. 679–680, , S. 10–11, Taf. I, XVI–XVII, Abb. 11.

18   W. M. F. Petrie: Scarabs and Cylinders with Names, in: British School of Archaeology in Egypt London 1917, Band 29, S. xlix, 22.2 Nr. 7, Taf. XLIX unten rechts, ebenda, S. 11, Taf. XVIII oben links.

19   Altenmüller, wie in Anm. 7, S. 78.

20   A. R. David: Religious ritual at Abydos (c. 1300 b. C.), Warminster 1973.

21   R. v. Walsem: The coffin of Djedmonthuiufankh in the National Museum of Antiquities at Leiden, Leiden 1997, Band 1: Technical and iconographic/iconological aspects. Text.

22   R. Egner, E. Haslauer: Kunsthistorisches Museum Wien, Ägyptisch-Orientalische Sammlung, in: Corpus antiquitatum Aegyptiacarum, Mainz am Rhein 1994, Band 10: Särge der dritten Zwischenzeit, Inv. 6264: 10,103, Inv. 6265: 10,131–133, Inv. 62666: 10,165, 10,167–168.

23   Altenmüller, wie in Anm. 7, S. 83. David A. Aston findet diese Hypothese nicht schlüssig, geht aber nicht darauf ein wieso, vgl. D. A. Aston: Burial Assemblages of Dynasty 21–25: Chronology – Typology – Developments. Contributions to the chronology of the Eastern Mediterranean, Wien 2009, Band 21: Denkschriften der Gesamtakademie 56.

24   Walsem, wie in Anm. 21, S. 117.

25   J. Assmann: Tod und Jenseits im Alten Ägypten, München 2001, E. Hornung: Altägyptische Jenseitsbücher. Ein einführender Überblick, Darmstadt 1997. Es existiert ein Gegenbeleg, in dem ein Verstorbener die Lederbänder um den Hals trägt, ohne die Mumienkleidung zu tragen. Vgl. Walsem, wie in Anm. 21, S. 117, FN 205.

26   Altenmüller, wie in Anm. 7, S. 83.

27   A. Mariette: Abydos. Description des fouilles exécutées sur l'emplacement de cette ville. Tome 1–2, Hildesheim 1998, Nachdruck der Ausgabe Paris 1869–80, S. 50, G. Roeder: Die ägyptische Religion in Texten und Bildern, Zürich – Stuttgart 1960, Band 3: Kulte, Orakel und Naturverehrung im alten Ägypten, S. 122.

28   Altenmüller, wie in Anm. 7, S. 82, Haslauer, wie in Anm. 7, S. 128, Walsem, wie in Anm. 21, S. 118.

29   Prada, wie in Anm. 7, S. 377.

30   Veldmeijer, wie in Anm. 6, S. 71, FN 113, 149.

31   G. Jéquier: Les frises d'objets des sarcophages du moyen empire, in: Mémoires publiés par les membres de l'Institut Français d'Archéology Orientale, Kairo 1921, Band 47, S. 65–66.

32   E. Feucht: Halsschmuck, in: Lexikon der Ägyptologie, 1977, Band II: Erntefest – Hordjedef, Sp. 934.

33   Doetsch-Amberger wie in Anm. 3, S. 23, A. J. Veldmeijer: Leather, in: L. K. Sabbahy (Hrsg): All Things Ancient Egypt. An Encyclopedia of the Ancient Egyptian World, Los Angeles 2019, Band 2: L–Z, S. 306.

34   Driel-Murray, wie in Anm. 6, 306, R. Germer: Die Textilfärberei und die Verwendung gefärbter Textilien im alten Ägypten, in: Ägyptologische Abhandlungen, Wiesbaden 1992, Band 53, S. 120.

35   Die Zusammensetzung der einzelnen Elemente veranschaulicht das Diagramm von A. J. Veldmeijer. Vgl. Veldmeijer, wie in Anm. 6, S. 149.

36   Für den Hinweis, dass nur moderne Kleber einen glänzenden Film hinterlassen, danke ich Frau Elke Michler, Reiss-Engelhorn-Museen, Mannheim.

37   Veldmeijer, wie in Anm. 18, S. 306.

38   Dies hat bereits Elfriede Haslauer festgestellt. Vgl. Haslauer, wie in Anm. 7, S. 120.

39   A. David: Wandering Rosettes, Qatna's key to a misunderstood motif, in: Journal of Ancient Egyptian Interconnections, 2014, Heft 6, S. 1–2.

Mahsa Öztürk

40 Ebenda, S.1, R. Germer: Flora des pharaonischen Ägypten, in: Sonderschrift des Deutschen Archäologischen Instituts, Abteilung Kairo, Mainz 1985, Band 14, S. 180, 182, L. Keimer: Die Gartenpflanzen im alten Ägypten I, Hildesheim 1967, 2. Auflage, S. 10–12, 169.

41 Internetquelle: https://www.metmuseum.org/art/collection/search/549393, Zugriffsdatum: 10.07.2021.

42 J. v. Beckerath: Chronologie des pharaonischen Ägypten. Die Zeitbestimmung der ägyptischen Geschichte von der Vorzeit bis 332 v. Chr., in: Mitteilungen aus der Ägyptischen Sammlung Mainz 1997, Band 46, S. 98, K. Jansen-Winkeln: The chronology of the third intermediate Period. Dyns. 22–24, in: E. Hornung u. a. (Hrsg.): Ancient Egyptian Chronology I, Handbuch der Orientalistik, Leiden 2006, Band 83, S. 238–239.

43 Einige Beispiele: KhM 10312, Haslauer, wie in Anm. 7, S. 119–130, MARKK C 3833, Altenmüller, wie in Anm. 7, S. 88–91, UC 13045, Quibell, wie in Anm. 16, S. 10–12, BM EA15585, aus dem Online Katalog des British Museums https://www.britishmuseum.org/collection/object/Y_EA15585, Zugriffsdatum: 20.06.2021.

44 Vgl. dazu J. v. Beckerath: Handbuch der ägyptischen Königsnamen, in: Münchner Ägyptologische Studien, Mainz 1984, Band 49, S. 184–185, Nr.2 E1 und E2.

45 Die Zeichennummern beziehen sich auf die kategorisierten Nummern nach Alan H. Gardiner. Vgl. A. H. Gardiner: Egyptian Grammar. Being an Introduction to the Study of Hieroglyphs, Oxford 1957, 3. Auflage.

46 H. Altenmüller: Die Mumienbinden des Chonsu-maacheru, in: W. Köpke (Hrsg.): Alt-Ägypten, Mitteilungen aus dem Museum für Völkerkunde Hamburg, Bonn 2001, Band 30, S. 113–126, Hamburg MARKK C 3837, C 3838 und C 3839.

47 Quibell, wie in Anm. 16, S. 10–11. Hartwig Altenmüller ist der Meinung, dass die Aufschrift „Jahr 3" sich auf das Regierungsjahr des Nachfolgers Takelot I. (889–874 v. Chr.) bezieht, vgl. ebenda S. 114, siehe auch Jansen-Winkeln, wie auch Anm. 8, S. 69.

48 W. Spiegelberg: Ein neues Denkmal aus der Frühzeit der ägyptischen Kunst, in: Zeitschrift für ägyptische Sprache und Altertumskunde, 1897, Heft 35, S. 7–19.

49 Altenmüller, wie in Anm. 7, S. 78–79.

50 Vgl. Osburn, wie in Anm. 9, Prada, wie in Anm. 7, S. 374.

51 Vgl. hierzu die Rohhautobjekte von der Mumie des Chonsu-maacheru aus Hamburg und des Nakhtefmut aus London.

52 Dadurch konnten die Rohhautobjekte auf den Mumien von Nespernnub und Tamut entdeckt werden. Vgl. J. H. Taylor: Mummy. The inside story, London 2004, S. 33 und Taylor, wie in Anm. 10, S. 84, Abb. 70.

Friedrich Teutsch

Zitadelle Friedrichsburg – Wo standen die T-Häuser?
I.Teil: Pflichtübungen

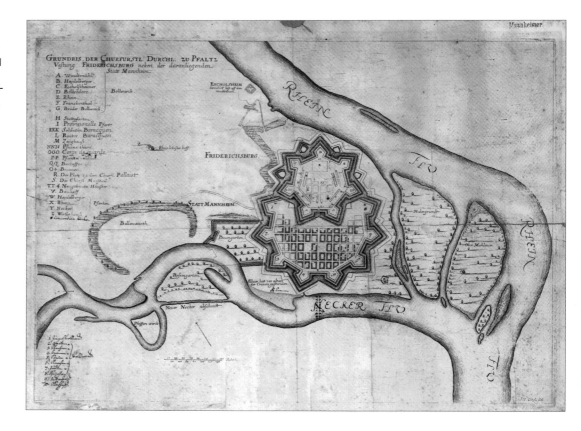

Die Ausgangslage 1998

Eine verschleierte Antwort auf die im Titel gestellte Frage gab der Verfasser bereits 1998.[1] Doch die Faktenlage war zu dürftig und zu lückenhaft. Denn zwischen den Stadtgrundrissen des Jacob van Deyl von 1664[2] (Abb. 1) und des Peter Dewarat von 1799[3] (Abb. 2) lagen die Zerstörung der Festung und der Stadt 1689, deren Zusammenlegung 1709[4] und die anschließende Planlegung der künftigen Oberstadt, 1720 die Verlegung der Residenz nach Mannheim, verbunden mit dem Schlossbau. Das bedeutet – insgesamt – eine nicht immer quellenmäßig Schritt um Schritt nachvollziehbare Entwicklung innerhalb von 136 Jahren (ab 1663 – 1799).

Trotzdem muss es eigentlich überraschen, dass seit den Publikationen der großen Stadtgeschichte von 1907[5] bis hin zu den Kunstdenkmälern der Stadt 1982[6] nur wenig dazu von den Fachleuten hervorgebracht wurde. Diese Feststellung gilt auch noch bis 2007, dem Erscheinungsjahr der

zweiten umfangreichen Geschichte dieser Stadt.[7] Und die neuen Abbildungen belegen eher alte Erkenntnislücken als Fortschritte.

Ein erster Schritt 1998: Überlagerung der Pläne 1664 und 1799

Im Hinblick auf den obigen Katalogbeitrag, für den fachmännisch bearbeitete Abbildungsvorlagen benötigt wurden, leistete der damalige Leiter des Vermessungsamtes Berthold Fath jederzeit verständnisvoll und hilfsbereit dem Stadtarchiv tatkräftig Amtshilfe. Diese gewährte er dann gleichermaßen bei der Frage, ob für die Untersuchung und den direkten Vergleich der beiden Stadtgrundrisse von 1664 und 1799 nach meinen Vorgaben „große" Folien für eine Überlagerung in „seiner" Fotowerkstatt kompetent hergestellt werden könnten.

Diese Arbeiten führte sein Mitarbeiter, Herr Wiegand (Vorname und Schreibweise sind mir unbekannt), mit Hilfe seiner Spezialkamera

Zitadelle Friedrichsburg – Wo standen die T-Häuser?

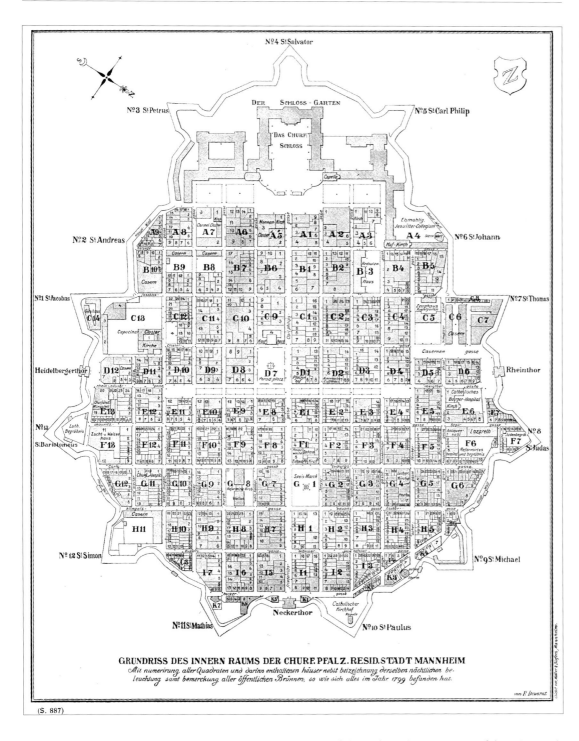

Abb. 2
Grundriss der Stadt
Mannheim, 1799, Zeich-
ner: Peter Dewarat,
Stich. F. Walter: Mann-
heim in Vergangenheit
und Gegenwart, Bd 1,
Mannheim 1907, S. 887.

(S. 887)

und einer „Saugwand" einfühlsam aus. An dieser „Wand" blieb der jeweilige Stadtplan haften,
ließ sich jedoch manuell gegebenenfalls in die
erforderliche Position bringen. Die notwendige
Vergrößerung und das „Eichen" an der „Mannheimer Längsachse" (Strecke von der Innenseite
des Neckartors entlang der „Friedrichsgasse" hoch
bis zur inneren Baulinie des Bollwerks „Belvede-

re") erfolgte dann im „Zoom-Verfahren". Damit
vergrößerte der Fotograf beide Pläne auf dieser
Achse auf die gleiche Länge. Die Schwierigkeiten
mit den unterschiedlichen Maßstäben und Grös-
sen der Drucke waren jetzt umgangen. Die „Breite" Mannheims, das heißt der Abstand zwischen
O5 bis D5 beziehungsweise P5 bis E5, wurde jetzt
nicht berücksichtigt.

Zitadelle Friedrichsburg – Wo standen die T-Häuser?

In Tests im Fotolabor ließen sich durch Verschieben parallel zur Längsachse beziehungsweise zur Querachse Abweichungen „auffangen" und damit auch die Baufluchten „überdecken". Das Format des vorhandenen Fotomaterials bestimmte die Größe der Reproduktion und des Ausschnitts.

Die Beschränkung auf die genannten Pläne ergab sich sowohl aus den Eckjahren des Untersuchungszeitraums (1663 – 1799) als auch durch die Fähigkeiten der Geometer Jacob van Deyl und Peter Dewarat sowie der hohen Qualität der vorliegenden Stiche. Sicher kann man Einzelheiten monieren. Bei Briefmarkengröße der Baublöcke und den noch kleineren Details stellen beide Pläne aber beachtliche Zeugnisse des hohen Könnens und der Leistungsfähigkeit aller Beteiligten dar, also auch der Stecher. Diesem Umstand verdankt Mannheim äußerst hilfreiche und ungewöhnlich zuverlässige Stadtgrundrisse. Diesen günstigen Eindruck untermauerten später die Ergebnisse unserer Arbeit.

Es empfiehlt sich stets der isolierte Abgleich pro Quadrat.

Neuer Anlauf: Grundrissbuch 1720/1721
Forschungen von Hans Huth[8] und Jürgen Frhr. v. Kruedener[9] gaben den Hinweis auf ein Grundrissbuch für das ehemalige Gelände der Friedrichs-burg und der künftigen Oberstadt. Eigene erste Stichproben und die statistische Erhebung der hiesigen Familienhäupter (unter anderem mit Konfessionsangabe) von 1719[10] legen aufgrund von Sterbedaten in den Kirchenbüchern die „innere" Datierung auf 1720/1721 nahe.

Der Schwerpunkt unserer Analyse lag auf den heutigen Quadraten L1/L2, M1/M2, dann A1/A2, B1/B2. Von ausschlaggebender Bedeutung erwiesen sich die Informationen zu drei Grundstücken auf L1 (Abb. 3). Denn „alte Fundamente" meint offenbar Fundamente von Bauten aus der Zeit vor der Zerstörung der Friedrichsburg 1689! Sonst steht nur „Fundamente", „etwas gebaut" usw. im Sinne des aktuellen Stands der Bebauung bei der Erfassung um 1720/1721. Zudem erhalten wir die Maße der „Quadrate", der Grundstücke sowie die Namen der Eigentümer, gegebenenfalls Eigentümerin (meist Witwen).

Da sich sowohl Baublöcke wie auch „Hausplätze" bekanntlich nicht verrücken lassen, können wir L1 (im Jahr 1799: A5) mit dem entsprechenden Quadrat bei van Deyl identifizieren. Die Breite beträgt demzufolge 200 Mannheimer Schuh. Diese Breite findet sich durchgängig seit 1774[11] zurück bis 1617[12]. (1735 L1 Abb. 4), (1664 T1 Abb. 5), (1616/17 T1 Abb. 6). Bei der Länge dieses Schuhs von 29 cm[13] entspricht dies 58 m, so auch 1905 bei Wilhelm Mayher[14] (1617 Gültregister Abb. 7 und Mayher L1 Abb. 8). Der Augenschein lehrt ferner

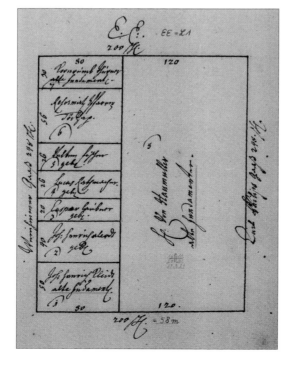

Abb. 3 links
Quadrat L1 (=EE) mit Angabe der Eigentümer und der Soll-Maße, wohl 1720/1721. Bayerische Staatsbibliothek München, Grundrissbuch, Cgm 1661, fol. EE.

Abb. 4 rechts
Quadrat L1 (= 103) mit Angabe der Ist-Maße und der neuen Grundstücksnummern, 1735. Marchivum, Amtsbücher Mannheim Nr. 7.

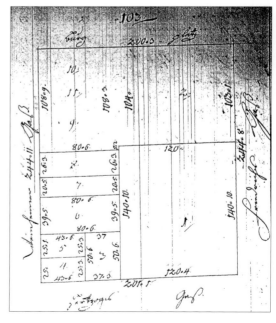

Friedrich Teutsch

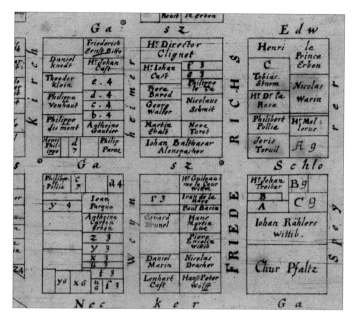
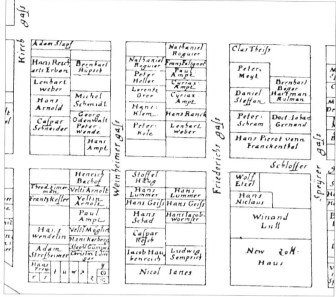

die offenkundige Beibehaltung der Straßenbreite und damit – nach allen bisherigen Erfahrungen – auch der Baufluchten (Abb. 9). Selbstverständlich sind auch die fünf anderen rechteckigen sowie die beiden dreieckigen rechtwinkligen Bauflächen unverrückbar. Die Straßenbreite „liefert" 1905 wieder Wilhelm Mayher (siehe Abb. 8).

Eine weitere Beobachtung lässt uns die Einpassung der Längsstraßen in die der Mannheimer Altstadt von 1616/1617, 1663 etc. erkennen (siehe Abb.en 1, 2, 5, 9).

Endrunde:
Abgleich und Verknüpfung von M1 und B1

Es sei jetzt nochmals an den Auslöser unserer Forschungen erinnert: Wo standen die beiden „T-Häuser"? Darauf muss sich unser weiteres Vorgehen konzentrieren. Wir wollen endlich einen klaren und nachvollziehbaren Weg finden, um die Hausgrundstücke von M1[15] an der einstigen Karl-Philipp-Gasse überzeugend mit jenen auf der genau gegenüberliegenden Seite von B1 zu verknüpfen.

Der Kniff besteht im „Spiegeln" an der Längsseite der Quadrate. (Abb. 10, 11) Unser Ergebnis besagt: die Breite der Hausgrundstücke auf M1 (Nr. 1,2 und 2a) entspricht derjenigen der Häuser B1, 1, 2 und 3 (um 1720/1721). Es sind jeweils 148 Schuh. Bei der jeweiligen Gesamtlänge von 337 Schuh ergibt sich die zweite Teilstrecke mit 189 Schuh (Abb. 12).

Endspurt: Unser Ziel – 18,85 m

Mit unseren Zwischenergebnissen greifen wir erneut auf die Überlagerung 1664/1799 zurück. Denn durch zeitgenössische Quellen (um 1720/1721 und 1735)[16] liegen rechnerisch folgende Maßangaben für die beiden Quadrate vor:

Tabelle für M 1 und B1

Breite:	200 Schuh
Länge:	337 Schuh
Teillänge a:	148 Schuh
Teillänge b:	189 Schuh
Gesamtlänge:	337 Schuh

Wenn diese gesicherten Maße bei der Überlagerung von 1664 mit 1799 Übereinstimmung erbringen, dann müssen besagte Strecken bereits 1664 bestanden haben. Das Ergebnis zeigt unsere Abbildung 13 (Abb. 13).

Das eine „T-Haus" bei van Deyl deckt sich tatsächlich mit B1, 5. (siehe Abb. 9) Dieses Anwesen besaß demnach an der „Hauptstraße" die Breite von 65 Schuh (um 1720/1721) beziehungsweise 65 Schuh 1 Zoll (1735), umgerechnet also 1885 cm bzw. 1888 cm. Im Vergleich mit Wilhelm Mayher 1905 mit 1898 cm besteht eine Abweichung von 13 beziehungsweise 10 cm – weniger als ein Prozent – das taugt nicht als Gegenargument.

Davon ausgehend lässt sich das Innere der Festung Friedrichsburg, Stand 1622 und Stand 1664, nunmehr „aufrollen", das heißt „nachvermessen" und „verorten".

Zitadelle Friedrichsburg – Wo standen die T-Häuser?

200

[II. Oeſtliche Stadthälfte.]

Friedrichsgaſſe, Vierung 1.

27. Niklaus Panis,[3] (Bierſieder) u. Ehefrau Magdalena.

Hauptgeld	626 fl.
Zinsrückſtand	62 fl. 15 Albus 6 Pfennig
zuſammen	688 fl. 15 Albus 6 Pfennig

Jährlicher Zins: 34 fl. 11 Albus 1½ Pfennig. Unterpfand: Haus in der Friedrichsgaſſe, Vierung 1, 50 Schuh breit 200 Schuh lang, geforcht einſeit die Neckargaſſe, anderſeiten Ludwig Semprecht, jetziger Hofbäcker zu Heidelberg.

28. Georg Odenwald u. Ehefrau Anna.

Hauptgeld	75 fl.
Zinsrückſtand	7 fl. 13 Albus
zuſammen	82 fl. 13 Albus

Jährlicher Zins: 4 fl. 3 Albus 2 Pfennig. Unterpfand: Haus in der Friedrichsgaſſe, 46 Schuh breit, 100 Schuh lang, geforcht einſeit ein leerer Platz, anderſeiten Hans Geiß.

29. Hans Geiß, Metzler u. Ehefrau Ottilia.

Hauptgeld	244 fl.
Zinsrückſtand	33 fl. 7 Albus 1½ Pfennig
zuſammen	277 fl. 7 Albus 1½ Pfennig

Jährlicher Zins: 13 fl. 22 Albus 4 Pfennig. Unterpfand: Haus in der Friedrichsgaſſe, Vierung 1, 26 Schuh breit, 100 Schuh lang, geforcht einſeit Georg Odenwald, anderſeiten Hans Lummer.

30. Hans Lummer, Glaſer u. Ehefrau Anna.

Hauptgeld	225 fl.
Zinsrückſtand	30 fl. 24 Albus 3 Pfennig
zuſammen	255 fl. 24 Albus 3 Pfennig

Jährlicher Zins: 12 fl. 20 Albus 5½ Pfennig. Unterpfand: Haus in der Friedrichsgaſſe, 26 Schuh breit, 100 Schuh lang, geforcht einſeit Hans Geiß, anderſeiten ein leerer Platz.

Weinheimergaſſe, Vierung 1.

31. Stoffel Hauck u. Ehefrau Margaretha.

Hauptgeld	80 fl.
Zinsrückſtand	9 fl.
zuſammen	89 fl.

Jährlicher Zins: 4 fl. 11 Albrs 6 Pfennig. Unterpfand: Haus auf die Weinheimergaſſe vornen ſtoßend, Vierung 1, 50 Schuh breit, 100 Schuh lang, geforcht einſeit die Zwerchgaſſe, anderſeiten Hans Lummer, hinten ein unverbauter Platz.

32. Kaspar Röſch u. Ehefrau Katharina.

Hauptgeld	60 fl.
Zinsrückſtand	9 fl. 19 Albus 4 Pfennig
zuſammen	69 fl. 19 Albus 4 Pfennig

Jährlicher Zins: 3 fl. 12 Albus 6 Pfennig. Unterpfand: Haus in der Weinheimergaſſe, Vierung 1, 50 Schuh breit, 100 Schuh lang, geforcht einſeit Hans Schadt, anderſeiten Jakob Haubenreich.

33. Leonhard May u. Ehefrau Magdalena, zuvor Jakob Haubenreich.

Hauptgeld	40 fl.
Zinsrückſtand	8 fl. 13 Albus
zuſammen	48 fl. 13 Albus

Jährlicher Zins: 2 fl. 11 Albus 1 Heller. Unterpfand: Haus in der Weinheimergaſſe, Vierung 1, 47 Schuh breit, 100 Schuh lang, geforcht einſeit Kaspar Röſch, anderſeiten Niclaus Panis.

Friedrichsgaſſe, Vierung 2.

34. Zilox Ampt[4] u. Ehefrau Magdalena.

Hauptgeld	140 fl.
Zinsrückſtand	5 fl. 6 Albus 4 Pfennig
zuſammen	145 fl. 6 Albus 4 Pfennig

Jährlicher Zins: 7 fl. 6 Albus 6 Pfennig 1 Heller. Unterpfand: Haus in der Friedrichsgaſſe, Vierung 2, 32 Schuh breit, 100 Schuh lang, geforcht einſeit Paul Ampt, anderſeiten ein leerer Platz.

35. Paul Ampt u. Ehefrau Barbara.

Hauptgeld	142 fl. 10 Albus 7 Pfennig
Zinsrückſtand	6 fl. 6 Albus
zuſammen	148 fl. 16 Albus 7 Pfennig

[3] Deutlich ſo, auf dem Plan: Nicol Janes.

[4] Auf dem Plan heißt er Cyriax Ampt.

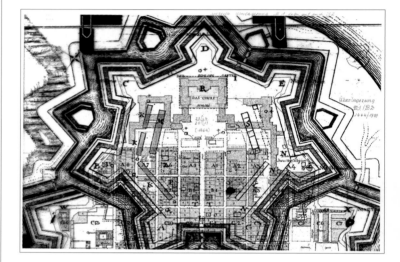

Abb. 7 links
Gültregister (Hypothekenverzeichnis) der Stadt Mannheim, Stand 14.10.1617, Druck 1912, Ausschnitt: Vierung 1 (= T 1), laufende Nummern 27-33, z. T. Angabe des Voreigentümers (Nr. 27, 32/33, s. Abb. 6). F. Walter: Das Mannheimer Gültregister von 1617, in: Mannheimer Geschichtsblätter 1912, Nr. 10, Spalte 200.

Abb. 8 rechts oben
Quadrate A1 und L1, Stand und Druck 1905
Die Breite von L1: 200 Mannheimer Schuh = 58 m. W. Mayher: Die bauliche Entwicklung der Stadt Mannheim, Mannheim 1905.

Abb. 9 rechts Mitte
Überlagerung der beiden Grundrisse 1664 und 1799, orientiert an M1/B2, Ausschnitt: Festung Friedrichsburg, heutige „Oberstadt"; grün: Militärbauten schon 1622, hellblau: Areal für das Schloss von Karl Ludwig, gelb: Quadrate M1 und B2, dunkelblau: die beiden T-Häuser. Dokumentation des Verfassers.

Friedrich Teutsch

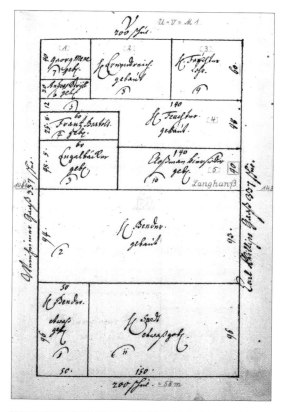

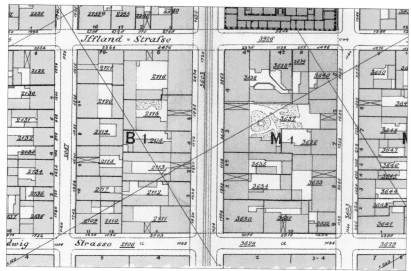

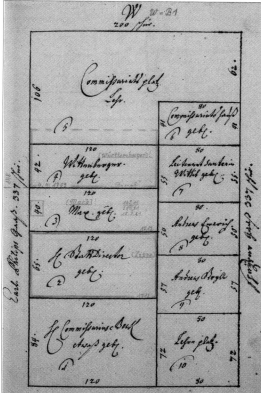

Abb. 10 links oben
Quadrat M1 (= U) mit Angabe der Eigentümer und meist der Soll-Maße, z.
T. der Ist-Maße, Zeichnung und Maßangaben z. T. falsch, wohl 1720/1721.
Bayerische Staatsbibliothek München, Grundrissbuch, Cgm 1661, fol. U.

Abb. 11 links unten
Quadrat B1 (=W) mit Angabe der Eigentümer und der Soll-Maße, wohl
1720/1721. Bayerische Staatsbibliothek München, Grundrissbuch, Cgm 1661,
fol. W.

Abb. 12 rechts oben
Quadrate B1 und M1, Stand und Druck 1905. W. Mayher: Die bauliche Entwicklung der Stadt Mannheim, Mannheim 1905.

Abb. 13 rechts Mitte
Quadrate M1 (= B 6, 1799) und B 1, dunkelblau: T-Häuser, rot: Teil der
Grabungsfläche 2006, Ausschnitt aus Abb. 9. Dokumentation des Verfassers.

II. Teil: Kür

Sichern und Verfeinern

Mit jedem Teilergebnis stellt sich sofort die Frage nach dessen Tragfähigkeit. Denn bei unserer letzten Untersuchung anhand ausgewählter gleichartiger Unterlagen (Stadtgrundrisse, Grundrissbücher) ging es nur darum, die Identität und die Maße von gezielt ausgewählten Baublöcken („Quadraten") des Jahres 1664 zuverlässig durch sachbezogene und rechnerische Abwägungen, Messergebnisse und schließlich „Überlagerung" zu bestimmen.

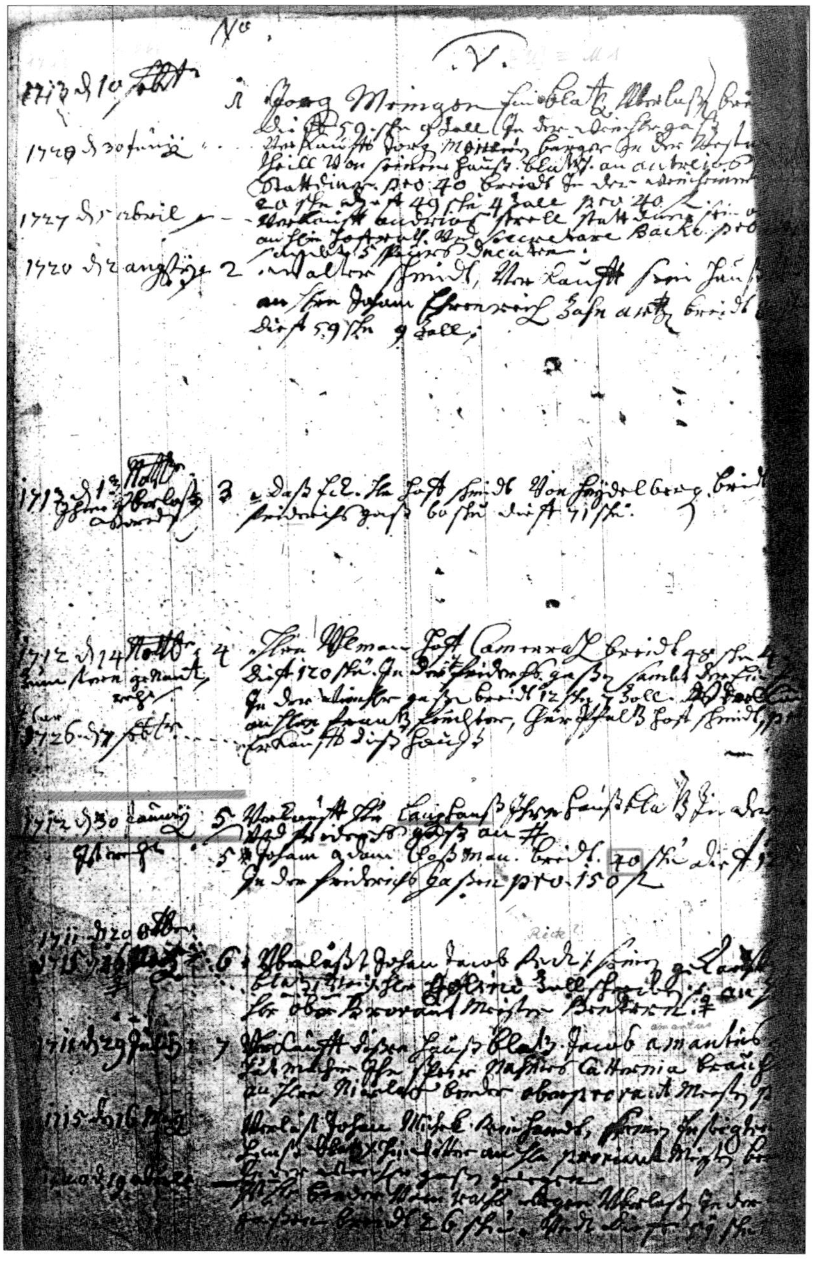

Abb. 14
Quadrat M1 (= U), Eigentumswechsel 1711–1727 für die damaligen Grundstücke Nr. 1 bis 7; die Nr. 5 entspricht der Nr. 10 auf Abb. 10. Marchivum, Amtsbücher Mannheim Nr. 4.

Diese Begrenzung der Mittel fordert der berufliche Alltag durch Zeitvorgabe, Forschungsziel und Arbeitsökonomie. Einen vorausschauenden und wissensdurstigen, kritischen und verantwortungsbewussten Archivar und Historiker befriedigt dieser Zwang nicht. Daher behält er sich für den Tag X bereits bei der Auswahl und Festlegung seiner Materialien immer die „Gegenkontrolle" mit Hilfe mindestens einer der ausgeklammerten „komplementären" Quellen vor. Dokumentierten unsere „statischen" Quellen jeweils nur einen Zustand zu einem bestimmten Zeitpunkt (zum Beispiel 1664), so verwenden wir jetzt eine „dynamische" Quelle.[17] Diese belegt eine Entwicklung über eine Periode durch die Eigentumswechsel mit Daten und Personen bezogen auf ein bestimmtes Anwesen. Auch die erforderliche zeitliche und sachliche Überlappung besteht (circa 1700 bis circa 1729). Die Verzahnung der Quellen ist allerdings immer zu sichern, hier im Blick auf die Bezeichnung der Baublöcke und der Grundstücke. Dass eine „Schmierhand" dieses Grundrissbuch „schludrig" fortschrieb und die „Zettelwirtschaft" durcheinander geriet, darf jetzt nicht abschrecken (Abb. 14).

Wer war Langhans?

Unsere Quelle enthält vereinzelt Familiennamen, die für Mannheim der Periode vor 1689 zuzuordnen sind. So dürfte es sich bei Herrn Langhans um einen Erben des Hofpredigers Johann Ludwig Langhans (1637-1691)[18] handeln. Wichtige Lebensstationen des Pfarrers sind: 1664 Mannheim, 1668 Heidelberg, 1685/1686 Absetzung, Verurteilung und Haft bis 1688, Tod in Basel 1691. Der mutmaßlich ihm gehörende „Haußblatz", Quadrat U, Nr. 4 mit den Maßen 40 Schuh breit und 120 Schuh tief wird am 30. Januar 1712 an Johann Adam Cloßmann verkauft (siehe Abb. 14). Die Liegenschaft trägt folgende Bezeichnungen: 1720/1721 Quadrat U, Nr. 10, dann 1735 Quadrat 93, Nr. 5, schließlich 1905 M 1, Nr. 2a. Auf dem Grundriss von 1664 findet man es im entsprechenden Quadrat. Es ist das zweite Haus von oben an der damaligen Friedrichsgasse (siehe Abb.en 10, 12, 13).

Ein „Raugräffliches Hauß"?

Wer hätte diesen Beleg vom 24. Mai 1712 nicht gerne vor mir entdeckt? (Abb. 15)

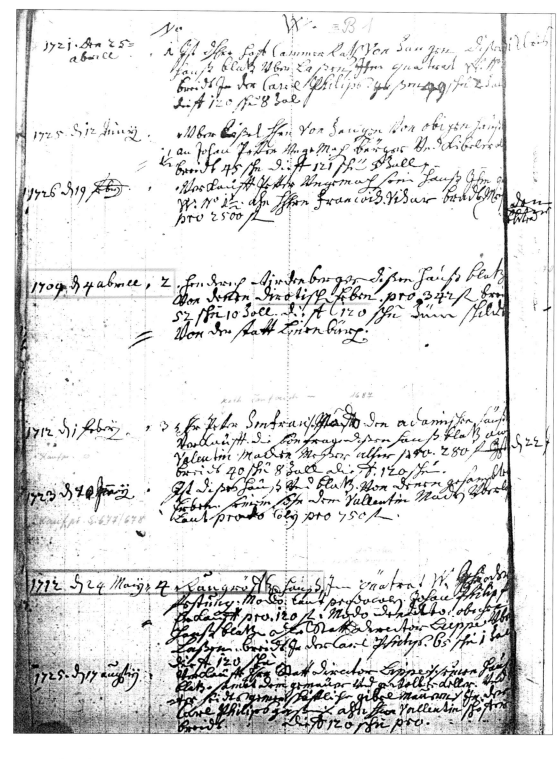

Abb. 15
Quadrat B 1 (= W),
Eigentumswechsel
1709-1726 für die
damaligen Grundstücke
Nr. 1 – 4, Nr. 4 rau-
gräfliches Haus (blau
umrandet). Marchivum,
Amtsbücher Mannheim
Nr. 4.

Nun, dazu hätte man sich der geschilderten zeitraubenden Mühen unterziehen müssen. Ein paar Blätter nach dieser Liste liegt der dazu gehörende Grundriss mit dem Quadrat W (Abb. 16). Und darauf findet sich auch die Nr. 4 mit den erforderlichen Maßen: 65 Schuh 1 Zoll breit, 120 Schuh 3 Zoll tief. Dieses Format kennen wir bereits als jenes vom „T-Haus" auf B 1,5 (siehe Abb.en 11, 12).

Neben der erhofften Bestätigung unseres obigen Ergebnisses erzielten wir auch noch eine Vertiefung unseres Wissens.

Bei den Raugrafen handelt es sich um die legitimierten Kinder des Kurfürsten Karl Ludwig von der Pfalz aus seiner morganatischen Ehe mit Marie Louise von Degenfeld.[19]

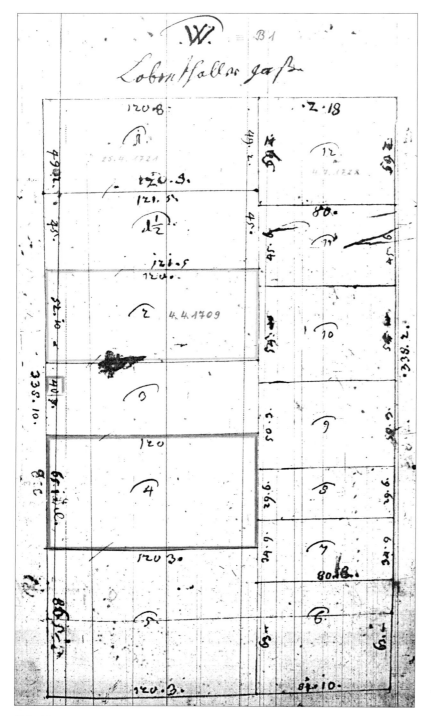

Abb. 16
Quadrat B 1 (= W) mit damaligen Grundstücksnummern und Ist-Maßen, Stand 1725 (Aufteilung der Nr. 1 in 1 und 1 1/2); Nr. 4 blau umrandet: raugräfliches Haus, Breite an der Karl-Philipp-Gasse: 65 Schuh, 1 Zoll. Marchivum, Amtsbücher Mannheim Nr. 4.

Grundlagen einer Zusammenarbeit

Nach über vier Jahrzehnten Zusammenarbeit mit der hiesigen Archäologie fallen solche Früchte vom Baum der Erkenntnis fast spielerisch in den Schoss. Eine Grundvoraussetzung dafür besteht im gegenseitigen Respektieren der Fachgrenzen (Archivar – Archäologie).[20] Aber wie beim Leistungssport bedarf es auch einer vertrauensvollen Grundlage. Diese schuf zunächst Dr. Erich Gropengießer 1985 durch praktiziertes Wohlwollen und erwiesene Wertschätzung. Ebenfalls in Erinnerung blieb das hintersinnige Wort von Professor Dr. Alfried Wieczorek. Im Jahr 2000 meinte er „Sie können aufrecht gehen" …

Ein archivisches Gedächtnis gleicht einer sicheren Bank und trägt Zinsen. Der Verfasser wiederum vertraute – wie Schliemann seinem Homer – unserem Jacob von Deyl.

Danksagung

Nach den Forschungserfolgen, die in diesem Beitrag publiziert werden, darf der Dank an Dritte für mancherlei Handreichungen nicht versäumt werden. Er gilt den Benutzerdiensten des Generallandesarchivs Karlsruhe und des dortigen Landeskirchlichen Archivs, der Bayerischen Staatsbibliothek München sowie des hiesigen Katholischen Kirchenbuchamts und des MARCHIVUMs. Zu einem besonderen Dank verpflichtet sehe ich mich gegenüber Dr. Klaus Wirth, rem, für seinen entgegenkommenden Einsatz, Vera Hainsch für die Schreibarbeit sowie den hilfreichen Händen der Redaktion. Die wissenschaftlichen Früchte dieser dienenden Zusammenarbeit sind für meinen Anteil der Archäologie-Abteilung der heutigen rem zuzuschreiben durch deren Fragen.

Ein langer Atem war notwendig, um zum Dorf Mannheim vorzudringen (2018) und jetzt auch noch einen Schlüssel zur Friedrichsburg zu finden (2021). Dies veranlasst mich im Rückblick auf nun sechzig Jahre Archivforschung, diesen Aufsatz all jenen zu widmen, die mich wohlgesonnen begleiteten, darunter namentlich mein Bruder Achim.

F. Teutsch: Bearbeitung der Abbildungen, Überlagerungen, Dokumentationen und Bibliothek
Stand: 7.3.2021.

Anmerkungen

1 F. Teutsch: Mannheim im 18. Jahrhundert – Grundriss, Aufriss und Bevölkerung , in: A. Wieczorek /H. Probst /W. Koenig (Hrsg.): Lebens- lust und Frömmigkeit, Kurfürst Carl Theodor (1724-1799) zwischen Barock und Aufklärung, Bd.1 (Handbuch), Regensburg 1999, S. 201.

2 Die Datierung des Stiches auf das Jahr 1664 ergibt sich aus dem aktualisierten bzw. ergänzten Stand der Bebauung in Verbindung mit F. Walter: Die Drucke der Mannheimer Stadtprivilegien 1607 bis 1785, Mannheimer Geschichtsblätter 1907, Nr. 1, Sp. 13-19. Der Anhang in Spalte 19 erfordert zwingend die Korrektur der irrigen Chronologie bei Nr. 4, 5 und 12. Denn bei den Positionen 4 und 12 ist das Reskript Karl Ludwigs vom 20. Mai 1664 bereits beigegeben. Der Verfasser sah beide Quellenbelege ein, heutige Signatur 67/998. Zur Laufbahn des Militär-Ingenieurs Jacob van Deyl konnte Oskar Bezzel, Geschichte des kurpfälzischen Heeres von seinen Anfängen bis zur Vereinigung von Kurpfalz und Kurbayern 1777 etc., München 1925, nicht herangezogen werden. Die Verlassenschaftsakten sah der Verfasser 1975 im Generallandesarchiv Karlsruhe ein. In den Taufbüchern findet sich van Deyl als Pate (1651, 1666).

3 Zu Peter Dewarat: A. Kistner: Die Pflege der Naturwissenschaften in Mannheim zur Zeit Karl Theodors, Mannheim 1930, S. 58-61.

4 F. Walter: Zur Geschichte der Verwaltung der Citadelle Friedrichsburg. Mannheimer Geschichtsblätter 1900, Sp. 143 f.

5 F. Walter: Mannheim in Vergangenheit und Gegenwart, Bd. 1, Mannheim 1907.

6 H. Huth (Bearb.): Die Kunstdenkmäler des Stadtkreises Mannheim, Bd. 1, München 1982, S. 51 f.

7 U. Nieß/ M. Caroli (Hrsg.): Geschichte der Stadt Mannheim, Bd. 1, Heidelberg – Ubstadt-Weiher – Basel 2007.

8 H. Huth (Bearb.) wie Anm. 6, Bd. 1, S.61, Nr. 7, jedoch ohne Kenntnis von J. Frhr. v. Kruedener (s. Anm. 9).

9 J. Frhr. v. Kruedener: Die Bevölkerung Mannheims im Jahre 1719, Zs. f. d. Geschichte des Oberrheins, Bd. 116, Karlsruhe 1968, S. 292 Anm. 4. Zur inneren Datierung von Cgm 1661 vgl. hier Abb. 10 und 11 in Verbindung mit Abb. 14 und 15 (Eigentums- wechsel bei damals Quadrat U, Nr. 2 im Jahr 1720 und W, Nr. 1 im Jahr 1721).

10 Generallandesarchiv Karlsruhe, Bestand Mannheim, Sign. 213/2827, Auswertung und Transkription durch J. Frhr. v. Kruedener, s. Anm. 9, S. 291-347.

11 Grundrissbuch 1774, MARCHIVUM, Amtsbücher Mannheim Nr. 11.

12 F. Walter: Das Mannheimer Gültregister von 1617, Mannheimer Geschichtsblätter 1912, Nr. 10, Sp. 194-204. Das Datum 4.10.1664 nennt Walter in Sp. 195. Der Verfasser sah die Mikroverfilmung des Originals im Generallandesarchiv Karlsruhe ein. Dieses „Hypo- thekenverzeichnis" ist zeitlich etwas jünger als die Delineation (s. Abb. 6 und 7). Diese Zeitstellung entging nicht nur Friedrich Walter, sondern der amtlichen Stadtgeschichtsforschung bis einschließlich 2007.

13 Die Länge des lokalen Maßes ermittelte der Verfasser 1998, vgl. F. Teutsch: P2 – Mannheimer Geschichte im Quadrat, in: M. Caroli/ F. Teutsch, Mannheim im Aufbruch, Mannheim 1999, S. 121, Anm. 141. Er hatte dazu eine Stichprobe seit 1987 zusammengetra- gen aufgrund eigener Forschungen zu noch bestehenden Barockhäusern bzw. deren direkten Nachfolgebauten (B 4,2, C 4,9, E 2,7 und 8, N 3,4, O 4,4, I 2,14, ferner die Quadrate B 4, E 2, F 1, F 3, O 4, P 2). Einbezogen wurden auch A 2,1 und A 4 (Jesuitenkirche). Die Umrechnung mit 29 cm war nicht bekannt. Der einzige dem Verfasser bekannt gewordene Versuch einer Umrechnung ist sowohl rein rechnerisch (288,81:10=28,88 und nicht 27,19) wie auch sachlich (1 Mannheimer Rute= 16 Mannheimer Schuh) falsch, so aber in: Die Stadt-und die Landkreise Heidelberg und Mannheim, Amtliche Kreisbeschreibung, Bd. 1, Karlsruhe 1966, S. 325, Tabelle 4, 1. Zeile. Wegen dieser Unkenntnis ließen sich historische Maßangaben in Mannheimer Schuh nicht mehr überprüfen bzw. vergleichen. Der Vermessungstechniker Gerhard Michel erläuterte seinerzeit an Hand seiner Berufserfahrung eingehend die Bedeutungslosigkeit sehr geringfügig abweichender Ist-Messergebnisse. Hierfür sei ihm nochmals bestens gedankt. In diesen Dank eingeschlossen sind die Herren Fath und Hormut, da beide mir aus ihrer hiesigen Ausbildungszeit und von Besonderheiten bei Vermessungen in der Innenstadt sowie den Fluren Mannheims (Nürnberger Rute) berichteten. U. a. wurde das Messmaterial in der „Kalten-Gass" (Straße zwischen Jesuitenkirche und B 4) geprüft mit Messlatten.

14 W. Mayher: Die bauliche Entwicklung der Stadt Mannheim von der Gründung bis zur Gegenwart, Mannheim 1905. Bei L 1: Breite 58,02 m, bei M 1: Breite 2076+2318+1434=5828, Nordseite M 1: 2326+1138+852+1488=5804. Maße in cm.

15 K. Wirth: Stadtarchäologie in Mannheim, Mannheimer Geschichtsblätter, N.F. Nr. 15, 2008, S. 58-73. Dort auch zu M 1,2 F. Teutsch: Die Baulust des Bakke von Bergstein, S. 74-77

16 Grundrissbuch 1735, MARCHIVUM, Bestand Amtsbücher Mannheim Nr. 7. Diese Quelle bietet Ist-Maße ermittelt bei der Ver- messung 1733-1735 durch J.G. Baumgratz, Militär-Ingenieur (wie schon van Deyl und Ullmann, später Ferdinand Denis).

17 Die Begriffe „statische" und „dynamische" Quelle bildete der Verfasser im Rahmen seiner Forschungen zur Haus- und Hausgrund- stückschronologie und dem dabei entwickelten Erfassungsformular „Hauschronologie". Denn Pläne belegen nur einen Zustand,

Zitadelle Friedrichsburg – Wo standen die T-Häuser?

der Kaufprotokolleintrag einen Eigentumswechsel, weitere Protokolleinträge dagegen eine Entwicklung, d. h. weitere Vorgänge, die dasselbe Anwesen betreffen. Die Gesamtentwicklung eines Anwesens lässt sich an der Hauschronologie Schritt für Schritt ablesen. Eine derartige „dynamische" Quelle stellt das „Grundrissbuch für das ehemalige Gelände der Friedrichsburg" 1687, 1699, 1700-1729 deshalb dar, weil für diese Laufzeit auf gesonderten Blättern datierte Eigentumswechsel pro Hausgrundstück verzeichnet sind, MARCHIVUM, Bestand Amtsbücher Mannheim, Nr. 4. Es wurde ein Mikrofilm eingesehen am 25./27.02.2013), siehe Abb. 14-16. N. B.: das klassische lateinische Alphabet kennt nur U und I, also kein V und J.

18 H. Neu: Pfarrbuch der evangelischen Kirche Badens ..., Bd. 2, Lahr 1939, S. 360 f. P. Fuchs: Palatinatus illustratus, Mannheim 1963, S. 381, S. 554, Anm. 893. F. K. Frhr. v. Moser (Hrsg.): Patriotisches Archiv für Deutschland, Bd. 9, Mannheim/Leipzig 1790, S. 409-440.

19 S. Paas (Hrsg.): Katalog Liselotte von der Pfalz, Madame am Hofe des Sonnenkönigs, Heidelberg 1996, S. 40 f., Abb. Katalog Nr. 92, S. 61-64 (Beitrag A. u. F. v. Degenfeld-Schonburg, Liselotte und die Raugrafen), dabei Abb. Kat. Nr. 92, 91, 44, 42, L 2., 43, 55.1. Katalogteil S. 243, Nr. 1, 2, S. 247-249, Nr. 42-44, S. 252, Nr. 92-94 (Bildnisse), S. 272 f., Nr. 402, 403, 405-407, 409, 410, 422 (Archivalien, letzte Position: Petschaft), S. 282-284 Nachfahrentafel (Auswahl). K. F. v. Frank: Standeserhebungen und Gnaden-akte ..., Bd. 4, Senftenegg 1973, S. 64 kaiserliche Bestätigung des Titels und des Wappens der Raugrafen zu Pfalz, 1672. H. Drös: Heidelberger Wappenbuch, Heidelberg 1991, S. 253 f., Nr. 534, Grabstein der Amalie Elisabeth Raugräfin zu Pfalz, + 1709, farbige Abb. des Vollwappens der Raugräfin Tafel 15, S. 291-301, Epitaph für Friedrich Wilhelm Christoph v. Degenfeld-Schonburg,+ 1748, mit Ahnenprobe, Wappen S. 300, Nr. 618, S. 295, Nr. 607, 608 Luise Raugräfin zu Pfalz, Letzte dieses Stammes, + 1733. F. Walter: Die Karl-Ludwigsgasse in der Festung Friedrichsburg, Mannheimer Geschichtsblätter 1902, Nr. 8/9, Sp. 185 f. Der Nach-weis der Eigentümerinnen dieser Häuser stützt sich wohl auf den Eintrag im Mannheimer Kaufprotokoll für 1693-1700, S. 300-302 (Ort und Datum des Rechtsgeschäfts Frankfurt, 24.1.1699), MARCHIVUM, Bestand Amtsbücher Mannheim, Nr. 60. F. Walter: Zur Topographie der Zitadelle Friedrichsburg unter Karl Ludwig, Mannheimer Geschichtsblätter 1915, Nr. 7/8, Spalte 85-90, dort Spalte 90, Nr. 22 und 23, zwei „Eckhäuser" in der „Friedrichsgaß". Mit der Friedrichsgasse ist offenkundig die „Hauptstraße" im Vorgang von 1699 zu verstehen, in dem auch eindeutig von den sog. raugräflichen Hausplätzen gesprochen wird, einschließlich den „Resten" der einstigen Gebäude (Steine, Eisenwerk, Keller, Gewölbe, Gemäuer auf und unter der Erde). Die Angaben sind aus heutiger Sicht verschwommen, weil die Veranschaulichung durch Grundrisse oder vollständige Lagebeschreibung (z. B. Maße, Nachbaranwesen, Straßenname) fehlt. Die Angaben zum raugräflichen Haus 1712 (Abb. 15,16) sind dagegen genau und mit dem Grundriss des Quadrats W mit allen Hausgrundstücken eindeutig und nachvollziehbar bis 1905 (Abb. 12) und lassen sich bis 1663/1664 zurückverfolgen (Abb. 13). Der Verkauf eines Streifens vom Hinterhof ist belegt durch das Kaufprotokoll v. 17.8.1725, S. 123 und ein diesbezügliches Kärtchen mit allen Maßangaben. Die entsprechenden Mikrofilme wurden am 25./27.2.2013 eingesehen.

20 Das kunsthistorische Interesse des Verfassers seit 1953/1954 führte ihn zur Erforschung seiner Ahnentafel ab 1960/1961. Da beide Hobbys Archivstudien erfordern, wurde 1970/1971 eine Ausbildung zum Archivar angestrebt. Sie erfolgte 1972-1975. Die Einsicht in die Notwendigkeit fachübergreifender Zusammenarbeit ergab sich aus der Lektüre von Werkmonographien und Künstlerbiographien, dann durch die Besichtigung von Kirchen und Besuche von Museen und Sonderausstellungen. Dienstlich begann die Zusammenarbeit mit der hiesigen Archäologieabteilung 1978 aus jeweils aktuellen Anlässen. Dies führte 2005 mit den Ausgrabungen auf H 3 und C 5 zu einem ungeahntem Ausmaß an Kooperation bis heute. Dem Verfasser fiel auf, dass im Zusammenhang mit Archäologie zwar viel von der Einbindung der Geschichtsforschung die Rede ist, also von Historikern bzw. Historikerinnen und Hilfswissenschaften, jedoch nicht von Archivaren, Archivarinnen. Insbesondere für die Archäologie ab dem Mittelalter bis in die Zeit nach dem 2. Weltkrieg ist das deshalb unverständlich, weil jetzt Schrift-und Bildquellen heranzuzie-hen sind, die in den Archiven verwahrt und für jedes Forschungsinteresse „aufbereitet" werden sollten. Die hiesigen Defizite in diesem Aufgabenbereich griff der Verfasser 1981 auf und veröffentlichte eigene Beiträge ab 1987. Die „Archivscheu" wird deutlich in W. Freitag/ M. Kißener u. a. (Hrsg.): Handbuch Landesgeschichte, Berlin/Boston 2018. Wie ertragreich aber gezielte Archivforschungen verlaufen können, bewiesen u. a. 1965 Hannelore Müller mit ihrem Beitrag „Zum Leben Hans Holbeins des Älteren" in: „Hans Holbein der Ältere und die Kunst der Spätgotik", Ausstellungskatalog, Augsburg 1965, S. 17-21 und neuerdings Wilfried Schöntag, „Die Marchtaler Fälschungen", Berlin/Boston 2017, S. 323-336 über die Besiegelung der ge-und verfälschten Marchtaler Urkunden.

Jutta Neuhaus und Klaus Wirth

Max Baer Söhne – Eine kleine Flasche führt zu einer vergessenen Mannheimer Familie*

Im Jahr 2018 wurde bei Ausgrabungen auf dem Areal der ehemaligen Mannheimer Aktienbrauerei im Quadrat B 6, 4-5 neben vielen neuzeitlichen Funden auch eine kleine Glasflasche geborgen. Sie trägt den erhabenen Schriftzug „Max Baer Söhne". Die nachfolgenden Ausführungen gelten nicht allein dem archäologischen Bodenfund, ein Industrieprodukt und damit ein Repräsentant der Archäologie der Moderne, sondern vor allem den Fragen, wer Max Baer war und welche Art Unternehmen er und seine Söhne führten. Die umfangreichen Recherchen, die Jutta Neuhaus im Marchivum und im Generallandesarchiv Karlsruhe sowie auf zahlreichen Internetseiten durchführte, klären über die Geschichte eines erfolgreichen Familienunternehmens vor und nach dem Ersten Weltkrieg und seinem bedrückenden Schicksal während der Zeit des Nationalsozialismus auf.

Der Fund

Die kleine Flasche aus hellgrünem Glas mit einigen unterschiedlich großen Luftbläschen ist vollständig erhalten. Der Flaschenkörper weist zwei Nähte der zweiteiligen Metallform auf, in die der Schriftzug MAX BAER SÖHNE eingearbeitet war. Der Boden ist unterschiedlich dick. Die Flasche ist 17,50 cm hoch, der Bodendurchmesser beträgt 4,49 cm, der Randdurchmesser außen 2,18 und innen 1,47 cm. Der Flaschenkopf (der Ring unterhalb des Randes) wurde separat aufgesetzt und misst 0,77 cm in der Höhe. Sie fasst 125 Milliliter. Glasflaschen mit Prägung waren seit Erfindung der zweiteiligen Metallform 1821 bis in die 1950er-Jahre gebräuchlich.[1] (Abb. 1, 2, 3, 4)

Die Firma (Abb. 5)

Max Baer Söhne war eine Mannheimer Firma. Ein 84 × 59 cm messendes Plakat aus dem Jahr 1920[2] zeigt eine Ansicht von Mannheim zwischen Rhein und Neckar. Rechts unten ist auf einem separaten Bild der Friedrichsplatz mit dem Wasserturm dargestellt. Über der Karte prangt der Firmenname: TRANSIT-KELLEREI MAX BAER SÖHNE, klein darunter: FILIALE: ADOLPHE BAER & CIE, BARLETTA

Abb. 1
Mannheim, B 6, 4-5. Flasche Max Baer Söhne (Inv. Nr. BW2018-77-00-103). © Reiss-Engelhorn-Museen Mannheim, Foto: Rebecca Kind/ Maria Schumann

Abb. 2
Erhabener Schriftzug: MAX BAER in einem Bogen. © Reiss-Engelhorn-Museen Mannheim, Foto: Rebecca Kind/ Maria Schumann

Abb. 3
Der zweite Teil des Schriftzugs: SÖHNE. © Reiss-Engelhorn-Museen Mannheim, Foto: Rebecca Kind/ Maria Schumann

Abb. 4
Der Boden der Flasche. © Reiss-Engelhorn-Museen Mannheim, Foto: Rebecca Kind/ Maria Schumann

Max Baer Söhne – Eine kleine Flasche führt zu einer vergessenen Mannheimer Familie

PIAZZA PLEBISCITO. Seitlich und oberhalb dieser Angaben stehen neun kleine Abbildungen, vor allem Detailbilder der Kellerei. MANNHEIM steht zwischen zwei logoartigen Initialen, links MBM, rechts ABC, wohl aufzulösen in **M**ax **B**aer Söhne **M**annheim und **A**dolphe **B**aer **C**ie.

Die Firma wird im Mannheimer Adressbuch von 1889 zum ersten Mal unter „Weinhandlungen." aufgeführt. Dort findet sich der Eintrag „Baer, M. Söhne (en gros), P 6, 20". Im Verzeichnis der Handelsfirmen und Handelsgesellschaften desselben Adressbuchs werden als Inhaber des „Weingroßhandels" Adolf – Heinrich Baer in (Bad) Mergentheim genannt. Danach hatte Max Baer bereits 1888 – der Stand des Adressbuchs von 1889 wird mit Dezember 1888 angegeben – die Firma an seine Söhne Adolf und Heinrich Baer abgegeben. Er selbst wohnte wohl nie in Mannheim. Zumindest existieren von ihm weder ein Eintrag in einem Adressbuch noch ein Mannheimer Familienbogen.

Tabelle: Entwicklung der Firma Max Baer Söhne[3]

Firmenname	Bezeichnung	Adresse	Zeitraum Adressbücher
–	–	–	1888
Max Baer Söhne	Weingroßhandlung	P 6, 20	1889–1895
Max Baer Söhne	Weingroßhandlung, Transit-kellerei	P 6, 20	1896
Max Baer Söhne	Transitkellerei, ausl. Weine	Q 7, 13	1897–1899
Max Baer Söhne	Transitkellerei, ausl. Weine	Q 7, 13 u. 16	1900–1909
Transit-Kellerei Max Baer Söhne	Transitkellerei, ausl. Weine	Q 7, 13 u. 16	1910–1917
Transit-Kellerei Max Baer Söhne	Weingroßhandlung, ausl. Weine	Q 7, 13 und 16 Kellereien: Q 7, 9, 13, 16, 17, 17a, 17b* und Rhein-kaistraße (Halle Rhenus)	1918–1932/33
Transit-Kellerei Max Baer Söhne	Weingroßhandlung, ausl. Weine	Q 7, 13	1933/34–1937/38
Transit-Kellerei Mannheim Riedl & Co.	Weinimport u. Großhandel	Q 7, 13 u. 16	1938/39–1943
Transit-Kellerei Mannheim Riedl & Co.	Wein- und Spirituosengroß-handlung, Böttcherei, Embal-lagen- und Faßgroßhandlung	Q 7, 13	1947–1950/51
Transit-Kellerei Mannheim Riedl & Co.	Wein- und Spirituosengroß-handlung, Böttcherei, Embal-lagen- und Faßgroßhandlung	Rheinkaistraße 5	1952
Transit-Kellerei Mannheim Riedl & Co.	Wein- und Spirituosengroß-handlung	EV: Q 7, 17b** SV: Q 7, 17 BV: Rheinkaistraße 5	1953
Transit-Kellerei Mannheim Riedl & Co.	–	EV: kein Eintrag SV: kein Eintrag BV: Rheinkaistraße 5	1954
Riedl & Co.	–	EV: kein Eintrag SV: kein Eintrag BV: Q 7, 17b**	1955
–	–	–	1956

EV: Einwohnerverzeichnis, SV: Straßenverzeichnis, BV: Branchenverzeichnis

* Laut Straßenverzeichnis wurden von der Firma Max Baer Söhne bereits ab 1910 Räumlichkeiten in Q 7, 17b angemietet.

** Im Straßenverzeichnis ist bei Q 7, 17b „zerstört" vermerkt.

Jutta Neuhaus und Klaus Wirth

Abb. 5
Plakat der Firma Transit-Kellerei Max Baer Söhne von 1920. © Guido Tön AG, Zürich, grafische Bearbeitung: Peter Will, REM

Datierung der Flasche

Geht man davon aus, dass die in Mannheim gefundene Flasche aus der Zeit stammt, in der die Firma in Mannheim tätig war und nicht aus der ihres früheren Sitzes,[4] so kann sie nur aus dem Zeitraum zwischen 1888 und 1938 stammen. Nimmt man zusätzlich an, dass es sich bei der Beschriftung um den korrekten Firmennamen handelt – (nicht Transit-Kellerei Max Baer Söhne), so wird die in B 6 gefundene Flasche zwischen 1888 und Frühjahr 1909 entstanden sein. Dies stimmt mit der Herstellungstechnik von Flaschen in jener Zeit überein.[5]

Inhaltsreste sind nicht erhalten. Da es sich bei Max Baer Söhne um eine Weingroßhandlung und Transitkellerei handelte, ist davon auszugehen, dass in ihr einstmals Wein abgefüllt war, obwohl die Flaschengröße von 0,125 Liter (Achtel-Flasche) als Weinflasche[6] auch damals unüblich war und die hellgrüne Glasfarbe nicht unbedingt für eine Weinflasche spricht. Möglich, dass es eine „Probierflasche" für unentschlossene Kunden war oder sie als Werbegeschenk eingesetzt wurde. Vielleicht gab es auch ein Gebinde mit mehreren Flaschen unterschiedlicher Weine, damit sich die Kunden einen Eindruck von der Qualität und Vielfalt des Sortiments machen konnten.

Die Firmeninhaber

Adolf Baer war das erste Familienmitglied, das sich in Mannheim niederließ. Im Jahr 1889 wohnte er in P 7, 1, nicht weit entfernt von P 6, 20, dem damaligen Sitz seiner Firma.

Heinrich Baer wurde erstmals 1891 im Adressbuch mit einer Wohnung in N 2, 5 aufgeführt. Im Gegensatz zu Adolf Baer zog er mehrmals um. Ab 1897 wohnten beide nicht nur in Q 7, 16, sondern waren auch Eigentümer dieses Hauses am Friedrichsring. Adolf und Heinrich Baer wurden im selben Jahr als Eigentümer des Hauses Q 7, 13 geführt, dem neuen Sitz von Max Baer Söhne.[7] (Abb. 6, Abb. 7)

Auffallend sind die Änderungen der Eigentumsverhältnisse von Q 7, 13 und 16, der Inhaberwechsel der Firma Max Baer Söhne und der damit verbundene neue Firmenname sowie der Umzug von Heinrich Baer um 1908/09. Adolf und Heinrich

Max Baer Söhne – Eine kleine Flasche führt zu einer vergessenen Mannheimer Familie

Abb. 6
Mannheim, Q 7, 16, Ansicht vom Friedrichsring. Das Gebäude wurde im Zweiten Weltkrieg zerstört. Links des Eingangs Schild mit der Aufschrift „Willy Spiegel & Co. KG", rechts Werbung derselben Firma. Ab 1954 waren Willy und Richard Spiegel die Eigentümer von Q 7, 16. © MARCHIVUM (KF011714)

Abb. 7
Mannheim, Q 7, 13. Ansicht aus dem Jahr 2021. Das Gebäude blieb im Zweiten Weltkrieg mit Ausnahme des Dachgeschosses unbeschädigt. Die Höfe von Q 7, 13 und 16 waren miteinander verbunden. © Reiss-Engelhorn-Museen Mannheim, Foto: Benedikt Stadler

waren bis 1909 gemeinsame Eigentümer der Firma Max Baer Söhne: von 1910 bis 1920 fungierte Adolf als Alleineigentümer, dann trat bis 1930/31 Karl hinzu, der 1932/33 ganz übernahm.[8] Ob sich die Brüder einvernehmlich oder im Streit trennten, lässt sich nicht ableiten. Heinrich Baer jedenfalls blieb in der Branche und betrieb ab ca. 1909 bis 1938/39 in Mannheim einen eigenen Weinimport unter dem Namen Süddeutsche Import-Agentur.[9]

Karl Baer war wohl als Nachfolger für die Transit-Kellerei vorgesehen und spätestens ab 1912 für die Firma tätig. In diesem Jahr erhielt er Prokura. Allerdings ist ein Karl Baer erst ab dem 17. Juni 1919 in Mannheim gemeldet[10] und erscheint auch erst ab diesem Jahr mit eigener Wohnadresse im Adressbuch.[11]

Kellerei, Lager und Filiale
Zurück zum Plakat (Abb. 5). Die Transit-Kellerei Max Baer Söhne präsentiert sich darauf selbst-

Jutta Neuhaus und Klaus Wirth

bewusst mit ihren Kellereien, Lagern und einer italienischen Filiale. Unter zwei kleinen Bildern ist zu lesen „Kellerei Halle Egan". Eine Halle Egan ist heute unbekannt. Sie muss zur Entstehungszeit des Plakats zumindest in Mannheim ein Begriff gewesen sein. Die Vignette rechts unten zeigt vermutlich den Mannheimer Hafen. Auf einem Foto von 1909 ist an einem Lagerhaus im Mannheimer Hafen der name Egan zu lesen.[12] Es handelte sich um die Rheinische Transport-Gesellschaft William Egan & Co. mit Hauptsitz in Frankfurt am Main, die neben dem Gütertransport auch Lagerung, Keller, Transitlager und Schüttböden sowie einen elektrischen Kranbetrieb anbot. Die Mannheimer Niederlassung existierte bereits vor 1888. Sie befand sich Im neuen Rheinhafen Nr. 4 bzw. in der Rheinkaistraße 5.[13] 1912 meldete sie Konkurs an und ging schließlich in der neu gegründeten Rhenus-Transport GmbH auf.[14] Die Lagerräume von Egan in der Rheinkaistraße 5 wurden von Rhenus übernommen. (Abb. 8)

Allerdings soll das Plakat 1920 gedruckt worden sein – also acht Jahre nach dem Konkurs der Rheinische Transport-Gesellschaft William Egan & Co. Entweder stimmt das Druckdatum auf dem Plakat nicht oder 1920 wurde ein Neudruck

von einem bereits bestehenden Plakat angefertigt. Gegen eine Neuauflage spricht, dass die Transit-Kellerei Max Baer Söhne erst sechs Jahre nach dem Ende der Firma Egan im Mannheimer Adressbuch mit der Adresse Rheinkaistraße 5 aufgeführt wurde. Für die These spricht jedoch eine Werbeanzeige von 1909, in der die „Eganhalle" bereits aufgeführt wurde. Denkbar ist auch, dass die Lagerhallen der einstmals bedeutenden Firma Egan weiterhin unter „Halle Egan" allgemein bekannt waren, sodass man am Gebäudenamen festhielt. (Abb. 9)

Ungeklärt muss bleiben, in welcher Zeit die Filiale Adolphe Baer & Cie. in Barletta (Hafenstadt in Apulien) existierte. Informationen zur Filiale liegen nicht vor. Vorstellbar ist, dass von dort Weine in Richtung Mannheim verschifft wurden. Dagegen ist zu den Häusern Q 7, 17, 17a und 17b, die als Firmenräume auf dem Plakat, dem Inserat von 1909 und in den Adressbüchern angegeben wurden, mehr bekannt. Sie gehörten ursprünglich Zacharias Oppenheimer, der hier etwa im Zeitraum von 1889 bis 1908/09 eine Wein- und Branntweinhandlung betrieb. Sie boten der Transit-Kellerei Max Baer Söhne vermutlich gute Voraussetzungen für ihren Weinhandel.[15]

Abb. 8
Mannheim, Hafen:
Das Lager „Egan". Die
Transit-Kellerei Max
Baer Söhne betrieb dort
eine Kellerei.
© MARCHIVUM

Max Baer Söhne – Eine kleine Flasche führt zu einer vergessenen Mannheimer Familie

Abb. 9
Inserat der Transit-
Kellerei Max Baer Söhne
von 1909.
© MARCHIVUM

Geschäftsfeld und Kunden

Die Firma Max Baer Söhne bezeichnete sich als Weingroßhandlung und Transitkellerei[16] und betrieb Handel mit ausländischen Weinen. Paragraf 2 des Übernahmevertrags vom 25.7.1938 (s. u.) legte u. a. fest, dass der Bestand an Lager- und Transportfässern von den Käufern übernommen und dass Karl Baer wegen der von Kunden nicht zurückgegebenen Fässer nicht in Anspruch genommen werden sollte. Gemäß § 10 hatte Karl Baer die bisher geschützten Markenzeichen und Etiketten den Käufern zu überlassen. Im Wiedergutmachungsverfahren gab Karl Baer an, dass er in den Jahren zwischen 1933 und 1938 eine Filtermaschine und einen Flaschenspüler gekauft hatte. Johanna Baer beschrieb in ihrem Rückerstattungsantrag vom 2. Juni 1948, dass das Haus in Q 7, 13 einen großen Hof mit Kellerräumen hatte, die als Lagerraum für meist importierte Weine und Trauben dienten. In der Werkstatt befanden sich eine hydraulische Weinkelter und eine Fässerspüleinrichtung.[17] Daraus ist zu schließen, dass die Transit-Kellerei Max Baer Söhne aus importierten und heimischen Fassweinen und Trauben eigene Kreationen schuf und diese unter ihrem Namen oder ihrer Marke als Fass- und Flaschenweine verkaufte.[18] Die in B 6 gefundene Flasche ist dafür ein Hinweis. Auch die Annonce von 1909 deutet dar-

auf hin, dass die Transit-Kellerei Max Baer Söhne aus importierten Trauben eigene Weine herstellte (vgl. Abb. 9).

Auffallend ist, dass bei beiden Werbemitteln die Größe der Firma hervorgehoben wurde. Heute würde man von einer Image-Kampagne sprechen. Doch wer sollte angesprochen werden? Wer waren die Kunden der Transit-Kellerei? Karl Baer gab beim Wiedergutmachungsverfahren (s. u.) als Zeugen die Firmen F. Reisig aus Heidelberg, Urban Schurhammer aus Durlach sowie M. Pfeifer[19], A. Guell und Karl Vorreiter aus Mannheim an. Er beschrieb sie als Konkurrenzfirmen und Geschäfte, wobei unter letzterem Kunden zu verstehen sind.[20]

Die Firma Fr. Reisig bezeichnete sich als „Fabrikation aller Arten Gärungsessig, Weinessig, Gurkenkonserven, Tafelsenf, Weinbrennerei, Likörfabrik".[21] (Abb. 10, Abb. 11) Es handelte sich definitiv um einen Abnehmer von Rohstoffen für eigene Produkte. Urban Schurhammer betrieb als Wirt in Durlach zunächst mehrere Gastwirtschaften und ab 1900 ein Weinhaus bzw. eine Weinhandlung.[22] Hier dürfte es sich ebenfalls um einen Kunden gehandelt haben. Max Pfeiffer war auch Weinhändler. Zeitweise firmierte er mit Kellerei Max Pfeiffer. Möglicherweise vertrieb er Importweine oder verarbeitete die importierten Trauben der Firma Baer.[23]

Jutta Neuhaus und Klaus Wirth

Abb. 10
Emailschild der Firma
Fr. Reisig, Heidelberg,
1920. © TECHNOSEUM

Abb. 11
Reisig's Nordstern – ver-
edelter Trinkbranntwein.
Möglicherweise enthielt
die Flasche Brannt-
wein aus Weinen der
Transit-Kellerei Max Baer
Söhne. Fundort Heddes-
heim, Oberdorfstraße 3,
2012. H. 24 cm. Reiss-
Engelhorn-Museen Inv.
BW2012-05-00-112,
© Reiss-Engelhorn-
Museen Mannheim,
Foto: Rebecca Kind/
Maria Schumann

Eine Firma A. Guell war in den Mannheimer Adressbüchern nicht zu finden, aber ein Wein-importeur namens Salvatore Güell in J 3, 1.[24] Hier könnte es sich um ein befreundetes Konkurrenz-unternehmen gehandelt haben. Franz Vorreiter, der Sohn von Karl Vorreiter,[25] gab 1962 an, dass schon seine Eltern eine Weinhandlung und Wein-kellerei besaßen.[26] In den Adressbüchern wird die Firma Karl Vorreiter von 1908 bis 1938/39 – in die-sem Zeitraum können die Transit-Kellerei Max Baer Söhne und Karl Vorreiter Geschäftsverbindungen gehabt haben – als Weinhandel bzw. Großhand-lung geführt. Ab 1927 erweiterte Karl Vorreiter sein Geschäft durch ein Ladenlokal in der Rhein-austraße 6 (Mannheim-Lindenhof). Es dürfte sich bei Vorreiter um einen Geschäftsfreund und Kun-

den gehandelt haben, der mit Weinen der Transit-Kellerei Max Baer Söhne sein Sortiment ergänzte.

Kunden der Transit-Kellerei Max Baer Söhne waren somit Wirte, Weinhändler, Kellereien und Weinläden. Die Firma J. F. Menzer aus Neckarge-münd, die ebenfalls eine Transit-Kellerei betrieb, nannte als Bezieher von Südweinen auch Apo-theker, Konditoren, Drogisten und Ärzte, wobei letztere die Weine ihren Patienten zur Stärkung empfahlen. Sie schickte ihre „Marken-Weine" auch direkt an Konsumenten.[27]

Die Familie Baer
Das Fehlen der Transit-Kellerei Max Baer Söhne in den Adressbüchern ab der Ausgabe 1938/39,[28] das Auftauchen der Firma Transit-Kellerei Mannheim

Max Baer Söhne – Eine kleine Flasche führt zu einer vergessenen Mannheimer Familie

Abb. 12
Mannheim, Jüdischer Friedhof. Grabmal von Julie Baer, der ersten Ehefrau von Heinrich Baer. Grabnummer C2-A-05-09. © Reiss-Engelhorn-Museen Mannheim, Foto: Benedikt Stadler

Riedl & Co. unter der Adresse der Transit-Kellerei Max Baer Söhne sowie das Fehlen der Namen von Adolf, Heinrich und Karl Baer in den Adressbüchern ab 1939/40[29] lassen bereits vermuten, was die Familienbögen von Adolf und Heinrich Baer bestätigen. Es handelt sich bei der Familie Baer um eine jüdische Familie.

Adolf Baer wurde am 6. Juni 1860 als Sohn der wohlhabenden Eheleute Max (1825–1891) und Caroline Baer, geborene Strauss (1828–1899) in Dörzbach im Hohenlohekreis geboren.[30] Adolf Baer zog am 24. April 1888 von Mergentheim nach Mannheim. Von Beruf war er Kaufmann, verheiratet mit der in Ludwigshafen am 24. Mai 1868 geborenen Johanna Wolff, die am 4. Oktober 1888 nach Mannheim P 7, 1 zog. Das Paar hatte drei Töchter und einen Sohn: Anna (geb. 19.9.1889, verh. Goldschmidt), Jakob Carl (geb. 20.8.1890), Else Franziska (geb. 31.1.1893, verh. Landauer) und Charlotte (geb. 7.7.1894, verh. Berliner).[31] Letztere (Lotte) ist im Mannheimer Adressbuch von 1920 als in Q 7, 16 wohnhaft angeführt. Als Beruf ist Ärztin angegeben. Adolf und Johanna Baer starben beide in London: Adolf Baer am 30.3.1945, Johanna Baer am 27.7.1958.

Heinrich Baer, ebenfalls ein Sohn von Max und Caroline Baer, wurde am 19.4.1863 in Mergentheim geboren und kam am 28. Dezember 1889 nach Mannheim. Auch er war Kaufmann. Verheiratet war er ab 1892 mit der in Neustadt/Haardt am 4.8.1867 geborenen Julie Wolff, die bereits am 24.5.1894 starb. Ihr gemeinsamer Sohn, der am 9.6.1893 in Mannheim geborene Max, starb im selben Jahr wie seine Mutter (28. Oktober). Beide sind auf dem Jüdischen Friedhof in Mannheim bestattet. (Abb. 12, Abb. 13)

In zweiter Ehe war Heinrich Baer mit Mina Schlichterer verheiratet, die am 25.5.1871 in Heilbronn geboren wurde. Mit ihr hatte er ebenfalls einen Sohn: Bernhard Max, geboren am 10.1.1897 in Mannheim.[32] Sterbedaten sind weder zu Heinrich noch zu Mina und Bernhard Max Baer bekannt. Sie stehen auch nicht im Verzeichnis der am 22. Oktober 1940 aus Baden nach Gurs verbrachten Juden.

Familienfirmen werden häufig von den eigenen Kindern übernommen. Adolf und Johanna Baer hatten einen Sohn namens Jakob Carl, der als späterer Inhaber in Frage kommen könnte. Zwar schrieb er sich laut Familienbogen mit C und nicht mit K und führte den zusätzlichen Namen Jakob, aber früher nahm man es mit der Schreibweise nicht so genau.[33] Dieser Karl (!) Baer ist jedoch am 15. April 1915 gestorben bzw. gefallen.[34]

Da ein jüngerer Bruder von Adolf und Hein-

Jutta Neuhaus und Klaus Wirth

rich Baer mit Namen Karl nicht existierte, muss es sich bei dem Nachfolger um den am 12.2.1890 in Frankfurt/Main als Sohn des Bankiers Otto Baer, des ältesten Bruders von Adolf und Heinrich Baer, und seiner Ehefrau Auguste (geb. Cassel) geborenen Karl Baer handeln.[35] Er meldete sich am 17. Juni 1919 in Mannheim an. Verheiratet war er mit der in Mannheim am 3.7.1894 geborenen Maria Marx.[36] Sie war die Tochter des Kaufmanns Sigmund Marx[37] und dessen Frau Helene (geb. Liebmann). Karl und Maria Baer hatten eine Tochter namens Edith (geb. 29.4.1920 in Mannheim).

Verhaftung 1938
Karl Baer wurde am 8. November 1938 von der Gestapo verhaftet und in das Mannheimer Gefängnis eingeliefert. Am 10. November kam er in „Schutzhaft" ins Konzentrationslager Dachau.[38] Maria Baer schickte über den Rechtsanwalt Joseph Gentil verschiedene Gesuche an die Geheime Staatspolizei Karlsruhe, um die Freilassung ihres Mannes zu erreichen. „…. Ich begründe dieses Gesuch damit, daß nämlich mein Ehemann, ich und meine Tochter, die 18 Jahre alt ist, und sich bereits zu ihrer Ausbildung in England befindet, unsere sofortige Auswanderung nach England betreiben. Es ist mir bereits von England mitgeteilt worden, daß alle Schritte unternommen worden sind uns die Einreise nach England zu ermöglichen […] Ich werde einen Brief eines in London wohnenden Neffen übergeben, der mir bestätigt, dass die englische Behörde bereits mit unserer Angelegenheit beschäftigt ist. …". Sie bittet auch um Entlassung, damit ihr Mann die steuerlichen und finanziellen Angelegenheiten regeln könne. Maria Baer wies darauf hin, dass Karl Baer als Frontkämpfer am Ersten Weltkrieg teilgenommen hatte und kriegsbeschädigt sei, was, wie sie meinte, zu einer bevorzugten Behandlung des Falls führen müsse.[39] Am 7. Januar 1939 wurde er schließlich entlassen.[40] Auf der Meldekarte der Stadt Mannheim ist als Jahr und Tag der Abmeldung aus Mannheim der 10. März 1939 vermerkt. Gestorben sind Karl 1951 und Maria Baer 1991 in England.[41]

Das Ende der Firma
Am 1. Januar 1933 übernahm Karl Baer die Transit-Kellerei Max Baer Söhne von seinem Onkel Adolf

Baer. Zu diesem Zweck wurde nach der Bilanz vom 1. Januar 1933 der Firmenwert auf 135200,18 RM festgelegt. Trotz der schweren Zeiten für jüdische Unternehmen konnte Karl Baer den Firmengewinn von 1933 bis August 1938 erheblich steigern. Allerdings gab Karl Baer im Wiedergutmachungsverfahren an, dass zwischen 1933 und 1938 kaum Investitionen getätigt wurden, da es für die Firma immer schwieriger wurde, Einfuhrgenehmigungen zu erhalten. Die freien Mittel wurden zum Kauf von Weinen von anderen Importfirmen verwendet. Baers vorrangiges Ziel war, die Stammkundschaft möglichst zufriedenzustellen.[42]

1938 erfolgte die Arisierung der Firma Transit-Kellerei Max Baer Söhne. Nach Darstellung von Karl Baer wurde ihm Anfang März 1938 vom Hauptverband der Deutschen Weinwirtschaft in

Abb. 13 rechts Mannheim, Jüdischer Friedhof. Grabstein von Max Baer, Sohn von Heinrich und Julie Baer. Grabnummer C1-KGr-B-03. © Reiss-Engelhorn-Museen Mannheim, Foto: Benedikt Stadler

Max Baer Söhne – Eine kleine Flasche führt zu einer vergessenen Mannheimer Familie

Berlin mitgeteilt, dass er an einen ihnen genehmen Käufer die Firma verkaufen oder sie liquidieren müsse, da ihm die Einfuhrkontingente gestrichen würden. Der örtliche Vorsitzende des Süddeutschen Weinimporteure-Verbands Walter Eicke, 1938 Nachfolger von Karls Onkel Adolf Baer in dieser Funktion,[43] besprach im Frühjahr 1938 die Angelegenheit mit ihm und wollte die Firma zusammen mit Hermann Menzer übernehmen. Da Walter Eicke aber kurz darauf ein „entsprechendes Geschäft" in Hamburg übernahm,[44] trat an seine Stelle der Kaufmann Josef Ludwig Riedl.[45] Am 25. Juli 1938 schloss schließlich Karl Baer mit Josef Riedl aus Wiesbaden und Konsul Hermann Menzer aus Neckargemünd einen Übernahmevertrag über die Transit-Kellerei Max Baer Söhne ab.[46]

Der Kaufpreis setzte sich aus einer Pauschale von 25000 RM für die Betriebsausstattung und 60912,62 RM für den Warenbestand zum Einkaufspreis zuzüglich 3 % für die „ gesamten Unkosten der Behandlung, Lagerung usw." Der immaterielle Wert, im Vertrag als Façon bezeichnet, die Kontingents- und sonstigen Bezugsrechte sowie die geschützten Markenzeichen wurden nicht vergütet.[47] In § 18 des Übernahmevertrags wird darauf hingewiesen, dass die Wirksamkeit des Vertrags „ausschließlich von der Genehmigung der hierfür zuständigen Behörden, insbesondere von der Übertragung der ungekürzten Kontingente" abhängt. Ersteres war durch die Verordnung über die Anmeldung des Vermögens von Juden vom 26. April 1938[48] notwendig, letzteres dürfte die Interessen der Käufer widerspiegeln. In Zeiten von strengen Kontingentierungen waren zusätzliche Bezugsrechte äußerst begehrt. Die Firma erhielt den Namen „Transit-Kellerei Mannheim Riedl & Co".[49]

Wann die Geschäftsübergabe genau erfolgte, geht aus den gesichteten Unterlagen nicht hervor. Fest steht, dass die Transit-Kellerei Mannheim Riedl & Co. seit dem 24. August 1938 in den früheren Räumen der Transit-Kellerei Max Baer Söhne ansässig war.[50] Damit war sie bereits vor der Reichspogromnacht am 10. November 1938 nicht mehr in jüdischer Hand, sodass der Firma die blinde Zerstörungswut der Nazis erspart blieb. Doch wer steckte hinter den Käufern?

Die Käufer

Josef Riedl war Komplementär der Riedl KG, Wiesbaden, deren Stammhaus 1780 gegründet und zum 1. Januar 1981 im Handelsregister Wiesbaden gelöscht wurde.[51] Im Wiesbadener Adressbuch von 1920[52] findet sich der Eintrag: „Riedl, Josef, früh. Kgl. Rumän. Konsul in Patras, Kfm., Wein-Import u. Großhandel, Generalvertr. d. „Achaia" A. G. f. Weinproduktion in Patras, Griechenland, Vertr. v. Burgeff & Co. A. G. Hochheim a. M.". Zudem war er Gemeindevertreter in der katholischen Dreifaltigkeitskirche, stellvertretender Vorsitzender des Katholischen Kaufmännischen Vereins Wiesbaden, Schriftführer des Wiesbadener Automobil Klubs, zugewähltes Mitglied des Verkehrsausschusses der Stadt Wiesbaden sowie Mitglied des Außenhandels- und Zollausschusses und des sozialpolitischen Ausschusses der IHK Wiesbaden.[53] In der Wiesbadener Zeitung vom 30. September 1914 war zu lesen, dass im Lazarett Turenne in Sedan der „unter der Leitung der Herren Ruthe und Konsul Riedl stehende Bahntransport der Liebesgaben des Wiesbadener Roten Kreuzes erwartet"[54] werde. Er spendete regelmäßig während des Ersten Weltkriegs beim Roten Kreuz, dann für die Ludendorff-Spende. Er war im geschäftsführenden Ausschuss beim „Aufruf zu einer Weinspende für die kämpfenden Truppen".[55] Josef Riedl zeigte sich in dieser Zeit als aktiver und sozial engagierter Mann.

Hermann Jakob Stammatis Menzer (1880–1969) war der Inhaber der 1840 gegründeten Weinhandlung J. F. Menzer in Neckargemünd. Sein Vater Julius Karl Wilhelm Philipp Menzer (1845–1917) war der Erste, der griechische Weine in neuerer Zeit nach Deutschland einführte. Er vergrößerte die Firma u. a. durch einen Transitkeller und gründete Filialen u. a. in Berlin, Frankfurt, Mannheim (D 4, 11, gegründet 1877) und vor 1888 in Patras.[56] (Abb. 14, Abb. 15)

1926 verkaufte Hermann Menzer seine Firma an die Weinimportfirma Menke in Bremen.[57] Die Geschäftsführung übernahm der oben erwähnte Walter Eicke, Hermann Menzer war stiller Teilhaber. 1938 schied er ganz aus der Firma aus. Seine Anteile erhielt er bar und als Ware ausbezahlt.[58]

Es ist davon auszugehen, dass sich Karl Baer, Josef Riedl, Walter Eicke und Hermann Menzer

Jutta Neuhaus und Klaus Wirth

Neuer Transitkeller des Hauses Menzer Neckargemünd.

Abb. 14
Weingroßhandlung J. F.
Menzer, Neckargemünd,
gegründet 1840. Der
Transitkeller kurz nach
seiner Fertigstellung
1884. Das Gebäude
steht heute noch. ©
Museum im Alten Rathaus, Neckargemünd

zumindest über den Süddeutschen Weinimporteure-Verband kannten. Beim Wiedergutmachungsverfahren gaben Hermann Menzer und Josef Riedl an, dass Josef Riedl und bereits sein Vater seit vielen Jahren mit Karl Baer bekannt gewesen waren.[59] Karl Baer bezeichnete Riedl als Agenten, der die Transit-Kellerei Max Baer Söhne schon vor 1937 besuchte.[60] Geschäftsverbindungen zwischen Baer und der Firma J. F. Menzer wurden nicht erwähnt.

Weshalb sich Hermann Menzer, der bereits 1926 aus dem aktiven Geschäft ausschied und 1938 ausbezahlt wurde, finanziell beteiligte, geht aus den gesichteten Unterlagen nicht hervor.[61] Zwischen den Firmen Riedl und J. F. Menzer bestanden bereits seit langer Zeit Kontakte – wenn auch nicht immer freundschaftliche – und zwar über die in den 1850er-Jahren gegründete Firma Achaia in Patras, deren Generalvertretung für Deutschland Josef Riedl zeitweise innehatte.[62] 1898 beschwerte sich Julius Karl Menzer bei seinem Sohn Hermann brieflich darüber, dass es zu einem „Kriegszustand" mit dem Leiter und Gründer der Achaia, Konsul Clauss, gekommen sei.[63] Allerdings vermutete er, dass ihnen „der Kriegszustand mit uns ... schon lange nicht mehr so recht behaglich (ist)

& ich habe Grund zu glauben, daß sie einlenken möchten." Dies schloss er aus dem „wundersamen Ereignis" des Zusammentreffens von Hermann Menzer mit Riedl beim Betreten des Schiffs in Brindisi[64] und vermutete einen Auftrag von Clauss.[65] Irgendwann muss es zu einer Versöhnung gekommen sein, da Josef Riedl und Hermann Menzer mit dem Kauf der Transit-Kellerei Max Baer Söhne zu Partnern wurden.

Käufer und Verkäufer der Transit-Kellerei Max Baer Söhne waren unterschiedlicher Meinung darüber, ob es sich beim Kauf um einen Freundschaftsdienst für Karl Baer oder um eine günstige Gelegenheit gehandelt hatte, an Kontingente, Kunden- und sonstige Geschäftsverbindungen zu gelangen. Beim Wiedergutmachungsverfahren gab Karl Baer an, dass der Vorsitzende bzw. Geschäftsführer der Hauptvereinigung der Deutschen Weinwirtschaft in Berlin den Verkauf an eine der Vereinigung genehme Person verlangte. Es sei ersichtlich gewesen, dass nur Eicke bzw. eine von ihm empfohlene Persönlichkeit dafür in Frage kam. Nachdem Eicke abgesprungen war, wäre Riedl zu seiner eigenen (Riedls) großen Befriedigung an die Stelle von Eicke getreten.[66] Josef Riedl und Her-

Max Baer Söhne – Eine kleine Flasche führt zu einer vergessenen Mannheimer Familie

Abb. 15:
Karte der Weinhandlung J. F. Menzer, auf der die Filialen und das Gründungsjahr der Firma angegeben sind. Undatiert, nicht vor 1891. © Museum im Alten Rathaus, Neckargemünd

mann Menzer sahen dies anders. Riedl gab an, dass Baer zunächst ihm seine Firma angeboten hätte, er aber ablehnte, da er sein Auskommen gehabt hätte und auch nicht nach Mannheim ziehen wollte. Er bot an, sich nach einem geeigneten Käufer umzusehen und schlug Walter Eicke vor. Es fand ein Gespräch mit Baer, Eicke und Menzer statt. Erst nachdem Eicke kurz vor der Unterzeichnung des Kaufvertrags absprang, sei er (Riedl) eingesetzt worden.[67] Ebenso waren die Beteiligten unterschiedlicher Meinung, ob es weitere Interessenten gab (Baer) oder nicht (Menzer, Riedl) und in welchem Zustand sich die Firma beim Kauf befand. Die Korrespondenz nahm mit der Zeit an Schärfe zu. Zumindest beim Wiedergutmachungsverfah-

ren war von Freundschaft wenig zu spüren. Es kam schließlich am 1. März 1950 vor dem Amtsgericht Mannheim zu einem Vergleich. Karl Baer wurde eine Nachzahlung von 15000 DM zugesprochen.[68]

Eine bedrückende Beschreibung

Maria Baer klagte im Jahr 1962 beim Landgericht Karlsruhe wegen Wiedergutmachung eines Schadens an Körper und Gesundheit, den ihr verstorbener Ehemann Karl Baer bei seinem Aufenthalt im KZ Dachau erlitten hatte. Als Zeuge wurde der Weinkaufmann Franz Vorreiter genannt. Er gab eine eidesstattliche Versicherung ab und erwähnte darin, dass seine Familie in enger Geschäftsverbindung mit der Transit-Kellerei Max Baer Söhne stand und er schon als Kind bei geschäftlichen Besuchen von seinem Vater Karl mitgenommen wurde, wodurch er die familiären Verhältnisse der Baers kennenlernte. Auch während des Dritten Reichs und nach dem Verkauf der Transit-Kellerei an Josef Riedl – Hermann Menzer erwähnte er in diesem Zusammenhang nicht – sei er mit Karl Baer immer wieder zusammengekommen. In dieser Erklärung beschrieb Franz Vorreiter eindrücklich Karl Baer vor und nach seinem KZ-Aufenthalt:

„... Er (Karl Baer) machte auf mich den Eindruck eines gesunden und tatkräftigen Mannes. Allerdings weiss ich auch, daß er schon damals innerlich mit der Verfolgung nicht fertig wurde, er betonte mir gegenüber mehrfach, daß seine Familie schon mehrere hundert Jahre auf deutschem Gebiet ansässig sei und daß er sich als Deutscher fühle und auch als deutscher Soldat im ersten Weltkrieg gekämpft habe. Herr Baer hat seinen Erzählungen zufolge sich im ersten Weltkrieg eine sichtbare Verletzung zugezogen. Es war eine Fingerverletzung. Herr Baer konnte es einfach nicht begreifen, daß man ihn nicht ebenso wie einen Deutschen behandle, wie andere, nichtjüdische Personen. ... Als ich Herrn Baer dann nach seiner Rückkehr aus dem KZ-Lager in seiner Wohnung aufsuchte, war ich über sein verändertes Aussehen erschüttert. Man hatte Herrn Baer vollständig die Haare geschnitten und er machte einen richtiggehend verfallenen Eindruck. Herr Baer schien um Jahre gealtert und es fehlte ihm alle Spannkraft. Aufgefallen ist mir auch, daß seine Gehweise anders war. Herr Baer war vorher ein aufrecht und stolz

Jutta Neuhaus und Klaus Wirth

gehender Mann. Als ich ihn dann wiedersah, hatte er einen eigenartig schleppenden Gang. ... Über die Behandlung im KZ-Lager selbst sagte Herr Baer nichts. Wenn ich mich recht erinnere, antwortete er auf entsprechende Fragen von mir: ‚Wenn Sie mich betrachten, dann muss Ihnen das genügen.' ... Herr Baer brachte auch bei dieser Unterredung wieder zum Ausdruck, daß es ihm trotz seiner Erlebnisse im KZ-Lager schwer falle, aus Deutschland wegzugehen. Ich hatte das Gefühl, daß er sich den Verlust seiner deutschen Heimat sehr zu Herzen nahm. Ich möchte nochmals betonen, daß Herr Baer damals einen abgemagerten und kranken Eindruck machte. Seine Kleidung passte ihm nicht mehr. ...".[69]

Zusammenfassung

Der Fund einer Flasche mit der Aufschrift Max Baer Söhne im Quadrat B 6, 4-5 gab den Anlass zu Recherchen zu dieser Firma. Es handelt sich um eine ursprünglich in der fränkisch-württembergischen Region beheimatete Weinhandlung. Max Baers Söhne Adolf und Heinrich verlegten sie aus dem beschaulichen (Bad) Mergentheim in das wirtschaftlich rasant wachsende Mannheim mit seinen für den Handel so wichtigen Verkehrsverbindungen auf dem Wasser und den Schienen. Die Firma war zunächst in angemieteten Räumen untergebracht, und auch die Firmeninhaber

wohnten zur Miete. Im Jahr 1897, also ca. acht Jahre nach dem Umzug nach Mannheim, konnten die Brüder mit Q 7, 13 und 16 zwei Häuser in bester Lage erwerben, die dann spätestens 1909 nicht mehr ausreichten, sodass Räumlichkeiten in Q 7, 9/17/17a/17b, in S 6, 23 und 24 sowie in der Rheinkaistraße angemietet wurden. Die Geschäftstätigkeit änderte sich von einer Weingroßhandlung hin zu einer Transit-Kellerei. Man importierte ausländische Weine. Teilweise wurden diese selbst ausgebaut, abgefüllt und unter eigenem Namen verkauft. Die Firma überstand den Ersten Weltkrieg, die Hyperinflation im Jahr 1923 und die Weltwirtschaftskrise Ende der 1920er/ Anfang der 1930er-Jahre. Im August 1938 kam das Aus – 50 Jahre, nachdem die Firma ihren Sitz nach Mannheim verlegt hatte. Die Transit-Kellerei Max Baer Söhne wurde „arisiert" und firmierte danach als Transit-Kellerei Mannheim Riedl & Co.

* Für die freundliche Unterstützung bedankt sich J.N. herzlich bei den Mitarbeitern und Mitarbeiterinnen der Reiss-Engelhorn-Museen (P. Will, M. Schumann, R. Kind, P. Pfaff, B. Stadler), des MARCHIVUMs (M. Enzenauer), des TECHNOSEUMs (R. Menclik), des Generallandesarchivs Karlsruhe (H.-J. Weberskirch), des Stadtarchivs Bad Mergentheim, der Arolsen Archives und B. Troeger.

Quellen und Literatur

Adressbuch der Stadt Heidelberg von 1938, Online-Version: https://digi.ub.uni-heidelberg.de/diglit/AdressbuchHD1938/0070/scroll, abgerufen am 8.1.2021.

Adressbücher der Stadt Mannheim von 1888 bis 2002, MARCHIVUM Mannheim.

Adressbuch der Residenzstadt Wiesbaden und Umgegend, 1912, Online-Version: https://hlbrm.digitale-sammlungen.hebis.de/adressbuecher-hlbrm/periodical/pageview/3117437, abgerufen am 19.11.2020.

Adressbuch der Residenzstadt Wiesbaden und Umgegend, 1914, Verzeichnis der Behörden, Stiftungen, Gesellschaften und Vereine, Online-Version: https://hlbrm.digitale-sammlungen.hebis.de/adressbuecher-hlbrm/periodical/pageview/3120220, abgerufen am 19.11.2020Adressbuch der Stadt Wiesbaden und Umgegend, 1920, https://hlbrm.digitale-sammlungen.hebis.de/adressbuecher-hlbrm/periodical/pageview/3126003, abgerufen am 19.11.2020.

Adressbuch der Stadt Wiesbaden und Umgebung, 1924–1925, IV. Behörden-Kirchen und Schulen, öffentliche Einrichtungen in Wiesbaden, Online-Version: https://hlbrm.digitale-sammlungen.hebis.de/adressbuecher-hlbrm/periodical/pageview/3129502, abgerufen am 19.11.2020.

Adressbuch der Stadt Wiesbaden und Umgegend, 1929, IV. Behörden, Online-Version: https://hlbrm.digitale-sammlungen.hebis.de/adressbuecher-hlbrm/periodical/pageview/3131137, abgerufen am 19.11.2020.

Adressbuch der Stadt Wiesbaden und Umgegend, 1932–1933, IV Behörden, Online-Version: https://hlbrm.digitale-sammlungen.hebis.de/adressbuecher-hlbrm/periodical/pageview/3133579, abgerufen am 19.11.2020.

Amtsgericht Mannheim, Rückerstattungssache Karl Baer gegen Transitkellerei Riedl & Co., 1.3.1950, Generallandesarchiv Karlsruhe, Baer, Karl; London; England (Rückerstattung von Transitkellerei Max Baer Söhne, Mannheim) Best.-Nr. 276-1 22128.

Max Baer Söhne – Eine kleine Flasche führt zu einer vergessenen Mannheimer Familie

Amtsgericht Mannheim, Schlichter für die Wiedergutmachung in der Rückerstattungssache Johanna Baer gegen Deutsches Reich, Gerichtsbeschluss vom 16.1.1956, Generallandesarchiv Karlsruhe, Baer, Adolf /1948–1958, Bestand 508, Best.-Nr. 201.

Amtsgericht Wiesbaden HRA 359, https://www.handelsregister.de/rp_web/search.do, abgerufen am 5.6.2021.

Badischer Finanz- und Wirtschaftsminister: Genehmigung des Kaufvertrags, Datum 0.8.1938, Generallandesarchiv Karlsruhe, Baer, Max Söhne, Transitkellerei Mannheim, Käufer: Konsul Hermann Menzer in Neckargemünd und Kaufmann Josef Ludwig Riedl Wiesbaden, Best-Nr. 237 Zug. 1967–19 Nr. 60.

Johanna Baer: Antrag auf Rückerstattung vom 2.6.1948, Generallandesarchiv Karlsruhe, Baer, Adolf /1948–1958, Bestand 508, Best.-Nr. 201.

Johanna Baer: Antrag auf Rückerstattung vom 12.7.1948, Generallandesarchiv Karlsruhe, Baer, Johanna, 36 Marlow Court, 221 Willesden Lane, London N.W. 6/England wg. Rückerstattung von Geschäftsanteilen, Best.-Nr. 276-1 26403.

Johanna Baer: Eigentumserklärung zu Q 7, 13 vom 20.0.1946, Generallandesarchiv Karlsruhe, Baer, Johanna, geborene Wolff, London, Großbritannien/Baer, Adolf, Ehemann Großbritannien wg. Rückerstattung von Grundstück mit Haus in Mannheim (auch Schmuck etc.), Best.-Nr. 276-1 20909.

Johanna Baer: Preisprüfungen insbesondere im Rahmen von Kaufverträgen und Rückerstattungssachen der Liegenschaften Q 7, 13 (Kaufmann Adolf Baer, Witwe Johanna, geb. Wolff/Urban), MARCHIVUM Mannheim, Vermessungsamt, Zug. 5/1964_00024.

Johanna Baer: Schreiben an das Zentralmeldeamt Friedberg bei Bad Nauheim vom 2.6.1948, Generallandesarchiv Karlsruhe, Baer, Johanna, geborene Wolff, London, Großbritannien/Baer, Adolf, Ehemann Großbritannien wg. Rückerstattung von Grundstück mit Haus in Mannheim (auch Schmuck etc.), Best.-Nr. 276-1 20909.

Karl Baer: Anmeldung der Rückerstattung vom 25.11.1948, Generallandesarchiv Karlsruhe, Baer, Karl; London; England (Rückerstattung von Transitkellerei Max Baer Söhne, Mannheim) Best.-Nr. 276-1 22128.

Karl Baer: Antwort an Schlichter vom 1.8.1949, Generallandesarchiv Karlsruhe, Baer, Karl; London; England (Rückerstattung von Transitkellerei Max Baer Söhne, Mannheim) Best.-Nr. 276-1 22128.

Maria Baer: Ergänzung vom 30.11.1938 zum Gesuch vom 19.11.1938, MARCHIVUM Mannheim, Judendokumentation 1933–1945, Zug. 16/1967_00182, Nr. 75.

Maria Baer: Gesuch zur Haftentlassung vom 19.11.1938, MARCHIVUM Mannheim, Judendokumentation 1933–1945, Zug. 16/1967_00182, Nr. 74.

Maria Baer: Klage wegen Wiedergutmachung eines Schadens an Körper und Gesundheit vom 26.4.1962, Generallandesarchiv Karlsruhe, Baer, Maria Magdalene, geb. Marx, London (Großbritannien), fr. Mannheim, Best.-Nr. 243 Zugang 2004-125 Nr. 7129.

Begleittext zur Ausstellung „Die Familie Menzer in Neckargemünd" vom 8.6.–29.9.2013, Museum im Alten Rathaus, Neckargemünd.

Familienbögen Baer, Dreyfuss, Marx, Oppenheimer, MARCHIVUM.

Christiane Fritsche: Ausgeplündert, zurückerstattet und entschädigt – Arisierung und Wiedergutmachung in Mannheim, Ubstadt-Weiher, Heidelberg, Neustadt a. d. W., Basel 2013.

Führer durch die Industrie- und Hafenanlagen von Mannheim (1909), MARCHIVUM Mannheim, Bibliothek, Sign. A 27/37.

Gefallene Mannheimer im 1. Weltkrieg, MARCHIVUM Mannheim, Zug. 8/1950_00004.

Heiratsurkunde Karl und Maria Baer, MARCHIVUM Mannheim, H 930/1919, Zug. 2_2009_00236_1919_Heiratsregister_MA_Stadt.

Stefan Hemberger: Stefans Weinseite – Geschichte des Weins – Wie kam der Wein nach Deutschland? https://www.wein-rhein-main.de/weingeschichte/, abgerufen am 23.12.2020.

Hermann Hertz: Schreiben vom 25.7.1949 an das Amt für Preisfestlegung der Mieten und Pachten, MARCHIVUM Mannheim, Preisbehörde für Mieten und Pachten, Zug. 8/1967_00095.

IHK Mannheim: Schreiben an den Badischen Finanz- und Wirtschaftsminister vom 29.7.1938, Generallandesarchiv Karlsruhe, Baer, Max Söhne, Transitkellerei Mannheim, Käufer: Konsul Hermann Menzer in Neckargemünd und Kaufmann Josef Ludwig Riedl Wiesbaden, Best-Nr. 237 Zug. 1967-19 Nr. 60.

Indiana Tribüne, Volume 27, Number 94, Indianapolis, Marion County, 10 December 1903, https://newspapers.library.in.gov/cgi-bin/indiana?a=d&d=IT19031210.1.6&e=-------en-20--1--txt-txIN------, abgerufen am 20.10.2020.

Jüdischer Friedhof, MARCHIVUM Mannheim, Datenbanken.

Jüdisches Vermögen Einzelfälle vom 28.7.1938, Generallandesarchiv Karlsruhe, Baer, Max Söhne, Transitkellerei Mannheim, Käufer: Konsul Hermann Menzer in Neckargemünd und Kaufmann Josef Ludwig Riedl Wiesbaden, Best-Nr. 237 Zug. 1967-19 Nr. 60.

Kaufvertrag vom 03.11.1951 zwischen Johanna Baer und Emil Urban, Q 7, 13, MARCHIVUM Mannheim, Vermessungsamt Aktenzeichen IV H 2338/51, Zug. 5/1964_00024 Preisprüfung von Grundstücken in der Innenstadt.

Jutta Neuhaus und Klaus Wirth

Landesamt für Wiedergutmachung Karlsruhe an International Tracing Service Headquarters: Entschädigungssache nach Karl Baer, 24.5.1954, 6.3.3.2/ 98338541/ ITS Digital Archive, Arolsen Archives.

Landesamt für Wiedergutmachung Karlsruhe: Inhaftierungsbescheinigung Karl Baer, 14.5.1954, 6.3.3.2/ 98338542/ ITS Digital Archive, Arolsen Archives.

Landgericht Mannheim, Rückerstattungskammer, Mannheim, 21. Februar 1957, Rest M 6382 (1169), Generallandesarchiv Karlsruhe, Rückerstattung Baer, Maria Magdalena geb. Marx, Best.-Nr. 508 Zugang 2004-60 Nr. 232.

Alfred C. Landor: Beschworenen Erklärung vom 14.11.1958, Anlage zum Schreiben von Hermann Hertz an das Landgericht Mannheim vom 17.2.1959, Generallandesarchiv Karlsruhe, Baer, Adolf /1948–1958, Bestand 508, Best.-Nr. 201.

Meldekarten Baer, Karl; Pfeiffer, Maximilian; Vorreiter, Carl, MARCHIVUM Mannheim.

Hermann Menzer: Geschichte der Familie Menzer und der griechischen Weine, Neckargemünd 1962 (unveröffentlicht), Museum im Alten Rathaus, Neckargemünd.

Hermann Menzer und Josef Ludwig Riedl: Erwiderung an Schlichter vom 4.7.1949, Generallandesarchiv Karlsruhe, Baer, Karl; London; England (Rückerstattung von Transitkellerei Max Baer Söhne, Mannheim) Best.-Nr. 276-1 22128.

Julius Karl Menzer: Brief an seinen Sohn Hermann Jakob Stammatis, Neckargemünd, 23.44.1898 (unveröffentlicht), Museum im Alten Rathaus, Neckargemünd.

Anton Felix Napp-Zinn: Rheinische Schiffahrt 1913–1925 – Ihre wirtschaftliche Entwicklung unter dem Einfluss von Weltkrieg und Kriegsfolgen, Berlin 1925, https://books.google.de/books?id=ZAWpBgAAQBAJ&pg=PA31&lpg=PA31&dq#v=onepage&q&f=false, abgerufen am 20.10.2020.

Jutta Neuhaus: Der Flaschenfund von Heddesheim, in: Hermann Wiegand und Klaus Wirth (Hrsg.): Von der Grubenhütte zum Pfarrhaus, Archäologie und Geschichte der Parzelle Oberdorfstr. 3, in: Heddesheim, Heidelberg – Ubstadt-Weiher – Basel 2017, S. 195–242.

Neunte Beilage zum Deutschen Reichsanzeiger und Königlich Preußischen Staatsanzeiger. Nr. 97, Berlin 26.4.1909, Zentral-Handelsregister für das Deutsche Reich. Mannheim. Handelsregister [8952], 5) Band VII O.–Z. 35, Mannheim 19. April 1909, Deutscher Reichsanzeiger 1909 / 97 p. 37 https://digi.bib.uni-mannheim.de/viewer/reichsanzeiger/film/031-1909/0875.jp2, abgerufen am 21.10.2020.

Notariat I Mannheim als Nachlassgericht, Erbenschein Adolf Baer, ausgefertigt am 16. November 1948, Generallandesarchiv Karlsruhe, Baer, Johanna, geborene Wolff, Witwe von Baer, Adolf, London, England (Rückerstattung Geld und Wertpapiere), Best.-Nr. 276-1 20923.

NSDAP Gauleitung Baden: Schreiben an Stöckinger, NSDAP-Kreiswirtschaftsberatung vom 25.7.1938, Generallandesarchiv Karlsruhe, Baer, Max Söhne, Transitkellerei Mannheim, Käufer: Konsul Hermann Menzer in Neckargemünd und Kaufmann Josef Ludwig Riedl Wiesbaden, Best-Nr. 237 Zug. 1967-19 Nr. 60.

Oberfinanzdirektion Frankfurt/Main: Schreiben an die Oberfinanzdirektion Karlsruhe vom 23.2.1973, Betr. Rückstellungssache Anna Goldschmidt nach Clemens Markus Goldschmidt, Generallandesarchiv Karlsruhe, Baer, Adolf /1948–1958, Bestand 508, Best.-Nr. 201.

Polizeiliches Gefangenenbuch 1938/39, MARCHIVUM Mannheim, Judendokumentation 1933–1945, Zug. 16/1967_00182.

Hanspeter Rings: Mannheim auf Kurs – Hafen- und Schifffahrtsgeschichte der Stadt an Rhein und Neckar, Mannheim 2019.

Rückerstattung Wertpapiere, Adolf und Johanna Baer Erben gegen Deutsches Reich, Mannheim 17. Juli 1973, Generallandesarchiv Karlsruhe, Rückerstattung Baer, Adolf (*6.6.1860), Best.-Nr. 508 Zug. 2004-60 Nr. 201.

Sigrid Schuer: Blick in Bremens ruhmreiche Weinhistorie, Weser Kurier online vom 3.4.2017, https://www.weser-kurier.de/bremen/stadtteile/stadtteile-bremen-mitte_artikel,-blick-in-bremens-ruhmreiche-weinhistorie-_arid,1577772.html, abgerufen am 23.12.2020.

Hans Simon: Schreiben vom 21.12.1949 an die Preisbehörde für Mieten und Pachten, Mannheim, MARCHIVUM Mannheim, Preisbehörde für Mieten und Pachten, Zug. 8/1967_00095.

Benedikt Stadler: Bauhistorische und archäologische Untersuchungen am ehemaligen Pfarrhaus in Heddesheim, in: Hermann Wiegand und Klaus Wirth (Hrsg.): Von der Grubenhütte zum Pfarrhaus, Archäologie und Geschichte der Parzelle Oberdorfstr. 3 in Heddesheim, Heidelberg – Ubstadt-Weiher – Basel 2017, S. 35–54.

Übernahmevertrag vom 25.7.1938, Generallandesarchiv Karlsruhe, Baer, Max Söhne, Transitkellerei Mannheim, Käufer: Konsul Hermann Menzer in Neckargemünd und Kaufmann Josef Ludwig Riedl Wiesbaden, Best.-Nr. 237 Zug. 1967-19 Nr. 60.

Verzeichnis der am 22. Oktober 1940 aus Baden ausgewiesenen Juden, Karlsruhe: Badische Landesbibliothek, 2012, https://digital.blb-karlsruhe.de/blbihd/content/pageview/1082286?query, abgerufen am 17.11.2020.

Franz Vorreiter: Eidesstattliche Versicherung vom 12.12.1962, Generallandesarchiv Karlsruhe, Baer, Maria Magdalene, geb. Marx, London (Großbritannien), fr. Mannheim, Best.-Nr. 243 Zugang 2004-125 Nr. 7129.

Max Baer Söhne – Eine kleine Flasche führt zu einer vergessenen Mannheimer Familie

Wiesbadener neueste Nachrichten, 28.9.1914, https://hlbrm.digitale-sammlungen.hebis.de/zeitungen-hlbrm/periodical/page-view/129131, abgerufen am 19.11.2020.

Wiesbadener neueste Nachrichten, 23.10.1916, https://hlbrm.digitale-sammlungen.hebis.de/zeitungen-hlbrm/periodical/page-view/1571610, abgerufen am 19.11.2020.

Wiesbadener neueste Nachrichten, 08.7.1918, https://hlbrm.digitale-sammlungen.hebis.de/zeitungen-hlbrm/periodical/page-view/301761, abgerufen am 19.11.2020.

Wiesbadener Zeitung, 1914, September, 30.9.1914_Morgen-Ausgabe, https://hlbrm.digitale-sammlungen.hebis.de/zeitungen-hlbrm/periodical/pageview/97271, abgerufen am 19.11.2020.

Zubringungsinventur des Baer, Max, Handelsmann und seiner Frau Baer geb. Straus, Carolina, Stadtarchiv Bad Mergentheim, Lauf. Nummer 2289.

Zugangsbücher des KZ Dachau: Zugang am 11.11.1938, 1.1.6.1. / 130429332 ITS Digital Archive, Arolsen Archives.

Zweite Handelsregisterbeilage zum Deutschen Reichsanzeiger und Preußischen Staatsanzeiger zugleich Zentralhandelsregister für das Deutsche Reich, Nr. 13, Berlin 16.1.1933, 1. Handelsregister. Mannheim. [79954], Handelsregistereinträge vom 7. Januar 1933, https://digi.bib.uni-mannheim.de/viewer/reichsanzeiger/film/001-8442/0141.jp2, abgerufen am 4.3.2020.

Anmerkungen

1   http://www.koelsch-net.de/koelsch-net/anz/Praegeflaschen_Geschichte.htm, abgerufen am 23.2.2021. – A. Schwiezer, Die Geschichte der Bierflasche, in: S. Baumgärtner, Europäisches Formglas 15.–19. Jahrhundert sowie Emailglas und Farbglas. Sammlung Uwe Friedleben. Stuttgart 1990, S. 305 f. Bis zum Einsatz der vollautomatischen Owens-Maschine ab 1908 wurde der Flaschenkopf von Hand aufgesetzt, in manchen Glashütten bis etwa 1920, https://bamberger-bierflaschen.de/2_historie/, abgerufen am 29.7.2021.

2   Auf der Rückseite des Plakats steht als Druckdatum 1920. Angabe des Auktionshauses, E-Mail Guido Tön AG vom 16.10.2020, https://poster-auctioneer.com/realisierte_preise/view_real_price/Anonym-Transit-Kellerei-213608, abgerufen am 26.10.2020.

3   Die Daten wurden den Mannheimer Adressbüchern von 1888 bis 1956 entnommen, bis 1917 dem Verzeichnis der Mannheimer Handelsfirmen u. Gesellschaften, nach dessen Einstellung ab 1918 den Einwohner- Straßen- und Branchenverzeichnissen. Ab 1954 ist im Einwohner- und im Straßenverzeichnis unter der Adresse Rheinkaistraße 5–7 die Weinspeicher GmbH zu finden, deren Geschäft die Weinlagerung war. Den Adressbüchern 1889 bis 1937/38 sind auch handelsrechtliche Angaben zu entnehmen.

4   Vor seinem Umzug nach Mannheim wohnte Adolf Baer bis 1888 in (Bad) Mergentheim (Familienbogen Baer, Adolf). Sein Bruder Heinrich Baer ist am 19.4.1863 in Mergentheim geboren und war dort bis 1889 wohnhaft (Familienbogen Baer, Heinrich). Daraus kann geschlossen werden, dass die Firma ursprünglich in oder bei Mergentheim ihren Sitz hatte.

6   https://de.wikipedia.org/wiki/Weinflasche#Geschichte, Stand: 12.8.2020.

6   https://de.wikipedia.org/wiki/Weinflasche#Geschichte, Stand: 12.8.2020.

7   Q 7, 13 und Q 7, 16 gehörten bis 1896 den Architekten Werle u. Hartmann, die ein Baugeschäft betrieben. (Mannheimer Adressbuch von 1896). Q 7, 16 liegt am Friedrichsring, schräg gegenüber dem Friedrichsplatz/Wasserturm. Von Q 7, 13 existiert eine Beschreibung von Johanna Baer. Sie gab an, dass das Haus nahe dem Mannheimer Zentrum und dem Wasserturm lag. Es besaß einen großen Hof mit Werkstatt und Kellern. Das Erdgeschoss hatte drei Büroräume. Drei weitere Stockwerke waren als Wohnungen vermietet (Baer, Johanna, Rückerstattungsantrag vom 2.6.1948).

8   Eintrag im Handelsregister Mannheim vom 7. Januar 1933: „Transit-Kellerei Max Baer Soehne, Mannheim: Die offene Handels-gesellschaft ist aufgelöst. Das Geschäft samt der Firma ging auf den bisherigen Gesellschafter Karl Baer, Kaufmann in Mannheim, über, der es unter der bisherigen Firma weiterführt. Die Prokura der Frau Johanna Baer besteht fort. Frau Maria M. Baer in Mannheim ist weiter als Prokurist bestellt." (Zweite Handelsregisterbeilage zum Deutschen Reichsanzeiger und Preußischen Staatsanzeiger zugleich Zentralhandelsregister für das Deutsche Reich, Nr. 13, Berlin 16.01.1933).

9   Mannheimer Adressbücher von 1909 bis 1938/39, Branchenverzeichnis.

10   Meldekarte Baer, Karl.

11   Karl Baer gibt beim Wiedergutmachungsverfahren an, dass er 1906 in die Firma eintrat und ab 1929 Teilhaber war (Karl Baer, Anmeldung vom 25.11.1948).

12   Führer durch die Industrie- und Hafenanlagen von Mannheim, 1909, S. 60.

13   Mannheimer Adressbücher von 1888–1913.

Jutta Neuhaus und Klaus Wirth

14 Napp-Zinn 1925, S. 31. – Die Rheinschiffahrts Actiengesellschaft vorm. Fendel und die Badische Actiengesellschaft für Rhein-
    schiffahrt und Seetransport übernahmen 1913 die zwei Drittel Mehrheit der Lloyd Rhénan in Antwerpen, die zuvor die in Konkurs
    geratene Rheinische Transport-Gesellschaft William Egan & Co. besaß. Die damit verbundene Übernahme der „umfangreichste(n)
    rheinische(n) Güterbootreederei" und die Übernahme des Speditionsbereichs von Egan & Co. bildeten die Voraussetzung zur
    Gründung der Rhenus-Transport GmbH in Frankfurt (Napp-Zinn 1925, S. 30). Laut Homepage der Rhenus SE & Co. KG erfolgte
    die Gründung schon am 13.11.1912. Im Mannheimer Adressbuch von 1913 ist die Rhenus Transport-Gesellschaft mbH erstmals
    aufgeführt (Rheinkaistraße 5). Von 1971 bis 1976 befand sich der Sitz des inzwischen als Rhenus AG firmierenden Unternehmens
    in Mannheim. – Über die Rheinische Transport-Gesellschaft William Egan & Co. ist wenig zu finden. Es existierte immerhin ein
    Ereignis, das der deutschsprachigen „Indiana Tribüne" Vol. 27, Nr. 94 vom 10.12.1903, S. 6, erwähnungswert erschien: „Mainz. Von
    dem der Rheinischen Transportgesellschaft W. Egan & Co., Mainz und Frankfurt, gehörigen Schiffe „Egan I." fiel der Steuermann
    G. Remy aus Rotterdam in den Rhein und ertrank."

15 Mannheimer Adressbücher von 1908 bis 1932/33. – Führer durch die Industrie- und Hafenanlagen von Mannheim (1909,
    Anlage, XLV). – Im Inserat der Transit-Kellerei Max Baer Söhne werden neben diversen Lager- und Arbeitsstätten in Q 7
    und der Kellerei in der Halle Egan auch Kellereien in S 6, 23 und 27 aufgeführt. Da die beiden Häuser in S 6 wie die von
    Q 7, 13 und 16 über Eck standen – S 6, 23 am Friedrichring und S 6, 27 zum Quadrat R 7 – waren sie wahrscheinlich über
    die Höfe miteinander verbunden, zumal sie dem selben Eigentümer gehörten. Von 1902 bis 1919 war dies Christoph
    Seitz, der in S 6, 27 seine Lithographische Anstalt hatte. Ab 1920 war der Schiffsinspektor Johann Kirchgässer Eigentümer.
    Allerdings sind die Transit-Kellerei Max Baer Söhne bzw. ein Mitglied der Familie Baer als Mieter für die Häuser in S 6 nicht
    in den Adressbüchern aufgeführt. (Mannheimer Adressbücher von 1901 – 1949, Straßenverzeichnis). – Zacharias Oppen-
    heimer wurde am 16.6.1828 in Michelfeld (Lkrs. Schwäbisch Hall) als ältester Sohn des Fabrikanten Ludwig Oppenheimer
    (1802 – 1886) und dessen Ehefrau Lena geb. Hirsch (1804 – 1891) geboren. Vater und Sohn meldeten sich am 3.11.1864
    in Mannheim an. Ab 1865 ist Ludwig Oppenheimer im Verzeichnis der Handelsfirmen und Handelsagenten im Mannhei-
    mer Adressbuch mit einem Branntweingeschäft in P 7, 1½ bzw. P 7, 1¼ (P 7, 25) aufgeführt. Ab 1874 firmierte die Firma
    unter dem Namen Ludwig Oppenheimer Söhne. 1884 eröffnete Zacharias Oppenheimer eine eigene Weinhandlung und
    Branntweinbrennerei ebenfalls in P 7, 25. Spätestens ab 1888 waren seine Söhne Heinrich (1858 – 1915) und Otto (*1863)
    Oppenheimer Inhaber der Firma. 1909 wurde die Firma aufgelöst. Ludwig und Lena Oppenheimer, Zacharias und seine
    Frau Mina (auch: Maria) sowie Heinrich Oppenheimer und seine Frau Gutta sind auf dem Jüdischen Friedhof in Mannheim
    begraben. – Zum Anwesen Q 7, 17, 17a, 17b: 1887 kaufte Zacharias Oppenheimer zusammen mit dem Bauunternehmer
    Emanuel Strauß die Bauplätze Q 7, 17, 17a und 17b. Ab 1889 war Zacharias Oppenheimer alleiniger Eigentümer. Er wohnte
    in Q 7, 17a. Sitz seiner Branntweinbrennerei und Liqueurfabrik sowie seines Weinhandels waren Q 7, 17 und Q 7, 17b. Nach
    seinem Tod am 30.11.1894 erbte seine Witwe Mina geb. Maier (auch: Mayer) (1832 – 1905) die drei Häuser. Nach deren Tod
    war die Firma Zacharias Oppenheimer Eigentümerin. Nach deren Liquidation im Jahr 1909 wurde das Anwesen aufgeteilt.
    Heinrich Oppenheimer wurde Eigentümer von Q 7, 17 und 17b und Otto Oppenheimer von Q 7, 17a. Letzterer verkaufte
    sein Haus 1912/13 an den Hofschneidermeister Joseph Beltermann, der es 1938/39 an die Gothaer Lebensversicherungs-
    bank A. G. weiterveräußerte. Nach Heinrich Oppenheimers Tod erbte seine Witwe Gutta geb. Guckenheimer (1868 – 1936)
    Q 7, 17 und 17b. Im Adressbuch von 1936/40 wurden die Eigentümer der Häuser als „unbekannt" angegeben; ab 1941
    wurde die Jüdische Vermögensverwaltung aufgeführt. Nach dem Zweiten Weltkrieg gingen die Häuser wieder an die
    Familie Oppenheimer. Von Q 7, 17 stand allerdings nur noch das Hinterhaus. Q 7, 17b war total zerstört. – Zu Q 7, 17a:
    hier betrieb der Kunsthändler Dr. Herbert Tannenbaum (*1892 in Mannheim; °1958 in Frankfurt/M.) von 1921 bis 1936
    eine Kunstgalerie (Das Kunsthaus). Zu seinen Kunden zählte u. a. die Mannheimer Kunsthalle. Er vertrat Künstler wie Marc
    Chagall. Max Beckmann malte das Gemälde „Tannenbaum is going to America" (1947), das die Kunsthalle 2004 erwerben
    konnte. Tannenbaum verkaufte 1936 sein Kunsthaus an den Galeristen Rudolf Probst. Nach Familienbogen Oppenheimer,
    Ludwig; Familienbogen Oppenheimer, Zacharias, Familienbogen Oppenheimer, Heinrich; Jüdischer Friedhof Mannheim;
    Mannheimer Adressbücher von 1865 – 1949; https://de.wikipedia.org/wiki/Herbert_Tannenbaum, Stand: 4.4.2021.

16 Inwieweit es sich dabei um einen klassischen Transithandel (Ausland-Inland-Ausland) handelt, mag dahingestellt sein. Vermutlich
    ist unter Transitkellerei eher der Import von Trauben und Wein in Fässern zu verstehen, der in den eigenen Kellern ausgebaut
    und in Flaschen oder als Fasswein weiterverkauft wurde.

17 Karl Baer, Antwort vom 1.8.1949; Baer, Johanna, Rückerstattungsantrag vom 2.6.1948.

Max Baer Söhne – Eine kleine Flasche führt zu einer vergessenen Mannheimer Familie

18 Vor der Gründung von Winzergenossenschaften war es üblich, dass Ausbau, Lagerung und Vermarktung von Weinen durch Weinhändler erfolgten. Die Gründungen der ersten Winzergenossenschaften fanden ab Mitte des 19. Jahrhunderts statt. Die Winzer wollten sich damit von der Abhängigkeit von den Fassweinhändlern befreien und ihren Wein selbst in Flaschen verkaufen. In manchen Teilen Deutschlands war noch bis in die 1. Hälfte des 20. Jahrhunderts der Name des Weinhändlers wichtiger als der des Erzeugers und ein Qualitätskriterium (Hemberger; Schuer).

19 Im in Frage kommenden Zeitraum ist in den Mannheimer Adressbüchern nur der Weinhändler Max Pfeiffer mit „ff" aufgeführt. Möglicherweise war sich Karl Baer bei der Schreibweise nicht mehr sicher bzw. haben die Rechtsanwälte den Namen falsch aufgenommen. Da Pfeiffer die richtige Schreibweise ist, wird im Folgenden diese verwendet.

20 Karl Baer, Antwort vom 1.8.1949.

21 Heidelberger Adressbuch von 1938.

22 https://ka.stadtwiki.net/Weinhandlung_Schurhammer, Stand: 11.4.2010.

23 Am 12.6.1906 sind der Schmied Maximilian Pfeiffer (*24.9.1868 in Neuhausen/Engen, Landkreis Konstanz) und seine Frau Luise geborene Grether (*25.9.1868) von Zürich nach Mannheim gezogen. Sie hatten zwei Kinder: Max (*15.10.1895 in Basel) und Johann (*11.12.1906 in Mannheim). Maximilian Pfeiffer arbeitete in Mannheim zunächst als Schmied. 1909 zog die Familie in die Kepplerstraße 32. In diesem Haus befand sich die „Restauration zur Funkenschees". Die Räumlichkeiten übernahm er 1910/11 und betrieb dort die „Spanische Weinstube". Möglicherweise schenkte er bereits hier spanische Weine der Transit-Kellerei Max Baer Söhne aus. Im Verzeichnis der Restaurationen und Schankwirtschaften der Mannheimer Adressbücher (ab 1912) wurde als Wirt allerdings nicht Maximilian, sondern Max Pfeiffer aufgeführt. Ab 1916 gab es neben dem Weinrestaurant auch eine Weinhandlung. Als Betreiber war im Einwohner- und im Straßenverzeichnis Maximilian Pfeiffer und im Branchenverzeichnis Max Pfeiffer angegeben. Da der Sohn Max im Jahr 1912 erst 16 Jahre alt war, dürfte es sich jedoch um den Vater gehandelt haben. Möglicherweise war der Sohn schon als Nachfolger für die Weinhandlung vorgesehen, sodass die Angabe „Max" von praktischem Vorteil für die Zukunft war. 1920/21 kaufte Max Pfeiffer ein Haus in der Schwetzinger Straße 42, in dem er eine Weinhandlung betrieb. Hier könnte es sich um den Sohn als Käufer gehandelt haben. Die Firma betätigte sich sowohl im Groß- als auch im Einzelhandel. Die Gastwirtschaft wurde aufgegeben. Maximilian Pfeiffer ist im Adressbuch von 1921 zum letzten Mal zu finden. Laut seiner Meldekarte wohnte er noch bis 1943 in der Schwetzinger Straße 42 und zog am 13. November1943 nach Radolfzell. Spätestens ab diesem Zeitpunkt ist der in den Adressbüchern erwähnte Max Pfeiffer definitiv der Sohn. – Nachdem das Haus in der Schwetzinger Straße im Krieg zerstört worden war, eröffnete Max Pfeiffer verschiedene Verkaufsstellen (z. B. in T 1, 3a, G 3, 9, in der Seckenheimer Straße 110 und in der Meerfeldstraße 45) sowie in G 7, 28 eine Weinkellerei. In den Adressbüchern von 1936–1950/51 war Max Pfeiffer zusätzlich im Branchenverzeichnis unter „Branntwein und Spirituosen" zu finden. 1958 gab er seinen Großhandel auf, spezialisierte sich auf den Einzelhandel und verkaufte das Grundstück in der Schwetzinger Straße. Etwa zur selben Zeit wandelte er seine Firma in eine KG um. Um 1971/72 firmierte die Weinhandlung als „Max Pfeiffer Inh. Willy Bär, Weine u. Spirituosen". Ab dem Adressbuch 1975/76 verschwand der Zusatz „Inh. Willy Bär". Am 21.6.1977 starb Max Pfeiffer. Zuletzt wohnte er in seinem Haus in der Rheinhäuserstraße 2b. Die Weinhandlung Max Pfeiffer existierte laut den Adressbüchern noch bis 1979 in der Meerwiesenstraße 45. – In den Räumen der Spanischen Weinstube in der Kepplerstraße 32 befand sich bis 2017 das Restaurant Hahnhof. (Mannheimer Adressbücher von 1907 bis 1979/80; Meldekarte Pfeiffer, Maximilian).

24 Mannheimer Adressbücher von 1930–1937/38.

25 Der Weinhändler Carl (Meldekarte) bzw. Karl (Adressbücher) Vorreiter (*11.9.1875 in Wintersdorf, heute ein Stadtteil von Rastatt, †13.3.1949 in Mannheim) und seine Frau Clara geborene Schaub (*8.12.1877 in Pforzheim, †23.12.1963 in Mannheim) zogen am 11. September 1905 von Endingen am Kaiserstuhl nach Mannheim. Sie hatten drei Kinder: Franz (*7.5.1905 in Endingen), Juliane (*2.7.1910 in Mannheim) und Bernhard (*11.10.1912 in Mannheim, †10.4.1914 in Mannheim). Von Anfang an war Karl Vorreiter in Mannheim im Weinhandel tätig und zwar immer in der Rheinaustraße auf dem Lindenhof (allerdings mit wechselnden Hausnummern). Zunächst bezeichnete Karl Vorreiter sein Geschäft als Kaiserstühler Weingroßhandlung und gab als Spezialität naturreine Kaiserstühler Weiß- und Rotweine an. Außer „Detailverkauf" in der Rheinaustraße 15 bot er „Engrosversand" ab Mannheim und Rothweil (heute: Oberrotweil) am Kaiserstuhl an. Bereits 1908 bezeichnete sich die Firma Karl Vorreiter jedoch nur noch als Weingroßhandel. Der Fokus richtete sich nicht mehr auf Kaiserstühler Gewächse. Ab diesem Zeitpunkt könnten Geschäftsverbindungen mit der Transit-Kellerei Max Baer Söhne bestanden haben. Etwa ab 1927 kam wieder der Einzelhandel mit Wein dazu. – Franz Vorreiter übernahm spätestens nach dem Tod seines Vaters im Jahr 1949 die Firma. Kurz danach richtete er im Haus Rheinaustraße 6 – das Haus gehörte seit 1920 Karl Vorreiter bzw. der Firma – die Weinstube Vorreiter ein. In der

Jutta Neuhaus und Klaus Wirth

Strahlenburgstraße 1 in Mannheim-Rheinau existierte ca. im Zeitraum von 1938/39 bis 1957/58 eine Filiale, die nach dem Tod Karl Vorreiters von dessen Witwe Clara betrieben wurde. Das Haus gehörte ebenfalls der Familie Vorreiter und wurde 1958 verkauft. – Franz Vorreiter gab seine Weinhandlung und seine Weinstube 1964/65 auf. Die Weinstube wurde unter den Namen Vorreiter bis Anfang der 2000er-Jahre von Pächtern weitergeführt. Sie war auf dem Lindenhof eine Institution (Mannheimer Adressbücher von 1907 bis 1993; Meldekarte Vorreiter, Carl).

26 Vorreiter, Eidesstattliche Versicherung vom 12.12.1962, Ziff. 1.

27 Neuhaus 2017, S. 220–232.

28 Im Adressbuch von 1938/39 ist im Straßenverzeichnis unter Q 7, 13 noch „Transit-Kellerei, M. Baer Söhne Weingroßhandlung" zu finden, aber weder im Einwohner- noch im Branchenverzeichnis. Dort ist jeweils die Transit-Kellerei Mannheim Riedl & Co. angegeben. Das Straßenverzeichnis hatte man vermutlich vergessen zu aktualisieren. Im Straßenverzeichnis des Adressbuchs von 1939/40 steht unter Q 7, 13 dann ebenfalls die Transit-Kellerei Mannheim Riedl & Co.

29 Bei den Adolf Baer gehörenden Häusern ist im Mannheimer Adressbuch von 1939/40 als Eigentümer von Q 7, 16 der Stadtamtmann Heinrich Neuer angegeben und für Q 7, 13 „zur Zeit unbekannt". In der Ausgabe von 1941/42 wird als Eigentümerin von Q 7, 13 dann Maria Schmitt genannt.

30 Jutta Neuhaus hat eine Abstammungstafel für die Familie erstellt, die hier nicht gedruckt werden kann. Interessenten wenden sich bitte an die Autorin. – Max Baer (*8.9.1825 in Mulfingen (Hohenlohekreis), °26.1.1891 in Bamberg). Caroline Strauss (*23.1.1828 in Dittigheim (heute zu Tauberbischofsheim), °11.11.1899 in Bamberg). Kinder: Otto Baer (*8.11.1849 in Dörzbach), Therese Baer Landauer (*25.12.1850 in Dörzbach, °29.6.1920 in Gerabronn), Recha Baer Dreyfuss (*12.1.1852 in Dörzbach, °5.3.1908 in Mannheim), Mathilde Baer Su(ü?)ssmann (*24.6.1854 in Dörzbach, °06.4.1921), Jeanette Baer Sichel (*11.11.1856 in Dörzbach), Nathan Baer (*21.7.1858 in Dörzbach, °13.9.1937 in Paris), Adolf Baer (*6.6.1860 in Dörzbach, °30.4.1945 in London), Heinrich Baer (*19.4.1863 in Mergentheim), Samuel Baer (*12.5.1865 in Mergentheim) (https://www.wikitree.com/wiki/Baer-372, Stand: 6.7.2014; https://www.wikitree.com/wiki/Strauss-328, Stand: 6.7.2014; https://www.geni.com/people/Heinrich-Baer/6000000071821416880, Stand: 10.12.2017).

Recha Baer war mit Isidor Dreyfuss (*19.9.1845 in Wimpfen, °24.12.1916 in Mannheim) verheiratet, dem Inhaber des Pfeifen- und Stockgeschäfts I. R. Dreyfuss. Das Geschäftslokal war in Mannheim, M 1, 2 (Mannheimer Adressbuch von 1908). Recha Baer/Dreyfuss ist wie ihr Mann auf dem Jüdischen Friedhof in Mannheim begraben. Laut Grabsteininschrift ist sie allerdings am 12.1.1853 und nicht am 12.1.1852 geboren. Als Sterbedatum ist der 5.3.1908 angegeben. – Anlässlich ihrer Heirat am 30.10.1848 erstellten Max und Caroline Baer ein Beibringungsinventar, das sie am 1.3.1849 in Dörzbach beurkunden ließen. Danach brachten Max Baer ein Vermögen von 13035 Gulden und Caroline Baer ein Vermögen von 11105 Gulden in die Ehe ein. Das Inventar zählt die eingebrachten Güter, eingeteilt in Liegenschaften und Fahrnisse, detailliert auf. Von Max Baer kam z. B. die Hälfte eines Wohnhauses mit Hofreite und Stallung in Dörzbach, das er von seinem Vater geerbt hatte (Wert: 12000 Gulden). Wie damals üblich, als Kleidung noch einen Wert darstellte, wurden auch 1 Dutzend leinene Unterhosen und 4 Stück wollene Unterjacken von Max Baer oder 1½ Dutzend Schlafhauben und ½ Dutzend Negligeehauben von Caroline Baer aufgeführt (Zubringungsinventur des Baer, Max).

31 Familienbogen Baer, Adolf.

32 Familienbogen Baer, Heinrich.

33 Auch der Familienname Baer wird in den Mannheimer Adressbüchern oft mit ä geschrieben, so z. B. in den Adressbüchern von 1889 bis 1897, danach in der Regel mit ae. (Transit-Kellerei) Max Baer Söhne wurde immer mit ae geschrieben.

34 https://www.myheritage.de/research?formId=master&formMode=&action=query&exactSearch=0&useTranslation=1&catId=1&qname=Name+fn.Karl+ln.Baer+fnmo.1&qany%2F1event=Event+et.any+ep.Mannheim&csrf_token=T_46a9452ef2p7qc54_557444j422695aet.1584294736.8f30169a070e6ef191cd6fa931c47f69, abgerufen am 14.3.2020. – Siehe auch Liste: Gefallene Mannheimer im 1. Weltkrieg: Nr. 167: Baer, Karl Jakob (1890–1915), MARCHIVUM Mannheim, Zug. 8/1950_00004.

35 https://www.wikitree.com/wiki/Baer-372, Stand: 6.7.2014; https://www.wikitree.com/wiki/Strauss-328, Stand: 6.7.2014. Heiratsurkunde Karl und Maria Baer; Polizeiliches Gefangenenbuch 1938/39.

36 Meldekarte Baer, Karl; Heiratsurkunde Karl und Maria Baer.

37 Laut Adressbuch von 1919 war Sigmund Marx Geschäftsführer der Mannheimer Firma Jacob Hirsch & Söhne G. m. b. H. Getreide- und Kleesaathandlung sowie Lagerhausbetrieb, E 7, 21, Silospeicher: Rheinkai. Neben Sigmund Marx waren noch Julius Schwab und Ernst Nathan Geschäftsführer (Mannheimer Adressbuch von 1919). Sigmund Marx (*7.10.1858) und seine Frau Helene

Max Baer Söhne – Eine kleine Flasche führt zu einer vergessenen Mannheimer Familie

(*21.8.1869) wurden im Oktober 1940 nach Gurs deportiert (Verzeichnis der am 22. Oktober 1940 aus Baden ausgewiesenen Juden). Sigmund Marx ist dort am 8.1.1944 verstorben (Landgericht Mannheim, Rückerstattungskammer, 21.2.1957).

38 Landesamt für Wiedergutmachung, Inhaftierungsbescheinigung, 14.5.1954; Polizeiliches Gefangenenbuch 1938/39.

39 Maria Baer, Gesuch zur Haftentlassung vom 19.11.1938 und Ergänzung vom 30.11.1938 zum Gesuch vom 19.11.1938.

40 Landesamt für Wiedergutmachung an International Tracing Service Headquarters, 24.5.1954.

41 Genaue Todesdaten sind nicht angegeben. Für Karl Baer wird zwischen April und Juni 1951 angegeben (https://www.myheritage.de/names/karl_baer, abgerufen am 02.11.2020) und für Maria Baer November 1991, die damit 97 Jahre alt wurde (https://www.myheritage.de/research?s=1&formId=EWCRI_Deaths&formMode=1&useTranslation=1&exactSearch=&action=query&colId=10444&csrf_token=T_46a9452ef2p7qc54_557444j422695aet.1604421740.02351e99b522e3c4d45bb565fbe6b50c&p=1&qname=Name+fn.Maria+fnmo.1+ln.Baer+lnmsrs.false&qbirth=Event+et.birth+ed.12+em.2+ey.1894+epmo.similar&qevents-event1=Event+et.any+ep.Mannheim+epmo.similar&qevents=List, angerufen am 02.11.2020).

42 Karl Baer, Antwort vom 1.8.1949. – Beim Mietpreisfestlegungsverfahren um die Miethöhe der Firma Riedl & Co. in Q 7, 13 aus dem Jahr 1949 schrieb Hans Simon: „Diese von der Firma Riedl & Co. zitierte Vereinbarung stellt eine sogenannte Eigenmiete dar, die seinerzeit im Hinblick auf den Geschäftsrückgang der Firma bereits eine Krisenmiete darstellte. Der Geschäftsrückgang des Vorbesitzers war auf dessen Rassenzugehörigkeit zurückzuführen. Diese seinerzeit zwischen dem Eigentümer und dem Neffen Bär getroffene Vereinbarung bietet also keinen verlässlichen Anhalt zur Wertermittlung. Die damalige Mietpreisbildung war nach Lage der Dinge eine ausgesprochene Eigenmiete." (Simon, Schreiben vom 21.12.1949). Daraus ist zu schließen, dass der Umsatz ab 1933 sank.

43 Der Süddeutsche Weinimporteure-Verband hatte von 1910–1932/33 seinen Sitz in Q 7, 13, dem Haus von Adolf Baer. In den Mannheimer Adressbüchern ist der Verband unter dem Namen „Südwestdeutsche Vereinigung der Wein- und Traubenimporteure E. V., Sitz Mannheim" bzw. „Vereinigung süd- und westdeutscher Weinimporteure E. V., Sitz Mannheim" zu finden. Möglicherweise war Adolf Baer während der gesamten Zeit Vorsitzender des Verbandes, ein Hinweis, dass er wohl ein sehr hohes Ansehen in der Branche genoss.

44 Walter Eicke übernahm 1938 „ein großes Unternehmen in seiner Heimatstadt Hamburg" (Menzer 1962, S. 41).

45 Karl Baer, Anmeldung vom 25.11.1948, Ziff. 31.

46 Übernahmevertrag vom 25.7.1938.

47 Übernahmevertrag vom 25.7.1938, §§ 1, 2 und 10; Karl Baer, Anmeldung vom 25.11.1948, Ziff. 32.

48 Genehmigungspflicht für die Arisierung jüdischer Betriebe.

49 Der Kaufvertrag wurde auf Vorschlag von Karl Baer von dem Mannheimer Rechtsanwalt Dr. Karl Kauffmann verfasst. Grund für die Wahl war, dass er wusste, was der Partei und der Gauwirtschaftsleitung genehm war: die Übernahme der Waren zum Einstandspreis zuzüglich 3 %, keine Berücksichtigung des Goodwills (immaterielle Firmenwerte), geringe Bewertung des Inventars (Menzer u. Riedl, Erwiderung vom 4.7.1949; Karl Baer Antwort vom 1.8.1949). Weder die NSDAP Gauleitung Baden (Schreiben vom 25.8.1938), das Jüdische Vermögen (Einzelfälle vom 28.7.1938), die IHK Mannheim (Schreiben vom 29.7.1938) noch der Badische Finanz- und Wirtschaftsminister (Genehmigung vom 5.8.1938) votierten gegen die Übernahme.

50 Hermann Hertz, 25.7.1949.

51 Amtsgericht Wiesbaden HRA 359.

52 Wiesbadener Adressbuch von 1920 (336).

53 Wiesbadener Adressbücher von 1924–1925 (15, 16); 1914 (1089); 1912 (1054); 1929 (22); 1932–1933 (21).

54 Wiesbadener Zeitung, Morgenausgabe vom 30.9.1914 (2).

55 Wiesbadener neueste Nachrichten vom 28.9.1914 (8); 8.7.1918 (4); 23.10.1916 (4).

56 Neuhaus 2017, S. 220–232; Begleittext Ausstellung 2013, Die Filialen.

57 Menzer u. Riedl, Erwiderung vom 4.7.1949, Ziff. 2. – Die Weinimportfirma Menke wurde 1880 in Bremen gegründet. Noch Mitte der 1970er Jahre galt die Firma Menke als das führende Bremer Weinhandelshaus, 1988 musste Konkurs angemeldet werden (http://www.donat-verlag.de/buch-detail.php?buchid=96&katid=17, abgerufen am 11.12.2020).

58 Begleittext Ausstellung 2013, Die letzten Jahre. – H. Menzer erwähnt in seiner „Geschichte der Familie Menzer" den Verkauf an die Firma Menke nicht, sondern nur, dass 1926 ein „Wechsel in der Geschäftsführung" eintrat und dass sie „in die Hände von Walter Eicke, eines geborenen Hamburgers" überging, mit dem er „als stiller Teilhaber gern zusammenarbeitete ... 1938 trat Dr. Eduard Widmann, auch aus alter Hanseatenfamilie stammend, an die Stelle von Walter Eicke, der ein großes Unternehmen in seiner

Jutta Neuhaus und Klaus Wirth

Heimat übernahm." Sein Ausscheiden als stiller Teilhaber führte er nicht an (Menzer 1962, S. 41). Dies ist nur dem Begleittext zur Neckargemünder Ausstellung im Jahr 2013 zu entnehmen. Dort wird Dr. Eduard Widmann als Kommanditist bezeichnet und auch nur dort ist zu lesen, dass die Firma J. F. Menzer 1955 aufhörte zu existieren. Auch das erwähnte Hermann Menzer nicht.

59   Menzer u. Riedl, Erwiderung vom 4.7.1949, Ziff. 1.

60   Karl Baer, Antwort vom 1.8.1949, zu 1.

61   Walter Eicke und Hermann Menzer verband eine „herzliche Freundschaft" (Menzer 1962, S. 41). Eicke war interessiert, eine Firma zu kaufen. Es könnte sein, dass Menzer ihn bei diesem Schritt finanziell unterstützen wollte.

62   Vollständige Firmenname: Achaia Deutsche Aktiengesellschaft für Weinproduktion.

63   J. F. Menzer schreibt in seinem Brief Clauss mit *ss*, Menzer in „Geschichte der Familie Menzer" mit einem s (Menzer 1962, S. 25).

64   Hermann Menzer wurde 1898 für mehrere Monate von seinem Vater Julius Menzer zur Ausbildung und zum Kennenlernen der Geschäftspartner nach Griechenland geschickt. Bei dem von Julius Menzer genannten Riedl handelt es sich eventuell um den Vater von Josef Riedl. Lebensdaten liegen keine vor.

65   J. F. Menzer, 23.4.1898.

66   Karl Baer, Antwort vom 1.8.1949, zu 1.

67   Menzer, Riedl, Erwiderung vom 4.7.1949, Ziff. 1.

68   Amtsgericht Mannheim, Rückerstattungssache Karl Baer gegen Transitkellerei Riedl & Co., 1.3.1950.

69   Vorreiter, Eidesstattliche Versicherung vom 12.12.1962.

Herausgeber
Prof. Dr. Hermann Wiegand
Prof. Dr. Wilfried Rosendahl
Prof. Dr. Ulrich Nieß
Dr. Hans-Jürgen Buderer
Prof. Dr. Wilhelm Kreutz

Inhaltliche Konzeption
Prof. Dr. Wilhelm Kreutz
Prof. Dr. Hermann Wiegand
Prof. Dr. Wilfried Rosendahl
Prof. Dr. Ulrich Nieß

Wissenschaftliche Redaktion
Prof. Dr. Wilhelm Kreutz
Dr. Christian Groh
Tanja Vogel, M.A.

Lektorat
Prof. Dr. Wilhelm Kreutz
Dr. Christian Groh
Tanja Vogel, M.A.

Graphische Gestaltung
Jochen Baumgärtner

Autorinnen und Autoren
Julia Dworatzek M.A.
Hans-Dieter Graf
Dr. Christoph Hamann
Dr. Peter Koppenhöfer
Prof. Dr. Hans-Erhard Lessing
Jutta Neuhaus
Mahsa Öztürk B.A.
Dr. Sebastian Parzer
Dr. Gaëlle Rosendahl
Prof. Dr. Wilfried Rosendahl
Dr. Harald Stockert
Friedrich Teutsch
Dr. Thomas Throckmorton
Louisa van der Does, B.A.
Dr. Ralf Richard Wagner
Dr. Klaus Wirth

Produktion
verlag regionalkultur,
Ubstadt-Weiher – Heidelberg
Speyer – Stuttgart – Basel

Abbildungen
© Reiss-Engelhorn-Museen
Mannheim

Trotz sorgfältiger und intensiver Recherche war es nicht in allen Fällen möglich, die Urheberrechte zu ermitteln. Wir danken für jeden Hinweis, sollten Fehler, Mängel enthalten sowie Rechtsansprüche Dritter unberücksichtigt geblieben sein. Nachgewiesene Rechte werden im üblichen Umfang nachvergütet.

© MARCHIVUM
(Wenn nicht ausdrücklich andere Fotografen oder Rechteinhaber genannt sind.)

© 2022 Mannheimer Altertumsverein von 1859 – Gesellschaft der Freunde Mannheims und der ehemaligen Kurpfalz, Reiss-Engelhorn-Museen Mannheim, MARCHIVUM und Fördererkreis für die Reiss-Engelhorn-Museen e. V.

ISSN 0948-2784
ISBN 978-3-95505-357-4

Abbildung auf der Vorderseite:
Georg Joachim (1811–1870), Porträt um 1820
(59 x 47,5 cm), unbekannter Künstler; Fotografin: Anja Idehen (Berlin)

Abbildung auf der Rückseite:
Zwangsarbeiter beschäftigende Mannheimer Firmen Collage: Louisa van der Does

Für Publikationsanfragen wenden Sie sich bitte an das Sekretariat des Mannheimer Altertumsvereins z. Hd. Herrn Prof. Dr. Wilhelm Kreutz
Reiss-Engelhorn-Museen
D 5, Museum Weltkulturen
68159 Mannheim

Für unverlangt eingehende Manuskripte wird weder Haftung noch eine Publikationsgarantie übernommen.